LA LANG

Deux

LA LANGUE DES FRANÇAIS
List of material available for this course

BOOK 1

Course Book: *Premier Livre*
Tapes of all reading texts (three 5″ reels)
New pictorial edition of Book I, in two parts

BOOK 2

Course Book: *Deuxième Livre*
Tapes of all reading texts (three 5″ reels)
Tapes of supplementary oral exercises and structure drills (eight 5″ reels)
Tapescript booklet to accompany exercises

BOOK 3

Course Book: *Troisième Livre*
Tapes of all reading texts (three 5″ reels)

BOOK 4

Course Book: *Quatrième Livre*
Tapes of all reading texts (three 5″ reels)

Images et Vocabulaires. A book of picture vocabularies

By the Same Author

Cent une Anecdotes faciles. A collection of short stories for training C.S.E. and 'O' Level pupils in aural comprehension and reproduction

Tapes (three 5″ reels). All the stories in the above read by native speakers

Crin-blanc. A special school edition of the book by René Guillot

Père Castor Series. Simplified versions of the well-known full-colour picture storybooks bound in an omnibus with a vocabulary.

Trois petits cochons; La boîte à soleil; Histoire du Bébé Lion; Drôles de bêtes; La belle robe neuve d'Anne Catherine; La Grise et la Poulette

LA LANGUE DES FRANÇAIS

Deuxième Livre

by

J. R. WATSON

Illustrated by
HANS SCHWARZ

Nelson

Thomas Nelson and Sons Ltd
Nelson House   Mayfield Road
Walton-on-Thames   Surrey
KT12 5PL   UK

51 York Place
Edinburgh
EH1 3JD   UK

Thomas Nelson (Hong Kong) Ltd
Toppan Building 10/F
22A Westlands Road
Quarry Bay   Hong Kong

Thomas Nelson Australia
102 Dodds Street
South Melbourne   Victoria 3205
Australia

Nelson Canada
1120 Birchmount Road
Scarborough   Ontario
M1K 5G4   Canada

© J.R. Watson 1964

First published by George G. Harrap and Co. Ltd 1964
ISBN 0-245-53676-0

This edition published by Thomas Nelson and Sons Ltd 1985
ISBN 0-17-444422-2
NPN 9 8

All rights reserved. No paragraph of this publication may be reproduced, copied or transmitted save with written permission or in accordance with the provisions of the Copyright, Design and Patents Act 1988, or under the terms of any licence permitting limited copying issued by the Copyright Licensing Agency, 90 Tottenham Court Road, London W1P 9HE.

Any person who does any unauthorised act in relation to this publication may be liable to criminal prosecution and civil claims for damages.

Printed in Hong Kong

FOREWORD

This book is designed to follow the first part of *La Langue des Français*. It has been planned with the same two-fold end in view, that is, of providing the necessary grammar, syntax and vocabulary for a thorough grounding in the language and of arranging the material and exercises in such a manner as to serve the needs of both the teacher who adopts an oral approach and the one who, for various reasons, teaches along more traditional lines.

All the features contained in the first book have been retained, namely, the daily verb charts, the opening conversation to each lesson, the marking of *liaisons*, the *dictées* and the special oral exercises.

The aim has been to make the book as flexible as possible. For this reason the grammar content has not been spread over a greater number of lessons; supplementary reading matter can easily be found if it is wished to use the book over a longer period.

The whole course is designed for teaching 'spirally' as opposed to 'horizontally'. Although, for example, all the irregular past participles are introduced in Lesson 1, it is not expected that they will be known completely by the average pupil before passing on to Lesson 2, no more than it is imagined that all the irregular futures will be mastered in Lesson 4. The daily verb test will ensure that by the end of the course all verbs, in all tenses and forms, will be thoroughly known. Similarly, no excuse is made for introducing, at a fairly early stage, constructions in which tense usage differs from that of English (*depuis*, *quand*+future, etc.). It is not expected that the pupil will immediately master these points (and indeed there is no pressure on him to do so), but the longer he or she can spend with these difficulties the less likely they are to cause trouble in the later stages when they must be known. If the teacher will use the varied exercises as an aid to teaching rather than as a means of testing, and do them orally with the class before they are written, it will be found that (i) the pupil acquires increased confidence, (ii) the general ability to handle the language improves, and (iii) a larger selection of exercises can be done, as it should only be necessary to write, say, half of those dealing with grammar and syntax.

The basic vocabulary of the texts is that of *le français fondamental* (*deuxième degré*) and all new words occurring within this word-count are listed at the beginning of each lesson under VOCABULAIRE A. Any new words not in this count are listed under VOCABULAIRE B.

As in Book I, all the material used has been tried out in class over a period of years and nothing has been included which has not been thoroughly tested.

My sincere thanks are due to the many friends who have offered useful suggestions and in particular to Mr R. G. Brettell, Mr F. G. S. Parker, M. André Blondeau and M. Marcel Ferlin who kindly undertook to check the manuscript.

J. R. W.

Sandhurst,
November 1963

ACKNOWLEDGEMENTS

Grateful acknowledgement for permission to reproduce copyright material is hereby made to the following: Messrs. William Collins & Co. Ltd (*Une Histoire de la Résistance*, an adaptation of a chapter in *Agent Extraordinary* by George Martelli), The British Broadcasting Corporation (*Les Frères Montgolfier*, an adaptation of an original script by Rhoda Power).

The illustrations on pages 27, 28, 30, 233 and 244 are by A. C. Eccott.

CONTENTS

LESSON   *Introduction of Grammar*   PAGE

1. *VACANCES EN BRETAGNE:* Perfect Tense. Position of Conjunctive Pronouns. Position of Adjectives. **Il faut.**   9
2. *MARIE CLOCHE:* Verbs conjugated with être. **En.**   22
3. *LE CHEVAL VOLÉ:* Perfect Tense of Reflexive Verbs. Idioms with **avoir.**   37
4. *LA SAGESSE DES VIEUX:* Future Tense. Comparison of Adjectives and Adverbs.   49
5. *LE TRÉSOR CACHÉ:* Disjunctive (Strong) Pronouns. **Moi-même.** Irregular Feminine of Nouns and Adjectives. **C'est** and **Il est**+Noun or Pronoun. **Meilleur** and **mieux.**   63
6. *LES TROIS MOUSQUETAIRES* (1): Present Participle. **Venir de** (Present Tense). Uses of the Definite Article.   77
7. *LES TROIS MOUSQUETAIRES* (2): Imperfect Tense. Agreement of Past Participle with Direct Object. **Ne... que.** Possessive Adjective replaced by Definite Article. Infinitive of Reflexive Verbs.   91
8. *UNE HISTOIRE DE LA RÉSISTANCE:* Interrogative Pronoun (**Lequel?**). Demonstrative Pronoun. Pluperfect Tense. **En train de.** Asking somebody to do something. **Demi.** Impersonal Verbs.   107
9. *LA LUTTE CONTRE LES PIEUVRES:* Possessive Pronoun. Logical Future. Formation and Position of Adverbs. Infinitive of Purpose without **pour.** Partitive Article after **de.**   122
10. *UN VILAIN TOUR:* Relative Pronoun (**dont**). Irregular Imperatives. **Après**+Perfect Infinitive. **Depuis**+Present Tense. Repeated Conjunctions.   139

11. *LA PRISE DE LA BASTILLE:* Relative Pronoun (lequel). Quantity and Numeral Nouns. Imperative Singular+y and en. 'In it', 'on it', etc.   153

12. *LES FRÈRES MONTGOLFIER:* Further Irregular Feminines of Adjectives and Nouns. Further Irregular Adverbs. Verbs followed by Direct or Indirect Object. Rendre+ Adjective.   167

13. *L'ÉVASION DU CHÂTEAU D'IF:* Conditional Tense. Irregular Plural of Adjectives and Nouns. 'Such'. Translation of 'come' and 'go'. Porter and mener.   182

14. *LA CORRESPONDANCE:* Translation of 'what'. Agreement of Past Participle. Prepositions before Geographical Names. S'asseoir and être assis. Letter Writing.   198

15. *LA LÉGENDE DU BON SAINT ÉLOI:* Interrogative Pronoun (Qui?) Irregular Comparison of Adjectives and Adverbs. Venir de (Imperfect Tense).   212

Introduction of Verbs

LESSON 1. Boire, lire, paraître.
LESSON 2. Naître, mourir, venir, tenir.
LESSON 3. Conduire, s'asseoir.
LESSON 4. Vivre, suivre.
LESSON 5. Appartenir, rompre.
LESSON 6. Permettre.
LESSON 7. S'en aller.
LESSON 8. Y avoir, falloir, pleuvoir.
LESSON 9. Craindre, peindre, joindre.
LESSON 10. Apercevoir.
LESSON 11. Consentir.
LESSON 12. Cueillir, valoir.
LESSON 13. Coudre.
LESSON 14. Plaire, se taire.
LESSON 15. Vaincre.

Appendices

A. Oral Exercises.   226
B. Gender Rules.   250
C. Compositions for Preparation.   254
D. Sentences for Vowel and Consonant Practice.   260
E. List of Regular and Irregular Verbs.   261
VOCABULAIRE: *Français—Anglais.*   268
VOCABULARY: *English—French.*   280
INDEX TO GRAMMAR.   287

LEÇON UN—PREMIÈRE LEÇON

L'ÉLÈVE: Puis-je parler en anglais, monsieur ?
LE PROFESSEUR: Non, essayez d'abord de le dire en français.

VOCABULAIRE A

les affaires (*f. pl.*)	things	la mer	sea
la bête	beast	mordre	to bite
bouger	to move	la partie	part
charger	to load	pénétrer	to penetrate
le château	castle	penser (à)	to think (of)
la colline	hill	le placard	cupboard
la côte	coast	la plage	beach
le couteau	knife	le port de pêche	fishing port
découvrir	to discover	quand même	all the same
diriger	to direct	ramer	to row
disparaître	to disappear	le rayon	ray
le doigt	finger	la rentrée des classes	the start of the term
un éclair	flash of lightning	respirer	to breathe
effrayé	frightened	de retour	back again
emporter	to carry away	revoir	to see again
par exemple	for instance	le sable	sand
il faut	we must	le séjour	stay
la fin	end	la sortie	exit
l'intérieur (*m.*)	interior	sot(-te)	foolish, silly
la lampe de poche	torch	à temps	in time
louer	to hire, rent	le tiroir	drawer
la lumière	light	tuer	to kill
le marin	sailor	la villa	holiday house
		voyons!	come now!

VOCABULAIRE B

une anguille	eel		le soupir	sigh
la caverne	cave		le squelette	skeleton
un explorateur	explorer		**en triomphe**	in triumph

LOCUTIONS

au bord de la mer, at the seaside
aussi vite que possible, as quickly as possible
de plus près, closer
encore une semaine, another week
jouer au tennis, to play tennis
les grandes vacances, the summer holidays
quelle horreur! how horrible!
reprendre la route de Paris, to set off back to Paris
l'année prochaine, next year

VACANCES EN BRETAGNE

L'année dernière les Duroc ont loué une jolie villa près de La Trinité, petit port de pêche sur la côte de Bretagne, et toute la famille a passé une partie des grandes vacances au bord de la mer.

Il a fait un temps superbe car il n'a pas plu une seule fois. Roger et Françoise ont pu faire toutes sortes de choses intéressantes. Par exemple, ils ont nagé dans la mer, ils ont fait des châteaux de sable, ils ont joué au tennis et ils ont fait de belles promenades à bicyclette.

Un matin ils ont découvert et ont exploré une vieille caverne au pied d'une colline et ils ont pénétré très loin dans

PREMIÈRE LEÇON

l'intérieur. Tout d'un coup Françoise a poussé un cri et a saisi le bras de son frère.

— Roger! Regarde! Là! Dans le coin! Qu'est-ce que c'est?

Roger a dirigé sa lampe de poche vers l'objet et dans les rayons de la lumière les enfants ont vu ... un squelette.

— Oh! Quelle horreur! a dit Françoise d'une voix effrayée. C'est peut-être le squelette d'un homme.

— Non, petite sotte! a répondu son frère. C'est seulement un animal, probablement un mouton.

Mais quand même il n'a pas voulu rester pour examiner le squelette de plus près et les deux explorateurs ont couru aussi vite que possible vers la sortie de la caverne où ils ont été très heureux de revoir le soleil et de respirer l'air frais.

Un autre jour, pendant l'après-midi, Roger et sa sœur ont pris un bateau avec un marin et ils ont ramé jusqu'aux rochers où ils ont pêché. Ils ont attrapé plusieurs beaux poissons et une grosse anguille qui a essayé de mordre le doigt de Roger. Heureusement le marin a compris le danger à temps. Il a saisi un couteau et a tué la bête.

De retour sur la plage ils ont mis leurs poissons dans un panier qu'ils ont porté en triomphe à leur mère. Ils ont eu un très bon souper ce soir-là et les poissons ont vite disparu!

Avec le beau temps les jours ont passé comme un éclair et enfin ils ont vu arriver la fin de leur séjour.

— Ne pouvons-nous pas rester encore une semaine, maman? a demandé Roger.

— Non, Roger, tu sais que c'est impossible, a répondu sa mère. Vous avez passé de très bonnes vacances. Maintenant il faut penser à la rentrée des classes.

Le lendemain les‿enfants ont‿aidé leur mère à charger toutes leurs‿affaires dans la voiture. Puis, ils‿ont tous repris la route de Paris.

— J'espère que nous n'avons rien‿oublié, a dit Mme Duroc.

— Non, lui a répondu son mari, j'ai regardé dans tous les placards et dans tous les tiroirs. Nous n'avons rien laissé.

— Si, a dit Roger avec un soupir. Nous‿avons laissé la mer et le sable. Malheureusement nous ne pouvons pas les‿emporter avec nous.

— Voyons! a répondu leur mère, ils ne vont pas bouger. Vous‿allez les retrouver l'année prochaine.

Mais toute une année! C'est long, n'est-ce pas?

GRAMMAIRE

1. THE PERFECT TENSE (*le passé composé*)

Les Duroc *ont loué* une jolie villa.
The Durocs *rented* a pretty house.

Le marin *a tué* la bête.
The sailor *killed* the beast.

If you look at the above examples you will see that this new tense consists of two parts, that is, it is a compound tense (*un temps composé*).

The two parts of the tense are:

1. The AUXILIARY (*helping*) VERB: **avoir**.
2. The PAST PARTICIPLE.

It was seen in Lesson 14 of Book I how adjectives can be formed from verbs (*e.g.* la chemise ***brûlée***, the *burnt* shirt). This type of verbal adjective is called the PAST PARTICIPLE. It can be added to the present tense of **avoir** to form the *passé composé* (as in English: 'I have loved').

The past participle endings of the three regular conjugations are:

    1st (-er verbs): ***-é***
    2nd (-ir verbs): ***-i***
    3rd (-re verbs): ***-u***

Here is the *passé composé* of the three conjugations in full:

j'ai	mangé	j'ai	fini	j'ai	attendu
tu as	mangé	tu as	fini	tu as	attendu
il a	mangé	il a	fini	il a	attendu
nous avons	mangé	nous avons	fini	nous avons	attendu
vous avez	mangé	vous avez	fini	vous avez	attendu
ils ont	mangé	ils ont	fini	ils ont	attendu

NOTE Both English tenses ('I have eaten' and 'I ate') are translated by the *passé composé* (j'ai mangé).

NEGATIVE AND INTERROGATIVE FORMS

If avoir is known thoroughly there can be no difficulty with the various forms of the *passé composé*. The past participle is merely added on after the change in form has been made to the auxiliary verb. Learn by heart:

ALL CHANGES IN FORM ARE MADE TO THE AUXILIARY VERB
BEFORE THE PAST PARTICIPLE IS ADDED

Negative:	je n'ai pas	I have not
	je n'ai pas *mangé*	I have not *eaten*
Interrogative:	ai-je?	have I?
	ai-je *mangé*?	have I *eaten*?
Negative	n'ai-je pas?	have I not?
Interrogative:	n'ai-je pas *mangé*?	have I not *eaten*?

(*Voir les exercices* 2, *page* 18 *et A, page* 226)

NOTE When used with a compound tense, *jamais*, *rien* and *plus* are placed in the same position as *pas*.

Je n'ai *pas* triché.	I did *not* cheat.
Je n'ai *jamais* triché.	I have *never* cheated.
Nous n'avons *rien* laissé.	We left *nothing*.
Ils n'ont *plus* écouté.	They did *not* listen *any more*.

(*Voir les exercices* B(*i*), (*ii*), *page* 226)

Past Participles of Irregular Verbs

Some verbs do not form their past participles regularly. Of the verbs learned in Book I plus those introduced in this lesson, the following have irregular past participles (they are arranged in four groups, *viz.*: -er, -ir, -re and -oir):

1. -er *verbs*

NONE

(*All* past participles of -er verbs are regular. Simply remove the *r* from the infinitive ending and add an *accent aigu* (') to the *e*:

espérer	to hope	*espéré*
pêcher	to fish	*pêché*
appeler	to call	*appelé*)

2. -ir *verbs*

courir	to run	*couru*
couvrir	to cover	*couvert*
ouvrir	to open	*ouvert*
offrir	to offer	*offert*
souffrir	to suffer	*souffert*

3. -re *verbs*

boire	to drink	*bu*
croire	to believe	*cru*
écrire	to write	*écrit*
dire	to say, tell	*dit*
faire	to do, to make	*fait*
lire	to read	*lu*
rire	to laugh	*ri*
connaître	to know	*connu*
paraître	to appear	*paru*
être	to be	*été*
battre	to beat	*battu*
mettre	to put	*mis*
prendre	to take	*pris*

4. -oir *verbs*

avoir	to have	*eu*
savoir	to know	*su*
devoir	to owe, to have to	*dû**
recevoir	to receive	*reçu*
pouvoir	to be able	*pu*
vouloir	to wish	*voulu*
voir	to see	*vu*
pleuvoir	to rain	*plu*

* Notice the *accent circonflexe* to distinguish **dû** from the contracted article du.

(*Voir l'exercice* 3, *page* 18)

2. Position of Conjunctive (Weak) Pronouns

1. *With a Compound Tense:*

> Non, *lui* a répondu sa mère.

The conjunctive pronoun is always placed IMMEDIATELY BEFORE THE AUXILIARY VERB.

Il a corrigé le devoir.
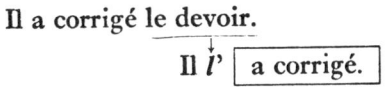

NOTE Take great care when using the pronouns with the interrogative form of the *passé composé*.

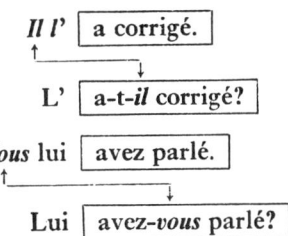

It is the SUBJECT PRONOUN ONLY which moves.

2. *With the Infinitive:*

> Nous ne pouvons pas *les* emporter avec nous.
> Vous allez *les* retrouver l'année prochaine.

Note, however, that when "helper" verbs like **aller, pouvoir, vouloir, devoir** are followed by an *infinitive*, the conjunctive pronoun is placed BEFORE THE INFINITIVE (because it is the direct or indirect object of that verb).

Il va corriger *le devoir*
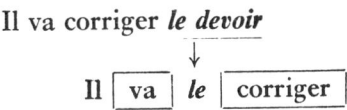

In this case there are TWO verbs. In the case of the *passé composé* there is only ONE.

TO SUM UP:

1. *Passé Composé* (one verb):

   Il *l'* ⬚a corrigé.⬚

2. '*Helper*' + *Infinitive* (two verbs):

   Il ⬚va⬚ *le* ⬚corriger.⬚

(*Voir les exercices* 4, 5, 6, *pages* 18, 19 *et* C, D(*iii*), *pages* 227-8)

3. Position of Adjectives

Adjectives which distinguish the noun they qualify from others of its kind (*i.e.* adjectives of colour, shape, nationality, physical qualities, taste, etc.) are usually placed AFTER the noun.

> **Du vin *rouge***   (Red, not white)
> **Une boîte *carrée***   (Square, not round)
> **Un film *français***   (French, not German)

The following common adjectives nearly always precede the noun (here again is the little rhyme learnt in Book I):

> **mauvais, méchant, vilain, beau
> petit, haut, vieux, joli, gros,
> nouveau, gentil, jeune et bon,
> grand et meilleur, vaste et long.**

A noun can have one adjective before it and one after it:

> **Un *vieux* chien *fidèle***   **Une *belle* robe *bleue***

Translation of English Nouns acting as Adjectives

Nouns can seldom act as adjectives in French. In pairs like 'a *village* street', 'a *fishing* port', the first noun, which is acting as an adjective in English, must be placed afterwards in French and linked by *de*.

> **Une rue *de* village**   **Un livre *d'*aventures**

(*Voir l'exercice* 8, *page* 19)

4. *Il faut*

Il faut penser à la rentrée des classes.
We must think about the beginning of next term.

The expression *il faut* ('it is necessary', 'we must', etc.) has much the same meaning as *on doit*.

5. IRREGULAR VERBS

Boire, to drink	*Lire*, to read	*Paraître*, to appear
je b**oi**s	je lis	je parais
tu b**oi**s	tu lis	tu parais
il b**oi**t	il lit	il paraît*
nous b**uv**ons	nous lisons	nous paraissons
vous b**uv**ez	vous lisez	vous paraissez
ils b**oi**vent	ils lisent	ils paraissent

* NOTE Verbs ending in -aître keep the *accent circonflexe* on the *i* of the stem before a *t*.

Passé Composé

j'ai bu   j'ai lu   j'ai paru

Conjugated like **paraître**: disparaître, *to disappear*; connaître, *to know*; reconnaître, *to recognise*.

NOTE Distinguish between savoir and connaître. Savoir means to know a fact; connaître means to know a person or place by direct personal acquaintance.

Dictées

1. Quand il rencontre son ami, il lui raconte toujours la même histoire.
2. Écoutez! Entendez-vous l'avion? Non, je n'entends rien.
3. Quand le professeur nous quitte, nous ne travaillons plus.
4. Que tu es sale! Cherche ton mouchoir! Regarde dans tes poches.
5. Tout le monde l'aime. Il a plusieurs amis, n'est-ce pas?
6. Attendez-moi! Personne ne doit partir. Entendez-vous?

EXERCICES

1. Répondez aux questions:

(1) Où est-ce que les Duroc ont passé une partie de leurs grandes vacances l'année dernière ?
(2) Quel temps a-t-il fait pendant les vacances? A-t-il plu ?
(3) Qu'est-ce que les enfants ont exploré ?
(4) Qu'est-ce qu'ils y ont trouvé ?
(5) Ont-ils attendu pour examiner le squelette de plus près ?
(6) Pourquoi le marin a-t-il pris un couteau ?
(7) Qu'est-ce que les jeunes gens ont porté en triomphe à leur mère ?
(8) Comment les jours ont-ils passé ? Lentement ?
(9) Où est-ce que M. Duroc a regardé avant de partir ?
(10) Où les Duroc ont-ils chargé toutes leurs affaires ?

2. Mettez les verbes entre parenthèses au passé composé:

(1) Le vent (souffler). (2) Nous (finir) nos devoirs. (3) Ils (explorer) la caverne. (4) (Attendre)-vous votre ami ? (5) Tu ne (punir) pas ton chien. (6) Elles (nager) dans la mer. (7) (Chercher)-il son mouchoir ? (8) Ils ne (vendre) pas leur maison. (9) Le marin (tuer) la bête. (10) Les Duroc (passer) leurs vacances au bord de la mer.

3. Mettez les verbes entre parenthèses au passé composé:

(1) Je (mettre) mon chapeau. (2) Tu (prendre) le train. (3) Vous (faire) votre devoir. (4) Elle (dire) la vérité. (5) Je (être) fatigué. (6) Nous (avoir) un accident. (7) Ils (boire) du café. (8) Tu (savoir) ta leçon. (9) Je (lire) ce livre. (10) Il (jeter) des boules de neige. (11) Nous (voir) le voleur. (12) Vous (pouvoir) le faire. (13) Il ne (appeler) pas son chien. (14) Tu (ouvrir) la lettre. (15) Il lui (offrir) de l'argent. (16) Je (croire) cet homme. (17) Tu ne (recevoir) pas le cadeau. (18) (Courir)-il à l'école ? (19) Pourquoi (rire)-vous ? (20) Je ne (écrire) rien.

4. Placez correctement les pronoms entre parenthèses:

(1) Je vais écrire une lettre (lui). (2) Il a envoyé une carte (vous). (3) Nous ne voulons pas offrir les bonbons (leur). (4) Ils vont casser (la). (5) Ils ont cassé (le). (6) Nous essayons de faire (les). (7) Vous pouvez jouer (y). (8) Devons-nous manger (les) ? (9) Ont-elles joué (y) ? (10) Tu as expliqué l'exercice (leur).

PREMIÈRE LEÇON

5. Remplacez les mots en italiques par des pronoms:

(1) Ils ont pris *le bateau*. (2) Vous avez découvert *le squelette*. (3) Ils ont mis *leurs poissons dans le panier*. (4) Je connais *vos amis*. (5) Elle a saisi *son chapeau*. (6) Nous avons oublié *notre pique-nique*. (7) Ils envoient *le paquet à leurs amis*. (8) Ils ont regardé *le château de sable*. (9) Ils ont fait des châteaux de sable *sur la plage*. (10) Le marin a trouvé *le couteau dans le bateau*.

6. Remplacez les mots en italiques par des pronoms:

(1) A-t-il fait *son travail*? (2) Avez-vous vu *le port*? (3) Ont-ils attrapé *le poisson*? (4) As-tu examiné *le rocher*? (5) A-t-elle découvert *son défaut*? (6) Allez-vous rendre *le livre à votre ami*? (7) Avez-vous rendu *le livre à votre ami*? (8) Ont-ils expliqué *le système aux élèves*? (9) Ont-elles mis *les crayons dans le pupitre*? (10) Va-t-il prêter *son canif à Charles*?

7. Traduisez en français:

(1) He sent it to me. (2) We played there. (3) Lend (*s.*) it to me. (4) I heard it. (5) You (*s.*) have not explained it. (6) Don't send (*s.*) it to us. (7) We showed *them it. (8) They found it there. (9) You (*pl.*) sold it to her. (10) Ask (*s.*) *her the way.

* Attention!

8. Traduisez en français en vous servant (*using*) des mots entre parenthèses:

(1) A village street   (le village — une rue)
(2) An exciting book   (un livre — passionnant)
(3) A mean trick   (un tour — vilain)
(4) A long lesson   (une leçon — long)
(5) A fishing port   (la pêche — un port)
(6) A round table   (une table — rond)
(7) A pretty blue dress   (une robe — joli — bleu)
(8) French newspapers   (un journal — français)
(9) A fat gentleman   (un monsieur — gros)
(10) A windy night   (le vent — une nuit)

9. Mettez les accents:

tres — nous levons — derniere — eleve — age — mere — etes — achetez — faites — premier — fatigue — esperez — annee — chateau — chapeau

10. Mettez au négatif:

(1) Je bois du vin. (2) Il a des nièces. (3) Il y a un étang. (4) Nous avons mangé du sel. (5) Il a attrapé un poisson.

11. Donnez l'adverbe de:

(1) premier
(2) vrai
(3) bon
(4) certain
(5) courageux
(6) petit
(7) vif
(8) sévère
(9) mauvais
(10) long

12. Traduisez en français:

(1) A little wine. (2) Many people. (3) So many times. (4) A bottle of lemonade. (5) I hear someone. (6) No one listens to me. (7) I do not meet anyone. (8) The sun is no longer shining. (9) A pound of butter. (10) No more ink.

13. Traduisez en français:

(1) Yesterday we wrote a letter to our aunt in Paris.
(2) I had (*took*) my breakfast at half past seven this morning.
(3) What is the weather like? Look out of the window.
(4) They played on the beach and threw stones (**la pierre**) in the water.
(5) We found an old torch in the cave. Here it is.
(6) When they opened the drawer they saw the money.
(7) We spent the summer holidays at the seaside.
(8) They made sandcastles and then played tennis.
(9) The following day the sailors caught some fish.
(10) "We have left nothing." "Yes," answered John, "the sea!"

VERBES QUOTIDIENS

NOTE Now that there is more than one tense to practise, the number of verbs in the daily test has been increased. If, however, it is wished to shorten the exercise, the last four verbs of each group may be omitted without upsetting the balance of the frequency count.

1. *Au présent:*
   boire et lire

2. *Au présent:*
   paraître et boire

3. *Au présent:*
   lire et recevoir

PREMIÈRE LEÇON

4. *Au présent:*
   connaître et
   boire

5. *Au présent:*
   elles (recevoir)
   je (partir)
   il n. (offrir)
   ils ? (boire)
   vous (dire)
   nous (comprendre)
   nous (devoir)
   vous (faire)
   ils (écrire)
   elle ? (envoyer)

6. *Au passé composé:*
   vous attendez
   tu finis
   nous mettons
   je bois
   elle envoie
   il sait
   il bat
   nous disons
   elle appelle
   on lit

7. *Au passé composé:*
   il jette
   vous avez
   tu offres
   elle est
   ils lisent
   nous rions
   vous faites
   tu parais
   il vend
   elle comprend

8. *Au passé composé:*
   nous voyons
   on reçoit
   ils ne font pas
   tu cours
   vous écrivez
   tu ne crois pas
   ils rient
   ils jettent
   tu prends
   pouvez-vous ?

9. *Au passé composé:*
   tu as
   ils ne sont pas
   mettons-nous ?
   ils prennent
   vous savez
   ouvrent-ils ?
   il croit
   court-elle ?
   tu connais
   ils boivent

10. *Au passé composé:*
    elles peuvent
    je veux
    il ne doit pas
    elles couvrent
    connaissons-nous ?
    vous souffrez
    met-il ?
    vous recevez
    écrit-elle ?
    il nettoie

LEÇON DEUX—DEUXIÈME LEÇON

L'ÉLÈVE: Pardon, monsieur, j'ai laissé mon stylo dans l'autre salle de classe. Puis-je aller le chercher?

LE PROFESSEUR: Oui, mais n'oubliez pas de frapper à la porte.

VOCABULAIRE A

une aiguille	needle	mort	dead
le bas	stocking	mourir	to die
le bâton	stick	naître	to be born
la blessure	wound	naturelle-ment	naturally
la cave	cellar		
la corde	rope	obéir	to obey
le cou	neck	un oiseau	bird
couler	to run, flow	la paille	straw
devenir	to become	la patte	leg (*of animal*)
deviner	to guess	le poisson d'avril	April fool
donc	therefore		
une erreur	mistake	ramener	to bring in
la façon	way	refuser	to refuse
fondre	to melt	rentrer	to go back
fort (*adv.*)	hard	repartir	to set off again
la graisse	grease	retrouver	to find (*something lost*)
gronder	to scold		
guérir	to cure	(re)venir	to come (back)
l'imbécile (*m. f.*)	idiot, fool	sale	dirty
		sinon	if not
la jupe	skirt	la tache	spot
le laitier	milkman	le tas	heap, pile
la mercière	draper	tenir	to hold
		tiens!	here!

DEUXIÈME LEÇON

VOCABULAIRE B

la chemisette	blouse	obstiné	obstinate
exaspéré	exasperated	sali	soiled
insupportable	unbearable		

LOCUTIONS

aussi vite que possible, as quickly as possible
la bonne façon, the right way
la petite folle, the silly little thing
quel dommage! what a pity! what a shame!
que voulez-vous? what can you expect?
sale bête! wretched animal!

MARIE CLOCHE

Marie Cloche est née le premier avril. Naturellement, chaque fois qu'elle a un anniversaire ses amis lui font un poisson d'avril et se moquent d'elle.

— Marie! Marie! Va vite! Ta mère t'appelle!

Quand Marie court aussi vite que possible pour **rentrer à la maison** ses amis lui crient: « Poisson d'avril! »

Marie habite avec sa mère dans une petite ferme à la campagne et elle est vraiment stupide.

Un jour sa mère lui dit:

— Marie, je n'ai plus d'aiguilles. Tu vas aller au village en acheter chez la mercière. J'en veux une douzaine.

Marie est donc partie pour le village où elle a acheté une douzaine d'aiguilles.

Quand elle est rentrée, devant la barrière de la ferme elle a vu un pauvre oiseau avec une patte cassée.

— Oh, le bel oiseau! a-t-elle dit. Quel dommage! Je vais l'attraper pour le guérir. Et pour avoir les deux mains libres elle a posé ses aiguilles sur un tas de paille. Elle a pris l'oiseau et l'a tenu dans ses mains.

Puis_elle a cherché ses_aiguilles. Naturellement elle n'a pas pu les retrouver.

Quand_elle est_entrée dans la cuisine, sa mère a grondé sa fille.

— Oh! là! là! a-t-elle dit d'un ton exaspéré. Tu es vraiment impossible! Ne sais-tu pas la bonne façon de porter les_aiguilles? Il faut les mettre dans ton chapeau. As-tu compris?

— Oui, maman, j'ai compris, a répondu Marie. Excuse-moi.

— Tiens, stupide! a dit sa mère. Je n'ai plus de beurre. Va vite chez le laitier en_acheter. J'en veux une livre.

La pauvre Marie est donc repartie pour le village. Elle a demandé du beurre au laitier qui lui en_a donné une livre. Et savez-vous ce qu'elle a fait?

« Cette fois, a-t-elle dit, je ne vais pas faire la même erreur. Oh, non! Il faut mettre le beurre dans mon chapeau! »

Mais le soleil a brillé très fort et a fondu le beurre qui a coulé sur sa figure, sur sa chemisette, sur sa jupe et sur ses bas. En_une minute elle est devenue une énorme tache de graisse.

Quand_elle est revenue à la maison sa mère a regardé ses vêtements salis.

— Petite idiote! lui a-t-elle crié d'une voix furieuse. Ne sais-tu pas la bonne façon de porter le beurre? Il faut le mettre dans_un panier. As-tu compris?

— Oui, maman, j'ai compris. Excuse-moi.

— Va, petite imbécile! Ramène-moi le cochon qui est derrière la maison.

Et savez-vous ce qu'elle a fait? La petite folle est_ allée d'abord chercher un grand panier. Puis_elle a essayé d'y faire entrer le cochon. Elle l'a poussé par la tête et elle l'a tiré par la queue mais le cochon a refusé d'obéir.

Très fâchée, Marie a saisi un gros bâton et a battu l'animal obstiné.

— Sale bête! lui a-t-elle crié. Entre dans le panier!

Mais le cochon n'a pas voulu y entrer! Enfin, elle l'a battu si fort que le pauvre animal est mort de ses blessures.

— Oh! tu es vraiment insupportable! a dit sa mère quand_elle a vu le cochon mort. Ne sais-tu pas la bonne façon de ramener un cochon? Il faut_attacher une corde au cou de l'animal et le ramener comme ça. As-tu compris?

— Oui, maman, cette fois-ci j'ai bien compris. Excuse-moi.

— Écoute, petite sotte! Va dans la cave aider ta grand-mère à monter le bois qu'elle a coupé.

Et savez-vous ce que Marie a fait? Elle est_allée chercher une corde. Puis_elle est descendue dans la cave. Elle y est restée juste assez longtemps pour attacher...

Oui, je suis sûr que vous pouvez deviner ce qu'elle a fait. (Sinon, regardez l'image!) La pauvre Marie! Mais que voulez-vous? Elle est née le premier avril!

GRAMMAIRE

1. Verbs Conjugated with *être*

Marie *est* partie pour le village.
Elle *est* allée d'abord chercher un grand panier.

A small number of verbs listed below form their *passé composé* with être instead of with avoir. Compare the language of the Bible:

I *am* come that they might have life... (St. John, Ch. 10,
v. 10)

Je *suis* venu afin qu'elles aient la vie...

Here is the *passé composé* of one of these verbs (aller):

> je *suis* allé(*e*)
> tu *es* allé(*e*)
> il *est* allé
> elle *est* allée
> nous *sommes* allé(*e*)s
> vous *êtes* allé(*e*)(*s*)*
> ils *sont* allés
> elles *sont* allées

*NOTE Here the agreement of the past participle depends on whether one is speaking to one person or to two, and whether they are male or female.

You will notice that the past participle behaves like any other adjective which is the complement of the verb *être*, that is, it agrees with the SUBJECT of the verb.

Marie est allée au village
|................|

NEGATIVE AND INTERROGATIVE FORMS

As with verbs conjugated with ***avoir***, the past participle is merely added on after the change in form has been made to the auxiliary verb.

Remember the rule:

ALL CHANGES IN FORM ARE MADE TO THE AUXILIARY VERB
BEFORE THE PAST PARTICIPLE IS ADDED

Negative: je ne suis pas *allé*.   I did not *go*.
Interrogative: suis-je *allé*?   did I *go*?
Negative
Interrogative: ne suis-je pas *allé*?   did I not *go*?

To make them easier to remember, the thirteen verbs which are conjugated with *être* have been arranged in five groups, each one of which tells a story. If you learn these stories by heart you will be able to remember whether or not a verb is conjugated with *être*.

1. aller   (re)venir
 to go   *to come (back), to return*

2. arriver   rester   partir   retourner
 to arrive   *to stay*   *to leave*   *to go back, to return*

3. entrer   sortir
 to go in, to come in   *to go out, to come out*

4. monter   tomber   descendre
 to go up, to come up   *to fall*   *to go down, to come down*

5. naître   mourir
 to be born   *to die*

1.   *aller*   *(re)venir*

À huit heures Roger
est allé à l'école.

À midi il *est* revenu
à la maison.

2. *arriver*   *rester*   *partir*   *retourner*

Ma tante *est* arrivée de Paris lundi.   Elle *est* restée trois jours.   Elle *est* partie jeudi.   Elle *est* retournée à Paris.

3.   *entrer*   *sortir*

Les deux criminels *sont* entrés en prison par la porte.   Deux mois plus tard ils *sont* sortis par la fenêtre!

4.   *monter*   *tomber*   *descendre*

L'aviateur *est* monté en avion.   Il *est* tombé de son avion.   Il *est* descendu en parachute.

5.   *naître*   *mourir*

Napoléon *est* né en Corse.   Il *est* mort à Sainte Hélène.

NOTE 1 *Devenir, to become*, and other compounds with the prefix **re- (r-)**, meaning 'back' or 'again', are also conjugated with *être*:

> | rentrer | *to go, to come back* |
> | revenir | *to come back, to return* |
> | repartir | *to set off again* |
> | remonter | *to go, to come up again* |
> | ressortir | *to go out again* |
>
> etc.

NOTE 2 Observe the difference between these two verbs which both mean *to return*:

> | revenir | to *come* back (return) |
> | retourner | to *go* back (return) |

NOTE 3 The opposite of descendre is **monter** (so don't invent any other!).

NOTE 4 It is most important to realise that all the above verbs conjugated with *être* are INTRANSITIVE, that is, they cannot take an object.

(*Voir les exercices* 3, 4, *page* 33 *et* A (*i*), *page* 228)

2. *EN*

En is a conjunctive (weak) pronoun. It means: *some, any, of it, of them, from it, from them*.

$$DE + \text{NOUN} \quad \text{is replaced by} \quad EN$$

THE POSITION OF *en*

En follows the same rules for position as the other conjunctive pronouns, that is, it is placed *before* the verb except when used with an imperative affirmative, when it is placed *afterwards*. When used with other conjunctive pronouns it ALWAYS COMES LAST. A French donkey goes '*hi-han*' (*y, en*). If you think of the direct and indirect object pronouns as the body of the animal, *y, en* will represent the tail.

EXAMPLES

1. *Some, any*

   Nous achetons *du beurre*
   ↓
   Nous *en* achetons

   Avez-vous *des oranges?*
   ↓
   En avez-vous?

2. *Of it, of them*

   Je veux une livre *de beurre*
   ↓
   J'*en* veux une livre*

   Elle lui a vendu douze *aiguilles*
   ↓
   Elle lui *en* a vendu douze*

*NOTE A noun left out after an expression of quantity or a number must always be replaced by *en*.

3. *From it*

   Elle sort *du magasin*
   ↓
   Elle *en* sort

Here is now the complete table of conjunctive pronouns:

1. BEFORE THE VERB (*Statements, Questions, Imperative Negative*)

> me
> te   le
> se   la   lui
> nous les leur   y   en   VERB
> vous

2. AFTER THE VERB (*Imperative Affirmative*)

>   -moi*
>   -le   -toi*
> VERB   -la   -nous   -y   -en
>   -les   -vous
>   -lui
>   -leur

NOTE 1 *Me* and *te* are not changed to *moi* and *toi* after an imperative affirmative if followed by *y* or *en*.

> couche-*t'*y   donnez-*m'* en
> *lie down there*   *give me some*

NOTE 2 Don't forget that all pronouns coming *after their verb* require to be *joined by hyphens*.

(*Voir les exercices 5, page 33 et A (ii), B (i) à (vi), page 229.*)

3. IRREGULAR VERBS

naître, to be born   *mourir, to die*

> je nais   je m**eu**rs
> tu nais   tu m**eu**rs
> il naît   il m**eu**rt
> nous naissons   nous m**ou**rons
> vous naissez   vous m**ou**rez
> ils naissent   ils m**eu**rent

Passé Composé

je **suis** né   je **suis** mort

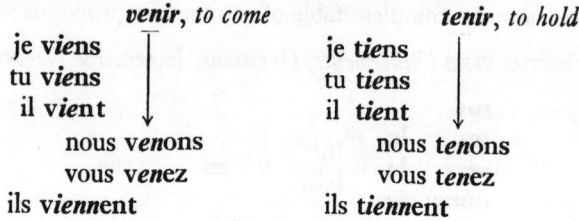

venir, to come	tenir, to hold
je v*ie*ns	je t*ie*ns
tu v*ie*ns	tu t*ie*ns
il v*ie*nt	il t*ie*nt
nous v*e*nons	nous t*e*nons
vous v*e*nez	vous t*e*nez
ils v*ie*nnent	ils t*ie*nnent

Passé Composé

je *suis* venu   j'ai tenu

Conjugated like venir: devenir, *to become*, revenir, *to return, to come back.*

Dictées

1. Il sait que mon‿oncle se fâche facilement parce qu'il le connaît.
2. Vous les mangez.   Je l'ai mangé.   Je vais les manger.
3. Ma mère a passé une partie de ses vacances au bord de la mer.
4. Nous ne pouvons pas les‿emporter avec nous.   Nous‿allons les laisser.
5. Je suis sûr que nous n'avons rien‿oublié.   J'ai regardé dans tous les tiroirs.
6. Elle a les cheveux blonds et les‿yeux bleus.   Elle est vraiment belle.

EXERCICES

1. **Répondez aux questions:**
   (1) Où est-ce que Marie Cloche habite?
   (2) Qu'est-ce que ses amis lui font chaque fois qu'elle a un anniversaire?
   (3) Combien d'aiguilles Marie va-t-elle acheter?
   (4) Qu'est-ce qu'elle a trouvé à la barrière de la ferme?
   (5) Combien de beurre Marie a-t-elle acheté?
   (6) Où a-t-elle mis le beurre?
   (7) Qu'est-ce que le soleil a fait au beurre?
   (8) Où a-t-elle essayé de mettre le cochon?
   (9) Qu'est-ce que Marie a fait au cochon?
   (10) Pourquoi Marie est-elle si stupide?

DEUXIÈME LEÇON

2. Mettez au présent ou à l'impératif:

(1) Les vacances (venir) bientôt. (2) Quel dommage! Les fleurs (mourir). (3) Nous (connaître) des amis en Bretagne. (4) Tu (tenir) la patte de l'oiseau. (5) Ne (salir) pas votre robe! (6) Ils (faire) souvent la même chose. (7) Les pompiers (soulever) les tuyaux. (8) Nous (se diriger) vers la côte. (9) Les vêtements (devenir) sales. (10) Cette route (mener) au moulin. (11) Cette idée nous (paraître) mauvaise. (12) Ces personnes mal élevées vous (jeter) des pierres (*stones*). (13) Vous nous (ennuyer). (14) (Offrir)-nous un de vos bonbons. (15) Il ne nous (obéir) jamais.

3. Mettez au passé composé:

(1) Elle va à la Trinité. (2) Les Duroc reviennent de la côte. (3) Marie montre le chemin. (4) Elles montent à la Tour Eiffel. (5) Françoise voyage par l'autobus. (6) Elle part pour Paris. (7) Les filles ne tombent pas à l'eau. (8) Roger ne met rien dans sa malle. (9) Nous voyons les nuages. (10) Mes tantes n'arrivent jamais en retard.

4. Copiez cette histoire en mettant (*putting*) les verbes en italiques au passé composé:

Un jour la mère de Marie lui *dit*, « Va m'acheter des aiguilles. » Marie *ouvre* la barrière de la ferme et *part* pour le village. Quand elle y *arrive* elle *entre* chez la mercière et *achète* les aiguilles. Elle *met* les aiguilles dans sa poche, *prend* le chemin du retour et *rentre* à la maison.

Le lendemain la mère *envoie* sa fille acheter du beurre. Marie *court* vite au village et *fait* la commission. Sur le chemin du retour elle *voit* un tas de bois. Naturellement elle *veut* y monter. Elle y *monte* par un côté et en *descend* par l'autre. Malheureusement elle *tombe*... sur le beurre! Quand elle *montre* le beurre écrasé à sa mère, sa mère *devient* pâle de colère et Marie *doit* aller se coucher sans souper.

5. Remplacez les mots en italiques par *y* ou *en*.

(1) J'ai acheté du lait *à la laiterie*. (2) Nous avons choisi *du pain* à la boulangerie. (3) N'allez pas *au port de pêche*. (4) Vous pouvez avoir *des timbres à la poste*. (5) J'ai mis *du sucre dans mon thé*. (6) Il y a *de la limonade* dans la bouteille. (7) Venez *de la ville*. Allez *à la campagne*. (8) Il achète *des provisions*. (9) Le pain est rassis. N'achetez pas *de pain*. (10) A-t-il vendu *des œufs*?

6. Remplacez les mots en italiques par des pronoms.

(1) Il faut mettre *les aiguilles dans ton chapeau.* (2) Je n'ai pas assez *de beurre.* (3) A-t-elle mis *le cochon dans le panier?* (4) La fille a-t-elle tenu *l'oiseau?* (5) *Le laitier* n'a pas mis *le lait dans le verre.* (6) Voulez-vous me dire *l'heure?* (7) Racontez-nous *votre histoire.* (8) Avez-vous prêté *votre stylo à mon ami?* (9) M'ont-ils envoyé *le colis?* (10) Peut-il nous prêter *les livres?*

7. Traduisez en français:

(1) Take (*s.*) some. (2) Don't eat (*s.*) any. (3) Lend (*pl.*) me some. (4) Offer (*s.*) *her two. (5) Have they any? (6) I did not buy it. (7) I did not buy any. (8) I bought two. (9) Lend (*s.*) *him some. (10) Don't give (*pl.*) me any.

* *Attention!*

8(*a*). Mettez au pluriel:

(1) Cet animal est heureux. (2) Je vois un bel œil. (3) J'écris une longue lettre. (4) Cette femme est jolie. (5) Voilà un vieil arbre.

(*b*) Mettez au singulier:

(1) De vieux arbres. (2) De nouveaux amis. (3) Ces œufs sont cassés. (4) De beaux animaux. (5) Ces belles fleurs.

9. Répondez aux questions (N'oubliez pas de réfléchir s'il faut employer *tu* ou *vous*):

Que dites-vous quand:

(1) vous dites à votre frère de se lever? (2) vous demandez à votre professeur de vous excuser? (3) vous criez à un de vos amis de vous attendre? (4) vous dites à deux amis de se dépêcher? (5) vous criez à votre sœur de se sauver?

10. Traduisez en français en vous servant des mots entre parenthèses:

(1) A stupid little girl   (une fille — petit — stupide)
(2) A furious voice   (une voix — furieux)
(3) An old German story   (une histoire — vieux — allemand)
(4) An amusing film   (un film — amusant)
(5) A square box   (une boîte — carré)

DEUXIÈME LEÇON

(6) A picture book   (l'image — un livre)
(7) A broken leg   (une jambe — cassé)
(8) A rainy day   (la pluie — une journée)
(9) A windy night   (le vent — une nuit)
(10) A long letter   (une lettre — long)

11. Mettez les accents:

connait — derriere — achete — ete — idee — commencons — vous vous promenez — fache — aie! — repondu — elle est nee — mere — obeir — bete — imbecile.

12. Traduisez en français:

(1) No one hears me.
(2) I don't see anyone.
(3) I have done nothing.
(4) Nothing is impossible.
(5) We have no more wine.
(6) It is not raining.
(7) It often snows in winter.
(8) In summer it is fine.
(9) In autumn it is windy.
(10) It is never cold.
(11) Last year.
(12) Next week.
(13) An hour ago.
(14) At midday.
(15) At 3.30 in the afternoon.
(16) At 10.15 in the morning.
(17) Enough jam.
(18) Too much coffee.
(19) A lot of noise.
(20) Eighty soldiers.

13. Traduisez en français:

(1) The sun is shining. We can go out now.
(2) She set off for the town, but she arrived late.
(3) The ladies went into the kitchen and made a cake.
(4) Is there any wine? Yes, we bought some.
(5) We know several people who have English cars.
(6) What time do you get up in the summer? And in winter?
(7) Where are you going? We are going to the village.
(8) When she saw his dirty hands, his mother scolded him.
(9) What time did she come yesterday evening? I don't know.
(10) It is stormy. Do you see the lightning in the clouds?

Verbes Quotidiens

1. *Au présent :*
   ils (vouloir)
   ils n. (appeler)
   ils ? (prendre)
   elles n. (aller)
   ils (faire)
   ils (pouvoir)
   elles (devoir)
   je (sentir)
   il (envoyer)
   elle (voir)

2. *Au présent :*
   naître et mourir

3. *Au présent :*
   vous ? (boire)
   ils (se lever)
   nous n. (lire)
   il ? (ouvrir)
   on (tenir)
   ils (obéir)
   tu ? (recevoir)
   ils (mourir)
   elle ? (paraître)
   il (acheter)

4. *Au présent :*
   venir et mourir

5. *Au passé composé :*
   ils ont
   je mets
   il ne prend pas
   ils voient
   nous voulons
   vous recevez
   ennuie-t-il ?
   nous devons
   tu ne cours pas
   ils tiennent

6. *Au présent :*
   je (recevoir)
   elles (dire)
   je n. (mettre)
   nous ? (paraître)
   il (écrire)
   elles (rire)
   elle ? (nettoyer)
   ils (se battre)
   vous (dire)
   ils (courir)

7. *Au passé composé :*
   il court
   vous ne buvez pas
   couvres-tu ?
   elle ne nettoie pas
   ils appellent
   elle tient
   vous voulez
   nous voyons
   on a
   ils mènent

8. *Au passé composé :*
   nous paraissons
   peut-on ?
   ils lisent
   tu ne dois pas
   croyez-vous ?
   elle tombe
   il envoie
   nous découvrons
   il rencontre
   elles partent

9. *Au présent :*
   venir et mourir

10. *Au passé composé :*
    tu ris
    ils n'écrivent pas
    nous faisons
    elle a
    ils viennent
    elle meurt
    il espère
    sais-tu ?
    nous ouvrons
    elle naît

LEÇON TROIS — TROISIÈME LEÇON

LE PROFESSEUR: Où avez-vous passé vos grandes vacances l'été dernier?

L'ÉLÈVE: Nous sommes‿allés à Bournemouth (en France etc.) monsieur.

VOCABULAIRE A

à nous	ours	le lieu	place
l'air (*m.*):	to look like, to	magnifique	magnificent
avoir l'air	seem	le mal	trouble, hurt, harm
s'asseoir	to sit (down)		
assurer	to assure	le marchand	merchant
aussi	so	le mari	husband
le besoin	need	le menteur	liar
le bœuf	ox	les messieurs	gentlemen
le broc	large jug (*for water*)	(*pl. of monsieur*)	
la charrette	cart	se mettre à	to begin
conduire	to lead	parfaite-	perfectly
la cuvette	basin	ment	
décrire	to describe	le paysan	peasant
embarrassé	embarrassed	la peur	fear
emmener	to take away	poser une	to ask a ques-
encore	yet	question	tion
endormi	asleep	précédent	preceding
l'envie (*f.*)	wish, desire	la raison: avoir	
la faim	hunger	raison	to be right
la foire	fair	en réalité (*f.*)	in reality
la foule	crowd	recom-	to start again
le gendarme	constable	mencer	
au hasard	at random		

remplacer	to replace	le tort	wrong
se retourner vers	to turn towards	toujours	still
		tous les deux	both
rusé	cunning		
sain	healthy	se tromper	to make a mistake
secouer	to shake		
le sommeil	sleep	verser	to pour out
en sursaut	with a start	la vertu	virtue
la tache	mark, patch	voler	to steal
la tasse	cup	voyager	to travel

VOCABULAIRE B

atteler	to harness	le fripon	rascal
le bohémien	gypsy	justement	as it so happens
borgne	blind in one eye	parier	to bet
la bride	bridle	ronfler	to snore
le choix	choice		
l'étonnement (*m.*)	astonishment		

LOCUTIONS

à son sujet, about him
bonté divine! bless my soul!
d'un ton rusé, craftily
en plein hiver, in the depth of winter
il y a deux mois, two months ago
je veux dire, I mean
qu'est-ce qu'il y a? what is the matter?
que j'ai sommeil! how sleepy I am!
se mettre en route, to set off

LE CHEVAL VOLÉ

Un matin en plein hiver Jeannette, la femme du paysan Jeannot, s'est réveillée. Elle a regardé son mari toujours endormi à côté d'elle et l'a secoué. Il s'est réveillé en sursaut.

— Qu'est-ce qu'il y a? Quelle heure est-il? Il a bâillé. Ah! que j'ai sommeil!

— Il est six heures, mon mari. Lève-toi, car il faut aller en ville acheter un autre cheval pour remplacer notre cher Félix que les bohémiens ont volé hier après-midi.

Jeannette s'est levée. Elle a cassé la glace dans le broc, a versé de l'eau dans la cuvette et s'est lavée. Puis, elle s'est habillée. À ce moment-là son mari a recommencé à ronfler.

— Jeannot! Réveille-toi, paresseux! lui a-t-elle crié. Tu sais que le marché a lieu à huit heures et qu'il faut y arriver tôt pour avoir un bon choix.

Lentement son mari s'est levé.

— Brr! a-t-il dit. Qu'il fait froid! Je n'ai pas envie de sortir. Femme, descends vite préparer le petit déjeuner. Nous avons besoin d'une bonne tasse de café avant de partir. Nous ne pouvons pas voyager si nous avons faim et froid.

Après son café le paysan est allé chercher son autre cheval qu'il a attelé à la charrette. Il y est monté et Jeannette s'est assise à côté de son mari. Puis, tous les deux se sont mis en route pour la ville.

Quand ils sont arrivés au marché, ils ont commencé à examiner tous les chevaux. Tout d'un coup Jeannette s'est retournée vers son mari et l'a saisi par le bras.

— Jeannot ! Regarde ce cheval à côté du bohémien là-bas. Je suis sûre que c'est notre Félix.

Son mari a poussé un cri d'étonnement.

— Bonté divine ! Tu as raison, ma femme. Je le reconnais à la tache blanche sur sa tête. C'est certainement notre cher Félix. Allons poser quelques questions à son sujet au marchand, car il n'a pas l'air très honnête.

Ils se sont dirigés vers le bohémien.

Le marchand, qui est en réalité un des hommes qui ont volé le cheval dans le champ du fermier le jour précédent, est très content de voir venir deux clients et il se met à décrire toutes les bonnes qualités et toutes les vertus de l'animal.

— Bonjour, madame. Bonjour, monsieur. Je vois que vous avez besoin d'un bon cheval. J'ai justement la bête que vous cherchez. C'est un noble animal qui est fort comme un bœuf et rapide comme le vent. Je parie que vous n'avez jamais vu un cheval aussi beau.

— Fripon ! Voleur ! Bandit ! a crié le paysan en colère. Ce

cheval est à nous! Quelqu'un l'a volé hier après-midi dans le champ derrière notre ferme.

— Oh, non, monsieur! a répondu le marchand. Je vous assure que vous avez tort. J'ai acheté ce cheval il y a deux mois à la foire.

Soudain le paysan a eu une idée. Il a couvert de ses mains les deux yeux du cheval.

— Alors, a-t-il dit d'un ton rusé, si ce cheval est vraiment à vous, comme vous le dites, vous devez savoir de quel œil il est borgne.

À cette question le bohémien se trouve embarrassé et commence à avoir peur, car il n'a pas encore eu le temps de bien examiner la bête.

— Euh, c'est de l'œil droit, a-t-il répondu au hasard.

— De l'œil droit! Mais regardez! La condition de cet œil est excellente!

— Non, excusez-moi, je me suis trompé. Je veux dire que c'est de l'œil gauche qu'il est borgne.

— Menteur! a crié le paysan. Regardez messieurs! Et il s'est retourné vers la foule. Ses deux yeux sont parfaitement sains. Il n'a mal ni à l'œil droit ni à l'œil gauche. C'est cet homme qui l'a volé hier après-midi dans le champ derrière notre ferme.

À ces mots le bohémien a voulu se sauver, mais le paysan a appelé un gendarme qui a arrêté le voleur et l'a emmené en prison.

Jeannot et sa femme ont conduit le cheval à leur charrette, l'y ont attaché par la bride et sont rentrés très heureux à leur ferme.

GRAMMAIRE

1. THE PERFECT TENSE OF REFLEXIVE VERBS.

Jeannette s'*est* lavée et s'*est* habillée.

In addition to the small number of intransitive verbs conjugated with **être**, ALL REFLEXIVE VERBS TAKE *être* AS THEIR AUXILIARY when forming compound tenses.

The past participle must agree with the *direct object reflexive pronoun* (which has, of course, the same gender and number as the subject).

Jeannette *s*'est lev*ée*.

Here is the *passé composé* of the verb *se lever*:

> je me *suis* levé(*e*)
> tu t'*es* levé(*e*)
> il s'*est* levé
> elle s'*est* levée
> nous nous *sommes* levé(*e*)s
> vous vous *êtes* levé(*e*)(s)
> ils se *sont* levés
> elles se *sont* levées

NEGATIVE AND INTERROGATIVE FORMS

Remember once more the all important rule:

ALL CHANGES IN FORM ARE MADE TO THE AUXILIARY VERB
BEFORE THE PAST PARTICIPLE IS ADDED

Negative: je ne me suis pas *levé*.   I did not *get up*.
Interrogative: me suis-je *levé*?   did I *get up*?
Negative
Interrogative: ne me suis-je pas *levé*?   did I not *get up*?

(*Voir les exercices* 4, *page* 45 *et* A, *page* 230)

2. IDIOMS WITH *avoir*

Tu *as raison*, ma femme.
You *are right*, wife.

In certain cases where the English uses *to be* + ADJECTIVE (*I am hungry*), the French uses *to have* + NOUN (*J'ai faim*: I have hunger). The most common of these are:

avoir chaud	to be hot
avoir froid	to be cold
avoir raison	to be right
avoir tort	to be wrong
avoir faim	to be hungry
avoir soif	to be thirsty

avoir peur	to be afraid
avoir honte	to be ashamed
avoir sommeil	to be sleepy
avoir besoin de*	to be in need of, to have need of (to need)

***avoir besoin** must always be followed by **de** (to be in need *of*, to have need *of*).

avoir envie de	to want to, to feel like …
avoir lieu	to take place
avoir l'air	to look like, to seem
avoir mal à …	to have something the matter with …

NOTE 1 If there is any doubt whether to use **avoir** or **être**, ask yourself if the French word after the verb is a *noun* or an *adjective*.
Avoir CAN ONLY BE FOLLOWED BY A NOUN.

Elle est fatiguée (*agreement*) — fatigué is an *adjective*
Elle a froid (*no agreement*) — froid is here a *noun*.

NOTE 2 Observe the three ways of translating *to be hot* or *cold*:

1. WEATHER (*temperature of the air*) — with **faire**:
   il fait froid, *it is cold*

2. LIVING BEINGS (*temperature of the body*) — with **avoir**:
   il a froid, *he is cold*

3. INANIMATE OBJECTS (*temperature of things*) — with **être**:
   l'eau est froide, *the water is cold*

(*Voir les exercices B (i) à (iii), pages 230 à 232*)

3. IRREGULAR VERBS

conduire, to lead, drive	***s'asseoir***, to sit down
je conduis	je m'assieds
tu conduis	tu t'assieds
il conduit	il s'assied
nous conduisons	nous nous asseyons
vous conduisez	vous vous asseyez
ils conduisent	ils s'asseyent

Passé Composé

j'ai conduit   je me *suis* assis

Conjugated like conduire: se conduire, *to behave;* construire, *to construct, to build;* traduire, *to translate;* détruire, *to destroy.*

Dictées

1. Je vois que madame Dupont est déjà partie en vacances. Tous les rideaux sont tirés.
2. Hier matin la fille cadette de l'oncle Georges est‿allée au marché par l'autobus. Elle est rentrée à pied.
3. J'ai froid parce qu'il fait froid et que le vent est froid.
4. Savez-vous où se trouve la boucherie? Oui, je la connais bien. Bon, allez-y vite.
5. N'avez-vous pas‿écrit à vos parents? Si! Voici la lettre.
6. J'ai oublié le pain. Il faut‿en acheter. Allez chez le boulanger.

EXERCICES

1. **Répondez aux questions:**

(1) En quelle saison cette histoire s'est-elle passée?
(2) Est-ce que le paysan a envie de sortir? Pourquoi pas? Quel temps fait-il?
(3) Qu'est-ce que la paysanne a dû faire pour avoir de l'eau?
(4) Qui a volé le cheval des paysans?
(5) Comment s'appelle leur cheval?
(6) Qu'est-ce que les paysans ont bu avant de partir?
(7) Quand le marchand dit, «J'ai acheté ce cheval à la foire,» a-t-il raison?
(8) Est-ce que le marchand a l'air honnête? Quel air a-t-il?
(9) Félix a-t-il mal à l'œil droit ou à l'œil gauche?
(10) Qu'a fait le gendarme?

2. **Mettez les verbes entre parenthèses au présent:**

(1) Nous (remplacer) le cheval. (2) Les paysans nous (obéir). (3) **(Boire)**-vous du café le matin? (4) Sans eau les fleurs (mourir).

(5) Vous (comprendre), n'est-ce pas ? (6) Pendant les vacances l'argent (disparaître) vite. (7) Ils (découvrir) un bel endroit. (8) Tu (recevoir) des cadeaux. (9) Les élèves (revenir) de l'école. (10) Pourquoi (lire)-vous maintenant ?

3(*a*). Mettez les verbes entre parenthèses au présent :

(1) Tu (s'endormir) vite. (2) Jeannette (se rappeler) la date. (3) Vous (se servir) de votre parapluie. (4) Les enfants (s'excuser). (5) Tu (se moquer) de mon chien. (6) Les jeunes filles (se promener) ensemble. (7) Je (se battre) avec mon frère. (8) Françoise (se lever) de bonne heure. (9) Les paysans (se mettre) en route. (10) Tu (se disputer) avec ta sœur.

(*b*) Après la correction de l'exercice 3(*a*), mettez les verbes au négatif.

(*c*) Après la correction de l'exercice 3(*a*), mettez les verbes à l'interrogatif.

4(*a*). Mettez les verbes suivants au passé composé :

(1) Jeannette se lève tard. (2) Vous vous couchez de bonne heure. (3) La femme se retourne vers son mari. (4) Tu te laves bien. (5) Ils vont à la gare. (6) Les singes se moquent de l'homme. (7) Nous nous précipitons à la gare. (8) Tu te promènes dans le parc. (9) Les voleurs se sauvent en vitesse. (10) Vous croyez mon histoire.

(*b*) Après la correction de l'exercice 4(*a*), mettez tous les verbes au négatif.

(*c*) Après la correction de l'exercice 4(*a*), mettez tous les verbes à l'interrogatif.

5. Mettez les verbes en italiques au passé composé :

Un matin Jeannette *se réveille*. « Que j'ai sommeil ! » *dit-elle*. Elle *se lève*, *verse* de l'eau dans la cuvette et *se lave*. Puis, elle *s'habille*. Son mari *ouvre* les yeux. « Quelle heure est-il ? » *demande-t-il*. « Il est six heures, *répond* sa femme, dépêche-toi ! »

Elle *descend* dans la cuisine et *prépare* le petit déjeuner. Après le repas, Jeannot, son mari, *va* chercher le cheval et la charrette. Jeannette y *monte* et ils *se mettent* en route pour la ville. Quand ils y *arrivent*, ils *se dirigent* vers le marché, où ils *voient* un excellent cheval. Ils l'*achètent*, le *conduisent* à la charrette et *repartent* pour la ferme.

6. Remplacez les mots en italiques par des pronoms:

(1) *Les Duroc* passent *leurs vacances au bord de la mer*. (2) Achetez *du sucre* à l'épicerie. (3) Envoyez-nous *la lettre*. N'oubliez pas *le timbre*! (4) Descendez *du mur*. (5) *Le facteur* m'apporte *les lettres à la maison*. (6) Ne montez pas *sur ce tas de bois*. (7) Ils ont attaché *le cheval à la charrette*. (8) Ils vont nous prêter *de l'argent*. (9) Ne me donnez pas *de viande*. (10) Donnez-moi *du poisson*.

7. Mettez des noms à la place des pronoms en italiques:

(1) *Elle en* achète une livre. (2) Prêtez-*la*-nous. (3) N'*y* allez pas. (4) *Il les* apporte. (5) *Elles en* ont vendu. (6) Cherchez-*le*. (7) Ils vont *les y* mettre. (8) Prenez-*en* beaucoup. (9) Nous n'allons pas *y en* manger. (10) *Elle* s'*y* arrête.

8. Traduisez en français:

(1) He sent it to me. (2) I have four. (3) Don't lend (*s.*) *him any. (4) Sell (*s.*) me a pound. (5) Listen (*s.*)* to her. (6) Has he written to you (*s.*)? (7) Don't wait (*pl.*)* for us. (8) Give (*pl.*) *them some. (9) We lent *her some. (10) Have you (*s.*) any?

* *Attention!*

9. Mettez *du, de la, de l', des* ou *de*:

(1) Nous avons mangé trop —— pommes. (2) Nous voulons —— allumettes et —— papier pour faire —— feu. (3) Il n'a pas —— temps. (4) Puis-je avoir —— eau? (5) Il mange tant —— chocolat. (6) Il a —— bons amis à Paris. (7) Donnez-moi —— encre et —— papier buvard pour ma lettre.

10. Mettez au pluriel:

(1) La dame parle à son fils. (2) La voix de l'animal est forte. (3) Le cheval prend le morceau de sucre. (4) Tu envoies une longue lettre à ton neveu. (5) Je trouve un bel oiseau.

11. Mettez les accents:

frere — foret — tres — terre — esperer — lancons — desirez — seche— appelons — depart — examiner — disparait — il leve — il a leve — a cote de

TROISIÈME LEÇON

12. Traduisez en français:

(1) "What a pity!" she said.
(2) How hot it is!
(3) Eighty-one horses.
(4) She is cold.
(5) We are not wrong.
(6) Is there any butter?
(7) I don't see anything.
(8) Will you open the door?
(9) Several times.
(10) What a lovely day!
(11) We are never afraid.
(12) At the seaside.
(13) At 7.30 in the morning.
(14) We are hungry and thirsty.
(15) The dog is tired.
(16) One hundred oxen.
(17) Enough time.
(18) What is the matter?
(19) The weather is bad.
(20) No one listens to him.

13. Traduisez en français:

(1) What time did you get up this morning?
(2) The girls woke up, washed, dressed and went down into the kitchen.
(3) Don't listen to them. They say that it is going to rain.
(4) When they saw the robbers, they ran away at once.
(5) Wake up! Don't go to sleep! Are you tired?
(6) The holidays pass too quickly. I don't want to leave the sea.
(7) Yesterday it was fine and we went for a walk in the park.
(8) There is our horse. The gypsies stole him a week ago.
(9) Good morning. I need a basket. Have you got any?
(10) I am sorry. I made a mistake. I took your hat.

VERBES QUOTIDIENS

1. *Au présent:*
   tenir et mourir

2. *Au présent:*
   vous n. (faire)
   on (recevoir)
   ils (faire)
   je ? (pouvoir)
   vous (boire)
   ils (tenir)
   tu ? (se battre)
   ils (nettoyer)
   elles n. (ouvrir)
   il ? (se lever)

3. *Au présent:*
   conduire et
   s'asseoir

4. Au passé composé :

elle vient
ils ne mettent pas
nous courons
vous écrivez
nous n'avons pas
ils disent
nous sourions
offrent-ils ?
elle tombe
tu reçois

5. Au présent :

elles ? (voir)
je (sourire)
ils n. (savoir)
ils (boire)
nous (découvrir)
tu (croire)
ils (apprendre)
tu (vouloir)
vous (dire)
il (paraître)

6. Au présent :

venir et connaître

7. Au passé composé :

a-t-il ?
vous ne prenez pas
reçois-tu ?
elle ne lit pas
ils veulent
j'arrive
ils obéissent
elle va
tu couvres
voit-elle ?

8. Au présent :

se conduire et
s'asseoir

9. Au passé composé :

tu comprends
ils ne peuvent pas
je pars
ils se lèvent
vous conduisez
elles se promènent
ils répondent
nous paraissons
elle monte
elle montre

10. Au passé composé :

elles viennent
je tiens
il ne disparaît pas
elles descendent
il rencontre
elles se battent
il préfère
elle se promène
elle appelle
ne connais-tu pas ?

LEÇON QUATRE—QUATRIÈME LEÇON

LE PROFESSEUR: Je vais relever les notes. Jean, quelle note avez-vous?

L'ÉLÈVE: J'ai quinze, monsieur, mais j'ai été absent deux jours.

VOCABULAIRE A

accorder	to grant	le monde entier	the whole world
âgé	old		
autour de	around	net	sharp, clear
clair	clear	nommé	named
le conseil	advice	obtenir	to obtain
depuis	since	l'or (*m.*)	gold
droit	straight	ordonner à	to order
s'écrier	to cry out	un ordre	order
en effet	indeed	le palais	palace
une épaule	shoulder	se passer	to take place
une épreuve	test	plonger	to plunge, dive
s'étonner	to be astonished	à point	at the right moment
exécuter	to carry out		
à la fin	in the end	présenter	to introduce
le fond	bottom	profond	deep
le garde	guard	puissant	powerful
généreux	generous	la récompense	reward
la grâce	pardon	réfléchir	to reflect
le lac	lake	réussir à	to succeed in
la larme	tear	la rive	bank
le lecteur	reader	le roi	king
le malheur	misfortune	la sagesse	wisdom
le ministre	minister	le salut	bow

suivant	following	tenter	to attempt
suivre	to follow	le vieillard	old man
tant que	as long as	le visage	face
tendrement	tenderly	vivre	to live
tenir une promesse	to keep a promise		

VOCABULAIRE B

la flèche	arrow	pensif	thoughtful
du haut de	from (the top of)	le reflet	reflection
la lamentation	wailing	repêcher	to fish up
		le royaume	kingdom
la majesté	majesty	le serviteur	servant

LOCUTIONS

de bon cœur, heartily
aux cheveux blancs, with white hair
malheur à, woe unto
tenter sa chance, to try one's luck
toutes les fois que, whenever

LA SAGESSE DES VIEUX

Cette histoire s'est passée il y a bien longtemps dans le royaume d'un roi très cruel.

Un jour le roi a appelé son premier ministre.

— Dis-moi, Balthazar, a-t-il dit, suis-je plus fort, plus riche et plus puissant que tous les‿autres rois?

— Oui, Votre Majesté, a répondu le ministre, vous‿êtes plus fort, plus riche et plus puissant que tous les‿autres rois. Votre Majesté est le roi le plus fort, le plus riche et le plus puissant du monde entier.

— Oui, Balthazar, pour le moment, a dit le roi. Tant que je suis jeune et fort, tout le monde a peur de moi et m'obéit, mais‿un jour viendra où je serai vieux. Alors personne ne m'obéira plus. J'ai donc pris une décision. Vous‿ordonnerez à mes soldats de tuer tous les vieillards. Comme cela, je ne verrai plus de cheveux gris dans mon royaume et j'aurai seulement des visages jeunes autour de moi.

Les soldats ont_exécuté les_ordres du ministre, mais le roi a été obligé d'entendre tant de lamentations et de voir tant de larmes qu'à la fin il en_a été fatigué et il a ordonné à ses gardes de proclamer le message suivant:

« Écoutez! Écoutez tous! Le roi généreux vous_accorde une grâce. L'homme qui réussira à repêcher le vase d'or tombé au fond du lac, obtiendra la vie sauve pour son père et gardera le vase d'or en récompense. Mais malheur à l'homme qui ne réussira pas à prendre le vase, car il aura la tête coupée.»

• • •

Quatre-vingt-dix-neuf jours ont passé et quatre-vingt-dix-neuf beaux garçons ont_eu la tête coupée, car personne n'a réussi à repêcher le vase.

Nous devons maintenant présenter au lecteur un jeune homme nommé Cassim. Cassim aime tendrement son père et quand_il voit que ses cheveux commencent à devenir gris, il se met à réfléchir.

— Il y a une chose que je ne comprends pas, dit-il à son père. Pourquoi le vase, qui paraît si clair et si net du haut de la rive, disparaît-il au moment où quelqu'un plonge dans l'eau pour le saisir ?

Pendant longtemps son père est resté pensif.

— Dis-moi, mon fils, a-t-il demandé enfin, est-ce que le vase est visible dans le reflet de l'arbre qui est sur la rive ?

— Oui, mon père.

— Alors, a dit le vieil homme, le vase qu'on voit dans l'eau est seulement le reflet du vrai vase placé dans l'arbre. Grimpe dans l'arbre et c'est là que tu trouveras le vase du roi.

Rapide comme une flèche, le jeune homme a couru au palais du roi.

— O puissant roi, s'est-il écrié, je suis venu vous dire que je vais tenter l'épreuve. J'aurai votre vase et vous serez obligé de tenir votre promesse.

Le roi a ri de bon cœur.

— Nous verrons! a-t-il dit. Tu arrives à point, mon garçon, car j'ai justement besoin d'une autre tête pour en faire la centième.

— En‿effet, Votre Majesté, nous verrons, a répondu Cassim. Nous verrons que ma tête restera sur mes‿épaules.

— Eh bien, va! Tente ta chance, a dit le roi. Et il a ordonné à ses serviteurs de tout préparer pour couper la centième tête.

Cassim a couru droit vers l'arbre. Il a suivi les conseils de son père et a grimpé dans les branches, où il a pris le vase qu'il a porté en triomphe au roi.

Le roi s'est‿étonné grandement.

— Tu es‿en effet très‿intelligent, lui a-t-il dit. Comment as-tu su où trouver le vase?

— C'est mon père qui a deviné le secret, Votre Majesté, a été la réponse.

Alors le roi a compris que les‿hommes âgés, qui ont vécu longtemps, sont plus‿intelligents que les jeunes et depuis ce temps-là tout le monde fait‿un profond salut toutes les fois que passe un‿ homme aux cheveux blancs.

GRAMMAIRE

1. The Future Tense (*le futur*)

Personne ne m'*obéira* plus.
C'est là que tu *trouveras* le vase.

So far, you have been able to say what is going to happen in the future by using the present tense of aller + the infinitive. The Future Tense does this in one word.

STEM: *the infinitive of the verb*   ENDINGS: *the present tense of* avoir (minus av-)

donner
finir
*attendr**

$\begin{cases} \text{-ai} \\ \text{-as} \\ \text{-a} \\ \text{-ons} \\ \text{-ez} \\ \text{-ont} \end{cases}$

* Verbs of the -re group drop the e

je *donner*-ai I shall give
tu *donner*-as
il *donner*-a
nous *donner*-ons
vous *donner*-ez
ils *donner*-ont

je *finir*-ai	I shall finish	j'*attendr*-ai	I shall wait
tu *finir*-as		tu *attendr*-as	
il *finir*-a		il *attendr*-a	
nous *finir*-ons		nous *attendr*-ons	
vous *finir*-ez		vous *attendr*-ez	
ils *finir*-ont		ils *attendr*-ont	

(*Voir les exercices* 3, *page* 59 *et* A, *page* 232)

IRREGULAR VERBS

Of the verbs so far learned, the following have an irregular future stem. (For convenience of learning, they have been divided into four groups by their infinitive endings.)

1. -ER

aller	*to go*	j'*irai*
envoyer	*to send*	j'*enverrai**
appeler	*to call*	j'*appellerai*
jeter	*to throw*	je *jetterai*
mener	*to lead*	je *mènerai*
lever	*to lift*	je *lèverai*
acheter	*to buy*	j'*achèterai*
nettoyer	*to clean*	je *nettoierai*
essuyer	*to wipe*	j'*essuierai*

2. -IR

venir	*to come*	je *viendrai*
tenir	*to hold*	je *tiendrai*
courir	*to run*	je *courrai**
mourir	*to die*	je *mourrai**

QUATRIÈME LEÇON 55

3. –RE

| être | *to be* | je *serai* |
| faire | *to do, make* | je *ferai* |

4. –OIR

| avoir | *to have* | j'*aurai* |
| savoir | *to know* | je *saurai* |
| pouvoir | *to be able* | je *pourrai**
| voir | *to see* | je *verrai**
vouloir	*to wish*	je *voudrai*
recevoir	*to receive*	je *recevrai*
devoir	*to owe, to have to*	je *devrai*
pleuvoir	*to rain*	il *pleuvra*
s'asseoir	*to sit down*	je m'*assiérai*

NOTE 1 Every future stem, whether regular or irregular, must end in -r.

*NOTE 2 Notice the five verbs which have -rr in the stem: verrai, enverrai, courrai, mourrai, pourrai.

NOTE 3 The future stem of all the other irregular verbs so far learned is regular.

j'espérerai*	j'ouvrirai	je rirai
je dormirai	j'offrirai	je mettrai
je mentirai	je souffrirai	je prendrai
je sentirai	je boirai	je paraîtrai
je sortirai	je croirai	je naîtrai
je partirai	je dirai	je conduirai
je servirai	j'écrirai	je suivrai
je couvrirai	je lirai	je vivrai

*NOTE This class of verb keeps the *accent aigu* (') in the future stem.

2. Comparison of Adjectives and Adverbs

COMPARISON

In French, as in English, adjectives and adverbs can be compared in three ways:

1. ***plus*** (*more*) ... ***que*** (*than*) (+)
2. ***moins*** (*less*) ... ***que*** (*than*) (−)
3. ***aussi*** (*as*) ... ***que*** (*as*) (=)

Examples:

(1) Charles est *plus* grand *que* Georges (... *taller than*)
(2) Georges est *moins* grand *que* Charles (... *less tall than*)
(3) Henri est *aussi* grand *que* Roger (... *as tall as*)

(1) Charles court *plus* vite *que* Georges (... *faster than*)
(2) Georges court *moins* vite *que* Charles (... *less fast than*)
(3) Henri court *aussi* vite *que* Roger (... *as fast as*)

NOTE 1 The French have no comparative ending in -er as in English. They always say *more* tall, *more* small, etc.

NOTE 2 Remember to make the adjectives agree.

Marie est plus grand*e* que Françoise.

NOTE 3 One or two adjectives have an irregular comparative. The most important of these is:

bon, *good*   ***meilleur***, *better*

Ces montres sont *meilleures* que les autres
These watches are *better* than the others.

NOTE 4 Similes like '*as swift as an arrow*', '*as strong as an ox*' are generally rendered by ***comme***.

rapide *comme* une flèche
fort *comme* un bœuf

QUATRIÈME LEÇON

SUPERLATIVE

To form the superlative

ADD *le, la* or *les* to the COMPARATIVE

Adjectives :

plus grand		*le plus* grand	
plus grande	*taller, bigger*	*la plus* grande	*the tallest,*
plus grands		*les plus* grands	*the biggest*
plus grandes		*les plus* grandes	

Adverbs :

        plus vite *faster*   *le plus* vite *the fastest*

Examples :

      Cette maison est la plus jolie *de** la rue,
      This house is the prettiest *in* the road.

(* NOTE that *in* is translated by *de* after a superlative.)

      Ces stylos sont les meilleurs,
      These pens are the best.

      Ces enfants courent *le*† plus vite,
      These children run the fastest.

      († Adverbs are INVARIABLE.)

C'est *le* garçon *le** plus intelligent de la classe,
He is the most intelligent boy in the class.

(* When the adjective *follows* the noun, the article must be repeated.

NOTE *Mon, ma, mes*, etc. can replace the article with a superlative.

C'est *mon* meilleur ami,	*Votre* plus jolie robe,
He is my best friend.	Your prettiest dress.

(Voir les exercices 6, 7, *page* 60 *et* B, *page* 233)

3. Irregular Verbs

vivre, to live	*suivre*, to follow
je vis	je suis
tu vis	tu suis
il vit	il suit
nous vivons	nous suivons
vous vivez	vous suivez
ils vivent	ils suivent

Futur

je vivrai   je suivrai

Passé Composé

j'ai vécu   j'ai suivi

NOTE Distinguish between *vivre* and *habiter*. *Habiter* is used when thinking of the place where someone lives; *vivre* means 'to be alive' or 'to pass part of one's life'.

Il habite Paris.	*He lives in Paris.*
Il faut manger pour vivre.	*One must eat to live.*
Il a vécu en France.	*He has lived (i.e., passed some of his life) in France.*

Dictées

1. Elle s'est réveillée, s'est levée et s'est précipitée à la salle de bains.
2. C'est‿affreux! Sais-tu qu'elle s'est coupée avec ces couteaux?
3. Marie n'est pas la fille la plus‿intelligente du village. Elle se trompe souvent.
4. Comment! Elle est sortie sans parapluie quand‿il pleut à verse!
5. Quand‿elle a rencontré ses‿amis, elle leur a raconté l'histoire.
6. Attendez‿un moment! Il y a un bruit. Écoutez! L'entendez-vous?

QUATRIÈME LEÇON

EXERCICES

1. Répondez aux questions:

(1) Dans quel royaume cette histoire s'est-elle passée?
(2) Quel homme le roi a-t-il appelé?
(3) Est-ce que ce roi est plus puissant ou moins puissant que tous les autres rois?
(4) Est-ce que tout le monde obéira au roi quand il sera vieux?
(5) Est-ce qu'on a pu repêcher le vase tombé au fond du lac?
(6) Combien de beaux garçons ont eu la tête coupée?
(7) Est-ce que le vase est vraiment au fond du lac?
(8) Qu'est-ce que Cassim a suivi?
(9) Qui a deviné le secret du roi?
(10) Qu'est-ce que le roi a compris à la fin?

2. Mettez au présent:

(1) Ils (saisir) le vase. (2) Nous (vivre) longtemps. (3) Les locomotives (suivre) les rails. (4) Vous le (conduire) au roi. (5) Nous (réussir) à le faire. (6) Elles (obtenir) la récompense. (7) Ils (s'asseoir) sur la pelouse. (8) Roger (connaître) beaucoup d'amis. (9) (Se rappeler)-tu son nom? (10) Nous (se diriger) vers le marché.

3. Mettez au futur les verbes entre parenthèses:

(1) Tu lui (donner) un cadeau. (2) Ils (vendre) l'auto. (3) Nous (finir) notre devoir. (4) Vous (attendre) votre père. (5) J'(ouvrir) l'enveloppe. (6) (Mettre)-tu ton chapeau? (7) (Dormir)-vous bien? (8) Il (verser) du vin. (9) Le train (partir) à une heure. (10) Elle (demander) l'heure.

4. Mettez au futur les verbes entre parenthèses:

(1) Vous (être) riche. (2) Ils (faire) du bruit. (3) Il (avoir) une punition. (4) Elle (aller) à la plage. (5) Elle ne (savoir) pas l'heure. (6) Ils (venir) à six heures. (7) La dame (courir) à la gare. (8) Nous (voir) le roi. (9) Tu (vouloir) le faire. (10) Nous (écrire) à nos cousins. (11) Je (tenir) l'oiseau. (12) Il (pleuvoir) cet après-midi. (13) Tu ne (pouvoir) pas venir. (14) Il (appeler) son chien. (15) Ils (se lever) tôt. (16) Ils (jeter) des pierres (*stones*). (17) Les fleurs (mourir). (18) Elle (recevoir) un cadeau. (19) Il l' (acheter) à bon marché. (20) (Envoyer)-il le colis?

5. Mettez les verbes à l'exercice 4 au passé composé.

6. Mettez les mots entre parenthèses au comparatif (+*more*; −*less*; =*as ... as*). *N'oubliez pas de faire accorder les adjectifs.*
(1) Cette rivière est (profond) que les autres (+).
(2) Ce pont-ci est (large) que ce pont-là (−).
(3) Les vacances sont (long) que les trimestres (*terms*) (−).
(4) Les autobus sont (utile) que les trains (=).
(5) Ma montre est (bon) que votre montre (+).
(6) Mme Dubois conduit sa voiture (lentement) que Mme Dupont (+).
(7) Ces leçons sont (intéressant) que les autres (−).
(8) Les chevaux courent (vite) que les chiens (+).
(9) Les souris ne sont pas (fort) que les chats (=).
(10) Les devoirs de Charles sont (bon) que les devoirs de Jean (+).

7. Formez des superlatifs avec les mots suivants:

(Exemple: C'est un beau tableau —— la salle.
C'est le plus beau tableau *de* la salle.)

N.B. *in* = *de* after a superlative.
(1) C'est une petite maison —— la rue.
(2) Françoise est une bonne élève —— l'école.
(3) C'est une longue histoire —— le livre.
(4) Cassim est un bel homme —— le royaume.
(5) C'est un exercice difficile —— la leçon.
(6) Nous avons de bonnes chambres —— l'hôtel.
(7) C'est un garçon intelligent —— la classe.
(8) Henriette est une vieille locomotive —— la gare.
(9) Le mouton est un animal stupide —— la ferme.
(10) Les grandes vacances sont amusantes —— l'année.

8. Remplacez les mots en italiques par des pronoms:

(1) Tu dois faire *les exercices*. (2) Racontez-nous *votre histoire*. (3) Nous achèterons une douzaine *d'œufs*. (4) *Le roi* a été fatigué *des larmes*. (5) Il a trouvé *de l'or dans le vase*. (6) Cassim est-il allé *au palais*? (7) Ils n'ont pas trouvé *le vase d'or*. (8) Ont-ils offert *des pommes à leurs nièces*? (9) Nous sommes descendus *de l'arbre*. (10) Le roi a tué cent *beaux garçons*.

QUATRIÈME LEÇON

9. Traduisez en français:

(1) Have you (*pl.*) sent it? (2) Give (*s.*) me some. (3) Lend (*pl.*) me one. (4) Don't show (*pl.*) it to him. (5) We offered it to them. (6) Take (*s.*) them. (7) Ask (*s.*)* her the time. (8) Let us borrow (emprunter) some. (9) Don't put (*pl.*) any in it. (10) I don't want any.

* *Attention!*

10. Mettez les accents:

premiere — apres — etes — gele — il repete — ecrire — alle — ecole — colere — mechant — s'etonner — esperent — recu — il s'est ecrie — vecu.

11. Répondez au négatif. NE REMPLACEZ PAS LES NOMS PAR DES PRONOMS. (Employez *tu* quand la question est posée dans cette forme.)

(1) Avez-vous mes souliers? (2) Est-ce que je connais ta tante? (3) M'entends-tu? (4) Aimez-vous mes tableaux? (5) Peux-tu lire mon écriture (*writing*)? (6) Voulez-vous voir mes timbres? (7) Me voyez-vous bien? (8) Veux-tu me prêter ton canif? (9) Sais-tu mon âge? (10) Allez-vous ramasser mes livres?

12. Traduisez en français:

(1) It often snows in winter.
(2) Do not listen to him.
(3) You are always right.
(4) In the middle of summer.
(5) A man with white hair.
(6) So many tears.
(7) At a quarter to five.
(8) She did not hear anything.
(9) They make the best cakes.
(10) We are not ashamed.
(11) One hundred and one donkeys.
(12) The most powerful king.
(13) What a beautiful palace!
(14) Too many animals.
(15) We are sleepy.
(16) Two hundred times.
(17) It sometimes snows in Spring.
(18) A long time ago.
(19) "How hot it is!" he said.
(20) "Are there any eggs?"

13. Traduisez en français:

(1) Our car is better than your car. It goes (rouler) faster.
(2) Did you see the cows when you spent the day in the country?
(3) Go up to your room. You will find your hat on the bed.
(4) Simon is the most intelligent boy in our class.

(5) Helen was born on the first of April but she is not stupid.
(6) We shall go to the palace this afternoon. The king will be there.
(7) Will you open the door for the dog? He wants to go out.
(8) This bridge is narrower than that bridge but it is stronger.
(9) We worked well and received the reward.
(10) You cannot guess the secret. You will never find the gold.

Verbes Quotidiens

1. *Au passé composé:*
   il couvre
   vous connaissez
   es-tu?
   elles se lèvent
   ils suivent
   ils ne vivent pas
   il espère
   ils deviennent
   j'arrive
   elle s'assied

2. *Au présent:*
   conduire et venir

3. *Au passé composé:*
   nous restons
   elles conduisent
   on ne suit pas
   n'avons-nous pas?
   il vit
   elle revient
   ils reconnaissent
   elle va
   il pleut
   ouvres-tu?

4. *Au présent:*
   vivre et suivre

5. *Au futur:*
   elles sont
   je fais
   il a
   ils vont
   nous savons
   tu tiens
   ils veulent
   je peux
   il achète
   ils jettent

6. *Au futur:*
   il court
   vous mourez
   tu dois
   elle reçoit
   ils ouvrent
   nous achetons
   tu sais
   ils voient
   nous tenons
   envoie-t-il?

7. *Au futur:*
   vous avez
   tu ne viens pas
   nous envoyons
   je ne veux pas
   on peut
   tu demandes
   il dort
   nous mourons
   tu cours
   nous jetons

8. *Au présent:*
   vivre et suivre

9. *Au futur:*
   tu écris
   ils connaissent
   nous nous levons
   il pleut
   vous n'appelez pas
   vous buvez
   vous êtes
   tu fais
   ils vont
   a-t-il?

10. *Au présent:*
    **conduire et
    s'asseoir**

LEÇON CINQ—CINQUIÈME LEÇON

L'ÉLÈVE: Combien de points faut-il enlever si j'ai oublié de mettre un‿accent?

LE PROFESSEUR: Il faut‿enlever un demi-point (un quart de point, un point entier).

VOCABULAIRE A

aboyer	to bark	s'ouvrir	to open (*intr.*)
s'amuser	to enjoy oneself	par ici	this way
appartenir	to belong	par là	that way
un avare	miser	à part	except for
au bas de	at the bottom of	la pièce	room
en bas	downstairs	pourri	rotten
au bout de	at the end of	la poussière	dust
la caisse	box, case	la quantité	quantity
la chance	luck	remuer	to shift, to move about
le clou	nail		
se demander	to wonder	retirer	to draw out
déplacer	to move	le rez-de-chaussée	ground floor
éclairer	to light (up)		
un étage	floor, storey	rompre	to break
le grenier	attic	sombre	dark
en haut	upstairs	tant pis!	never mind!
le jour	daylight	le trésor	treasure
non plus	either		

VOCABULAIRE B

braquer	to point, shine	gratter	to scratch
le déclic	click	le grippe-sou	skinflint
déçu	disappointed	la maison de fous	madhouse, asylum
déplier	to unfold		
une écriture	writing	quelque part	somewhere
entendre parler de	to hear about		
flairer	to sniff	la stupéfaction	amazement
fouiller	to search		

LOCUTIONS

d'un ton déçu, disappointedly
eh bien! well!
nous avons bien marché, we've been properly had
pas de chance! bad luck!
qu'en dites-vous? what do you say?
se mettre à genoux, to kneel down

LE TRÉSOR CACHÉ

Roger et Françoise Duroc sont à Tours, où ils passent une partie de leurs grandes vacances dans la maison qui appartient au grand-père de leurs cousins, Jean-Pierre et Hélène Legros.

Un après-midi les jeunes gens sont tous assis dans le salon quand Jean-Pierre dit :

— Avez-vous jamais entendu parler de Jules Latour?

— Non, qui est-ce?

— C'est un vieil avare.   C'est lui qui a habité pendant vingt ans cette maison vide au bout de la rue.   On m'a dit qu'il a caché une grosse fortune quelque part dans la maison, mais qu'on n'a jamais pu la retrouver.   Nous n'avons rien à faire cet après-midi. Essayons de la découvrir pour nous-mêmes.   Qu'en dites-vous?

Naturellement tous les autres ont voulu y aller avec lui.

Ils sont donc tous partis pour la maison vide.   Ils ont aussi emmené avec eux Toutou, le chien de Roger.

CINQUIÈME LEÇON 65

Quand ils y sont arrivés, Jean-Pierre leur a indiqué une petite porte au bas du mur de la maison.

— C'est par là qu'on peut entrer. C'est la sortie de la cave.

Ils ont poussé la porte, qui s'est ouverte facilement, et ont pénétré dans l'intérieur de la cave.

— Qu'il fait sombre! a dit Hélène. N'as-tu pas de lampe, Jean-Pierre?

— Si, a répondu son frère. Il y a eu un déclic et un rayon de lumière a éclairé la cave. Commençons d'abord en bas, puis, si nous ne trouvons rien ici, nous pouvons essayer en haut.

Pendant une bonne demi-heure ils ont cherché dans la cave. Ils ont ouvert de vieilles caisses de bois, ils ont remué un grand nombre de bouteilles et ils ont fouillé partout, mais à part une quantité de poussière, ils n'ont rien découvert.

— Eh bien! a dit Françoise, ce n'est pas ici que le vieux M. Latour a décidé de cacher sa fortune!

— Non, a répondu Jean-Pierre, cherchons en haut maintenant. Et il a montré un petit escalier. Par ici. Suivez-moi.

Les quatre cousins ont cherché d'abord au rez-de-chaussée, puis au premier étage, ensuite au deuxième étage et enfin dans le grenier.

— Ouf! a dit Roger. Je suis fatigué. Nous avons cherché partout mais nous n'avons rien trouvé. Je me demande où le vieux Jules a caché son argent.

À ce moment-là Toutou a rompu le silence de la maison vide. Il a aboyé et s'est mis à flairer le plancher dans un coin de la pièce. Puis il a gratté le bois avec ses pattes.

— Qu'est-ce qu'il y a, Toutou? Qu'as-tu trouvé? Jean-Pierre s'est mis à genoux à côté du chien. Regarde! s'est-il écrié, le bois est pourri. Et il n'y a pas de clous non plus. Quelqu'un a déjà déplacé cette planche.

Avec son canif il a réussi à la soulever sans difficulté, puis il a braqué sa lumière dans le trou.

— Il n'y a rien, a dit Françoise d'un ton déçu.

— Si! s'est écrié Roger. Braque ta lampe un peu à gauche, Jean-Pierre. Je vois quelque chose. C'est un morceau de papier.

Jean-Pierre a mis son bras dans le trou et en a retiré le papier qu'il a déplié.

— Il y a de l'écriture, a dit Françoise. Qu'est-ce qu'elle dit? Porte le papier à la fenêtre où il y a plus de jour.

Avec stupéfaction ils ont lu, écrits en grosses lettres, les mots suivants:

AVEZ-VOUS ESPÉRÉ TROUVER MON ARGENT ?
PAS DE CHANCE ! VOUS NE L'AUREZ JAMAIS.
IL M'APPARTIENT, À MOI SEUL.

JULES LATOUR

— Le vieux grippe-sou ! s'est écriée Hélène. Nous avons bien marché !

Mais quand ils ont raconté leur aventure au grand-père de Jean-Pierre, il a ri de bon cœur.

— Ne savez-vous pas que le vieux Jules Latour est fou ? On a trouvé des papiers avec le même message partout dans la maison. Il n'a jamais eu de fortune. Il y a six mois on a dû l'emmener dans une maison de fous.

— Tant pis ! a dit Roger. Nous nous sommes très bien amusés quand même, n'est-ce pas, Toutou ?

GRAMMAIRE

1. Disjunctive (Strong) Pronouns

Les autres ont voulu y aller avec *lui*.
The others wanted to go there with *him*.

The conjunctive (weak) pronouns already learned cling to the verb because they have a direct grammatical relationship with it. The disjunctive or strong pronouns have no such relationship with the verb and follow the same order as the English.

1. moi *I, me*   nous *we, us*
2. toi *you*   vous *you*
3. { lui *he, him*
     elle *she, her*   { eux
     soi* *one*   elles } *they, them*

* soi is the strong pronoun of **on**:

Gâteaux faits chez *soi*.
Home made cakes (*i.e.* made at one's own house).

They are used as follows:

1. *Governed by a preposition:*   Allez avec *lui*. À côté d'*eux*.
2. *After* c'est (ce sont):   C'est *moi*. Ce sont *elles*.
3. *Standing alone:*   Qui a cassé cette fenêtre? *Toi?* Non, *lui*.
4. *For emphasis (to reinforce the weak pronoun):*   *Moi*, je suis intelligent. Je les aime, *eux*.
5. *After* que (than) *in comparisons:*   Jean court plus vite que *toi*.

The above strong pronouns may be further strengthened by the addition of *-même* (*-self*):

moi-même	*myself*	nous-mêmes	*ourselves*
toi-même	*yourself*	vous-même(s)	*yourselves*
lui-même	*himself*	eux-mêmes	*themselves*
elle-même	*herself*	elles-mêmes	
soi-même	*oneself*		

Je l'ai fait *moi-même*.   Ils y sont allés *eux-mêmes*.
I did it *myself*.   They went there *themselves*.

NOTE 1   Observe that the 3rd person singular of the strong pronoun has two forms, *lui* and *elle*. Do not confuse the masculine form *lui* with the weak pronoun *lui* (*to him, to her.*)

NOTE 2   *C'est* can be used in front of all the strong pronouns. With *eux* and *elles*, however, the plural *ce sont* is often preferred.

     c'est toi   c'est nous   ce sont eux

NOTE 3   The strong pronoun is always used with a *double subject*:

     Lui et *elle* sont sortis ensemble,
     He and *she* went out together.

CINQUIÈME LEÇON

NOTE 4 Observe the use of **à**+strong pronoun to express possession:

Cette voiture est *à nous*   (. . . *ours*)
Est-ce que ce stylo est *à toi?* (. . . *yours?*)

(*Voir les exercices* 4, *page* 72 *et* A (*i*) *à* (*iii*), *page* 234.)

2. IRREGULAR FEMININES OF NOUNS AND ADJECTIVES

Words ending in : *change to :* *Examples :*

1. -er	-ère	le fermier, farmer	la fermi**ère**
2. -x	-se	précieux, valuable	précieu**se**
3. -f	-ve	neuf, brand new	neu**ve**
4. -el, -en -et*, -as, -on, -eil	double the final consonant and add -e	naturel, natural ancien, old, ex- muet, dumb gras, fat bon, good pareil, similar	naturel**le** ancien**ne** muet**te** gras**se** bon**ne** pareil**le**

*NOTE 1 Four common exceptions are:

secret, *secret*; *discret,* *discreet*; *inquiet,* *worried*; *complet, full,* *complete*

These words *do not double the t* but take an *accent grave* instead:

secrète, discrète, inquiète, complète

NOTE 2 The following sentence will serve as an '*aide-mémoire*' for the endings which double the consonant:

Le bel Italien ne met pas son réveil.
The handsome Italian does not set his alarm.

NOTE 3 *Gros, large, fat,* and *gentil, nice, kind,* also double the final consonant in the feminine.

Une *grosse* fortune   Votre *gentille* lettre
A large fortune   Your kind letter

(*Voir l'exercice* 7, *page* 73.)

3. *C'est* AND *Il est* + Noun or Pronoun

it is
he is } followed by a NOUN or PRONOUN = ***c'est***
she is

c'est moi, it is I
c'est un ami, he is a friend
c'est une Française, she is a Frenchwoman
c'est le directeur, he is the headmaster
c'est ma cousine, she is my cousin

NOTE 1 The noun may be preceded by an article (un, le, etc.) or a possessive adjective (mon, ma, mes, etc.)

NOTE 2 The plural of c'est is ***ce sont***.

Ce sont mes amis, they are my friends.

NOTE 3 In expressions like *he is a doctor, his father is a baker, he wants to become a pilot*, where the complement of the verb denotes a trade or profession, the indefinite article is omitted. The subject is then il, elle, etc. or the noun.

Il est médecin.   Son père est boulanger.
Il veut devenir pilote.

4. *Meilleur* AND *mieux*

Be careful to distinguish between the two words for BETTER (*adjective* and *adverb*):

bon, *good*   ***meilleur***, *better*   le ***meilleur***, *the best*
bien, *well*   ***mieux***, *better*   le ***mieux***, *best*

Ma montre est *meilleure* que votre montre.
My watch is *better* than your watch.

Pourquoi?

Parce qu'elle marche *mieux*
Because it works *better*.

(*Voir l'exercice* 8, *page* 73.)

5. Irregular Verb

appartenir, *to belong*

j'appart*ie*ns
tu appart*ie*ns
il appart*ie*nt
nous apparte*n*ons
vous apparte*n*ez
ils apparti*enn*ent

Futur	*Passé Composé*
j'appartiendrai	j'ai appartenu

Conjugated like **appartenir** (*i.e.* like **tenir**): **obtenir**, *to obtain*; **contenir**, *to contain*.

Note also the verb ***rompre***, *to break*:

je **romps**	nous **rompons**
tu **romps**	vous **rompez**
il **romp*t*** *	ils **rompent**

* This verb is not irregular, but because the stem does not end in a ***d***, like the majority of ***-re*** verbs, the ***t*** is not dropped from the third person singular.

Conjugated like **rompre**: **interrompre**, *to interrupt*.

Dictées

1. Nous voulons nous baigner, mais nous‿aurons froid parce que l'eau est froide.
2. D'abord elle s'est levée, puis, elle s'est lavée. Ensuite elle s'est‿habillée et enfin elle est‿allée en bas.
3. Le patron n'est pas‿ici. Il est parti il y a longtemps. Attendez‿un peu. Il sera bientôt de retour.
4. Avez-vous fini? Non, pas‿encore. J'ai presque fini, mais pas tout‿à fait.
5. Hier nous‿avons visité le Louvre. Aujourd'hui nous‿allons visiter Notre Dame.

6. Lundi dernier elles sont toutes parties pour l'Allemagne et elles‿y sont arrivées le lendemain.

EXERCICES

1. Répondez aux questions :

(1) À qui appartient la maison où Roger et Françoise passent une partie de leurs grandes vacances ?
(2) Est-ce que les autres ont voulu aller à la maison vide avec Jean-Pierre ?
(3) Qui est-ce qu'ils ont emmené avec eux ?
(4) Par où sont-ils entrés dans la maison ?
(5) Est-ce que les cousins ont trouvé quelque chose dans la cave ?
(6) Qu'est-ce que Toutou s'est mis à faire ?
(7) Qu'est-ce que les jeunes gens ont trouvé dans le trou sous la planche ?
(8) Est-ce qu'ils ont trouvé le trésor de l'avare ?
(9) Où a-t-on dû emmener le pauvre Jules Latour ?
(10) Les quatre cousins se sont-ils bien amusés ?

2. Mettez au présent :

(1) Les éléphants (**vivre**) longtemps. (2) Il (**rompre**) un morceau de pain. (3) Vous (**s'asseoir**) sur un clou. (4) Les enfants (**écrire**) à leurs parents. (5) (**Boire**)-vous du café ? (6) Les voleurs ne (**dire**) pas la vérité. (7) Vous ne nous (**connaître**) pas. (8) Ces animaux nous (**appartenir**). (9) Vous (**s'endormir**) en classe. (10) (**Se conduire**)-vous bien ?

3. Mettez l'article indéfini devant chacun des mots suivants :
(1) oiseau (2) arbre (3) erreur (4) patte (5) tas (6) broc (7) blessure (8) aiguille (9) plage (10) poisson (11) partie (12) visage (13) raison (14) question (15) appartement (16) envie (17) réalité (18) serviteur (19) année (20) différence.

4. Remplacez les mots en italiques par des pronoms :

(1) *Mon frère* va souvent chez *ses amis*. (2) Il y arrive après *l'avare*. (3) *La paysanne* est partie sans *le paysan*. (4) C'est *le monsieur* que j'aime et non *sa femme*. (5) Je ne me bats pas contre *ma sœur*. (6) *Henri* est plus stupide que *ses camarades*. (7) Qui a trouvé *le livre* ? *Jean*. (8) Ils se sont assis près de *leurs amis*. (9) Nous avons joué avec *Marie et sa sœur*. (10) *Jean-Pierre* et *Hélène* se sont amusés chez *leurs cousins*.

CINQUIÈME LEÇON

5. Remplacez tous les noms par des pronoms:

(1) Apportez-moi le broc. Ne cassez pas le broc. (2) Hélène est rentrée à l'école. (3) Cette histoire est intéressante. Racontez-la à vos amis. (4) Avez-vous pris les livres? (5) Est-elle sortie avec ses frères? (6) La femme a choisi *un œuf. (7) Va-t-il finir le jeu? (8) Le professeur vous a-t-il bien expliqué le problème? (9) Les bohémiens ont parlé du cheval à leurs amis. (10) Allez-vous écrire à votre mère?

* *Attention!* **Un œuf,** *non pas* **l'œuf.**

6. Écrivez:

(*a*) **Au pluriel:** Cet animal, que je vois, appartient à son fils qui a une grande ferme.

(*b*) **Au singulier:** Nous voyons de beaux hommes qui sortent des magasins avec des bouteilles.

(*c*) **À l'interrogatif:** Les enfants se lavent toujours bien.

(*d*) **Au négatif:** (i) J'ai mangé une orange ce matin.
(ii) Donnez-le-moi.

7. Mettez au féminin:

(1) Le fermier gros et gras est muet. (2) Le vieux grand-père est inquiet. (3) Mon ami a un garçon pareil à lui. (4) Ce bohémien est jaloux, vilain et cruel. (5) L'ennemi de mon oncle n'est pas amical.

8. Traduisez les mots en italiques:

(1) Il écrit (*better*) que vous. (2) Vous avez un (*better*) stylo que moi. (3) Je vais (*better*) aujourd'hui. (4) Cette histoire est (*better*) que l'autre. (5) Cette idée est (*the best*). (6) Cette machine marche (*the best*). (7) Ces assiettes sont (*better*) que les autres. (8) Ce vin est (*the best*). (9) Notre bonne* travaille (*better*) que votre bonne. (10) Ces paniers sont (*the best*).

* *maid.*

9(*a*). Comparaison:

(Exemple: Pierre —— Jean —— grand (+).
Pierre est *plus* grand *que* Jean.)

(1) Cette maison-ci —— cette maison-là —— joli (+).
(2) Votre bicyclette —— ma bicyclette —— bon (+).
(3) Marie —— Nicole —— intelligent (−).
(4) Mes livres —— vos livres —— intéressant (=).
(5) Cette route-ci —— cette route-là —— long (+).

(b) Superlatif:

(Exemple: Hector est un beau cheval —— la ferme.
Hector est *le plus beau* cheval *de* la ferme.)

(1) Paris est une grande ville —— France.
(2) Le Mont Blanc est une montagne élevée —— le pays.
(3) Boulogne est un port de pêche important —— France.
(4) La cuisine (*cooking*) des Français est bonne —— le monde.
(5) La Loire est un fleuve long —— France.

10. Mettez les accents:

il parait — il sait — esperons — cinema — je me promene — college — preter — mer — percant — je me leverai — chateau — ecrivez — moi-meme — poussiere — escalier.

11. Traduisez en français en vous servant des mots entre parenthèses:

(1) A timid little mouse   (une souris — petit — timide)
(2) A geometry book   (la géométrie — un livre)
(3) A well off old lady   (une dame — vieux — aisé)
(4) A slippery road   (une route — glissant)
(5) A foggy day   (le brouillard — une journée)
(6) A rainy day   (la pluie — une journée)
(7) A cruel old miser   (un avare — vieux — cruel)
(8) A wooden case   (le bois — une caisse)
(9) An old French car   (une voiture — vieux — français)
(10) A pretty country garden   (la campagne — joli — un jardin)

12. Traduisez en français:

(1) Where are you going?
(2) "He is a thief!" he said.
(3) A pound of butter.
(4) With them (*m.*).
(5) He is always afraid.
(6) A little jam.
(7) She needs an umbrella.
(8) It is not freezing now.
(9) I have a headache.
(10) He is my uncle.
(11) Next Thursday.
(12) The road is bad.
(13) She writes badly.
(14) How cold it is!
(15) At 9.30 in the evening.
(16) Last week.
(17) Home made cakes.
(18) He did it himself.
(19) He has cut himself.
(20) Because of you (*s.*).

CINQUIÈME LEÇON

13. Traduisez en français:
(1) I am stronger than he. *He* cannot lift this desk.
(2) When it is hot we take off our jackets.
(3) I wonder if Roger's sister has arrived.
(4) You must listen to me. You cannot learn if you play.
(5) Do you want to see your uncle? He is going to leave.
(6) What a mistake. It is terrible. Are you not ashamed?
(7) Stay here. Rest under the trees. Try to sleep.
(8) Hurry up! It is half past five. I do not want to be late.
(9) When the girls saw the cows they ran away. They are less brave than we.
(10) Yesterday it was fine and we went for a walk in the park.

Verbes Quotidiens

1. *Au présent:*
   il? (envoyer)
   nous n. (obéir)
   il (voir)
   elle n. (appartenir)
   ils (offrir)
   ils (pouvoir)
   vous (lire)
   elle? (souffrir)
   ils (s'endormir)
   ils? (se lever)

2. *Au futur:*
   j'appartiens
   écrivent-elles?
   on couvre
   nous achetons
   vous jetez
   nous voyons
   ils font
   tu es
   il a
   on se demande

3. *Au futur:*
   elles doivent
   j'espère
   nous buvons
   ils vont
   nous obtenons
   ils revoient
   tu peux
   elle revient
   ils savent
   ils connaissent

4. *Au passé composé:*
   nous paraissons
   suit-on?
   ils vivent
   tu ne mets pas
   vous faites
   ils apprennent
   nous buvons
   elle retourne
   n'écrit-il pas?
   je ne ris pas

5. *Au passé composé:*
   tu cours
   ils ne reçoivent pas
   nous voulons
   voyons-nous?
   vous n'envoyez pas
   ils sourient
   se bat-elle?
   nous promenons-nous?
   j'arrive
   elle souffre

6. *Au présent:*
   vous? (conduire)
   elles (dire)
   ils? (jeter)
   il n. (pleuvoir)
   il (rompre)
   il (pleurer)
   tu? (s'appeler)
   ils (comprendre)
   tu n. (partir)
   ils (courir)

7. *Au futur :*
   il est
   vous n'avez pas
   tu vas
   elle ne suit pas
   ils font
   elle revient
   nous obéissons
   offre-t-il ?
   vous appelez
   nous nous promenons

8. *Au passé composé :*
   nous n'avons pas
   elle part
   ils appartiennent
   elle monte
   nous nous amusons
   elles deviennent
   elle montre
   il rompt
   il pleut
   elle s'assied

9. *Au futur :*
   tu veux
   ils ne peuvent pas
   nous menons
   on n'envoie pas
   courez-vous ?
   il meurt
   appartenons-nous ?
   nous nous ennuyons
   reçoivent-ils ?
   il aboie

10. *Au présent :*
    suivre et vivre

LEÇON SIX—SIXIÈME LEÇON

LE PROFESSEUR: Avez-vous jamais été en France?
L'ÉLÈVE: Non, monsieur, je n'ai jamais été en France
LE PROFESSEUR (*à un autre élève*): Y avez-vous jamais été?
L'ÉLÈVE: Oui, monsieur, j'y ai été une fois.

VOCABULAIRE A

ainsi	thus	lâcher	to let go
blessé	wounded	la manche	sleeve
causer	to chat	les manières (*f. pl.*)	manners
le champ	field	le manteau	cloak
la douleur	pain	permettre à	to permit
un espace	space	le pli	fold
exprès	on purpose	prier	to ask, beg
un événement	event	reconnaître	to recognise
en face de	opposite	le règne	reign
le hasard	chance	le siècle	century
heurter	to run into	souffler	to blow
l'honneur (*m.*)	honour	suffisant	sufficient
un hôtel	large townhouse	se tenir	to stand
interrompre	to interrupt	tout à fait	quite

VOCABULAIRE B

une épée	sword	le mousquetaire	musketeer
se fâcher	to get angry	répliquer	to retaliate
le monastère	monastery	se revoir	to meet again
morbleu!	'zounds!		

LOCUTIONS

au moment où, just as
ma foi! upon my word!
sous le règne de, in the reign of

LES TROIS MOUSQUETAIRES (1)

Cette histoire se passe au dix-septième siècle sous le règne de Louis XIII. Athos, Porthos et Aramis sont trois mousquetaires du roi de France et ils sont des_amis inséparables. D'Artagnan, un jeune Gascon, vient d'arriver à Paris pour essayer de devenir, lui aussi, mousquetaire. Un matin, en regardant par la fenêtre de la maison de M. de Tréville, d'Artagnan reconnaît l'homme qui lui a volé une lettre très_importante. Il se précipite à la porte pour courir après lui juste au moment où Athos entre. Athos, qui a été blessé à l'épaule dans_un duel récent, pousse un cri de douleur et saisit le jeune Gascon par la manche.

— Excusez-moi, monsieur, mais je suis très pressé, a dit d'Artagnan en_essayant de passer.

— Vous êtes pressé! s'est écrié Athos pâle de colère. Vous me heurtez et vous dites, « Excusez-moi! » Vous croyez que cela est suffisant? Pas tout à fait, jeune homme!

— Mais, monsieur, a répliqué d'Artagnan, je ne l'ai pas fait exprès! J'ai dit, « Excusez-moi ». Il me semble que c'est assez. Je suis très pressé. Lâchez-moi donc, je vous prie!

— Monsieur, a dit Athos en le lâchant, vous n'êtes pas poli.

— Ma foi! monsieur, a répondu d'Artagnan, ce n'est pas vous qui me donnerez une leçon de bonnes manières! Malheureusement je cours après quelqu'un et je suis très pressé...

— Monsieur l'homme pressé, vous me trouverez sans courir, moi. Comprenez-vous?

— Et où cela, s'il vous plaît?

— Dans le champ derrière le monastère.

— À quelle heure?

— Vers midi.

— Vers midi. C'est bien. J'y serai.

Et d'Artagnan se met à courir comme le vent, espérant retrouver son voleur. Mais au coin de la rue se tient Porthos qui cause avec un autre soldat. Entre les deux il y a juste assez d'espace pour un homme; d'Artagnan passe comme une flèche. Malheureusement, juste au moment où il va passer, le vent souffle levant le manteau de Porthos et enveloppant d'Artagnan dans ses plis. Quand il en sort, il se trouve devant un homme qui est furieux.

— Morbleu! a crié Porthos. Vous êtes fou de vous jeter comme cela sur les gens.

— Excusez-moi, monsieur, mais je suis très pressé. Je cours après quelqu'un et...

— Est-ce que, par hasard, vous oubliez vos yeux quand vous courez? a demandé Porthos.

— Non, a répondu d'Artagnan, se fâchant très vite, mais je vois que vous oubliez vos manières, monsieur.

— Monsieur, je vois que vous avez besoin de quelqu'un pour vous donner une bonne leçon.

— Plus tard, monsieur, plus tard. Pour le moment je suis très pressé.

— À une heure donc, derrière le Luxembourg.

— Très bien, derrière le Luxembourg, a répondu notre jeune Gascon en tournant l'angle de la rue.

Il regarde à droite et à gauche, mais il ne voit personne. L'homme qu'il cherche a complètement disparu. Il se met alors à penser aux événements du matin. Les affaires n'ont pas très bien commencé pour lui!

Tout en marchant et en réfléchissant ainsi il ne voit pas qu'il a mis le pied sur un beau mouchoir blanc qu'un homme vient de laisser tomber. Cet homme est Aramis, le troisième mousquetaire.

— Monsieur, a dit Aramis froidement, permettez-moi de vous dire que votre pied est sur mon mouchoir.

— Oh, pardon, monsieur! a répondu d'Artagnan, je m'excuse.

— Même si vous n'êtes pas de Paris, monsieur, vous devez savoir qu'on ne marche pas comme cela sur les beaux mouchoirs.

— Monsieur, je me suis déjà excusé une fois et pour un Gascon c'est bien suffisant. Si vous voulez, je vous donnerai satisfaction immédiatement.

Et d'Artagnan a commencé à tirer son épée.

— Non, non, mon bel ami, non pas ici. Ne voyez-vous pas que

SIXIÈME LEÇON

nous sommes en face de l'hôtel d'Aiguillon qui est plein des hommes du cardinal*? Je veux vous tuer, certainement, mais vous tuer doucement dans un endroit où personne ne nous interrompra. À deux heures j'aurai l'honneur de vous attendre à l'hôtel de M. de Tréville.

— Très bien, monsieur. Nous nous reverrons à deux heures

(à suivre)

TABLEAU GÉNÉALOGIQUE

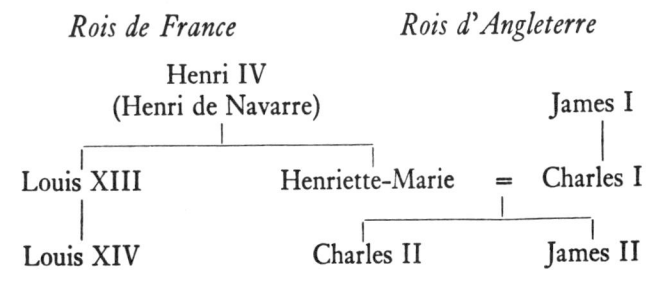

Rois de France   *Rois d'Angleterre*

                Henri IV
            (Henri de Navarre)   James I
            │   │
  Louis XIII   Henriette-Marie = Charles I
      │   │
  Louis XIV   Charles II   James II

* Le Cardinal de Richelieu, ministre de Louis XIII.

GRAMMAIRE

1. The Present Participle

The English present participle ends in -ING. The French present participle ends in **-ant** and has the same stem as that of the 1st person plural of the present tense.

nous ***donn***-ons	***donn***-ant	*giving*
nous ***finiss***-ons	***finiss***-ant	*finishing*
nous ***vend***-ons	***vend***-ant	*selling*

Three verbs only have an irregular stem:

ayant, *having*   **étant**, *being*   **sachant**, *knowing*

Uses

The present participle is used:

(1) *As an ordinary adjective.* It then describes the noun and is made to agree like any other adjective. Like the past participle, it is generally placed after the noun. IT HAS NO VERBAL FORCE.

> C'est très amusant. *It is very amusing.*
> Des films intéressants. *Interesting films.*
> Une soucoupe volante. *A flying saucer.*
> De l'eau courante. *Running water.*

(2) *As a participle.* It has a verbal force and can refer to the subject or the object. THERE IS NO AGREEMENT.

> J'entends le bruit des voitures *passant* dans la rue.
> I can hear the noise of the cars *going by* in the street.
>
> *Étant* très riche, elle a pu acheter une voiture neuve.
> *Being* very rich, she was able to buy a new car.
>
> D'Artagnan se met à courir, *espérant* retrouver son voleur.
> D'Artagnan starts to run, *hoping* to find his thief.

(3) *After the preposition en.* When the present participle is used after *en* it translates '*by, in, on, while ... ing*'. Used in this way it can REFER TO THE SUBJECT ONLY.

> J'ai déchiré mon pantalon *en grimpant* à un arbre.
> I tore my trousers *by (in) climbing* a tree.
>
> *En arrivant* à la gare, elle est allée au guichet.
> *On arriving* at the station she went to the booking office.
>
> La famille prend ses repas (*tout**) *en regardant* la télévision.
> The family eat their meals *while watching* the television.

*NOTE 1 *Tout* may be added to underline the fact that the two actions take place at the same time.

NOTE 2 *En* is the only preposition which may be followed by the present participle. *All other prepositions require the following verb in the infinitive.*

> sans travailler   *without working*
> pour écrire   *for writing*
> au lieu d'aller   *instead of going*

(*Voir l'exercice* 3, *page* 86.)

2. *Venir de* + INFINITIVE

> D'Artagnan *vient d'arriver* à Paris.
> D'Artagnan *has just arrived* in Paris.

Note the way that the French think of this construction. We say: 'D'Artagnan *has just arrived*.' The French think that, because he has just arrived, he is '*coming from arriving*'.

Thus, the *perfect tense* in English is rendered in French by the PRESENT TENSE of *venir* (je viens de ...) + the INFINITIVE of the verb in question.

(*Voir les exercices* 4, *page* 87 *et A, page* 235.)

3. Uses of the Definite Article

The definite article is more often omitted in English than in French.

THE DEFINITE ARTICLE MUST BE USED:

(1) *Before nouns expressing a generalisation:*

Les chats mangent *les* souris
Cats eat mice (i.e. *all* cats eat *all* mice).*

* NOTE When only a *part* of the group or class is denoted the *partitive* article is used.

Il y a *des* souris dans notre maison.
There are (*some*) mice in our house (*but there are also mice elsewhere*).

(2) *Before kings, titles and ranks preceding a proper noun.*

Le roi Louis XIV*
King Louis XIV.

Le docteur Lebrun est sorti.
Doctor Lebrun is out.

* NOTE Observe that there is no article before the number as in English (Louis *the* fourteenth). Cardinal numbers are used for dates and kings except for *first* (le *premier* avril, François *premier*).

(3) *Before the names of countries.*

La France *L'*Angleterre *Le* Canada

(4) *Before proper nouns qualified by an adjective.*

La vieille mademoiselle Latour.
Old Miss Latour.

La pauvre Henriette.
Poor Henriette.

(5) *After expressions denoting price.*

4 francs *la* livre.
4 francs a pound.

NOTE ALSO:

> *le* lundi   on Mondays (*every Monday*)
> lundi   on Monday (*last* or *next* Monday)

Il vient nous voir *le* lundi.
He comes to see us on Mondays.

Il est venu nous voir lundi.
He came to see us on Monday (*last*).

Il viendra nous voir lundi.
He will come to see us on Monday (*next*).

(*Voir l'exercice* 8, *page* 88.)

4. IRREGULAR VERB

Permettre, to permit

je perme**t**s	nous perme**tt**ons
tu perme**t**s	vous perme**tt**ez
il perme**t**	ils perme**tt**ent

Futur: je perme**tt**rai   *Passé Composé:* j'ai permis

Also conjugated the same way (i.e., like **mettre**): **promettre**, *to promise;* **admettre**, *to admit;* **omettre**, *to omit, to leave out;* **commettre**, *to commit.*

Dictées

1. Tout le monde le sait. C'est‿une chose connue dans le monde entier.
2. J'ai un mauvais stylo. Il écrit mal. C'est pourquoi mon‿écriture est mauvaise.
3. J'ai faim et j'ai soif. J'ai envie de manger quelque chose et de boire un verre de bière.
4. Ce matin la fille paresseuse de madame Gros ne s'est pas levée parce que c'est le premier jour des vacances.
5. Cet‿homme et cette femme arriveront chez nous à sept heures. C'est‿un grand‿honneur, car ils sont célèbres.
6. Rien n'est meilleur qu'une boisson fraîche quand‿on a vraiment très chaud et grand-soif.

EXERCICES

1. Répondez aux questions:
   (1) À quel siècle cette histoire s'est-elle passée?
   (2) Comment s'appellent les trois mousquetaires?
   (3) Pourquoi d'Artagnan vient-il d'arriver à Paris?
   (4) Comment les affaires commencent-elles pour lui?
   (5) Comment a-t-il offensé Athos?
   (6) Pourquoi le manteau de Porthos a-t-il enveloppé d'Artagnan dans ses plis?
   (7) Comment d'Artagnan a-t-il offensé Aramis?
   (8) Pourquoi Aramis ne veut-il pas se battre tout de suite dans la rue?
   (9) Comment s'appelle le célèbre ministre de Louis XIII?
   (10) D'Artagnan est Gascon. Où se trouve la Gascogne? Dans le nord, dans le sud, dans l'est ou dans l'ouest de la France?

2. Mettez au présent ou à l'impératif:

(1) Elles (lire) les journaux. (2) Nous ne (boire) pas d'encre. (3) Les élèves (comprendre) bien. (4) Nous (sourire) toujours. (5) Ils nous (envoyer) le colis. (6) Ils (tenir) leur chien en laisse. (7) (S'endormir)-tu en classe? (8) Je ne lui (permettre) pas de partir. (9) (Offrir)-nous un de vos bonbons. (10) Ils n'(admettre) pas leur erreur.

3. Répondez à chaque question en employant *en+ le participe présent.*

   (Exemple: Q: Comment Robert déchire-t-il son pantalon? (grimper sur le mur)

   R: Robert déchire son pantalon *en grimpant sur le mur.*)

   (1) Comment apprend-on les nouvelles (*news*)? (lire les journaux).
   (2) Comment Paul réussit-il à ses examens? (travailler dur).
   (3) Comment est-ce que Victor triche? (regarder la copie de son voisin).
   (4) Comment papa amuse-t-il les enfants? (leur raconter des histoires).
   (5) Comment M. Duroc a-t-il attrapé les voleurs? (appeler la police).
   (6) Comment Marie a-t-elle tué le cochon? (le battre).
   (7) Comment d'Artagnan offense-t-il Aramis? (marcher sur son mouchoir).

(8) Comment les paysans ont-ils retrouvé leur cheval? (**reconnaître la tache blanche**).
(9) Comment le marin a-t-il tué l'anguille? (**saisir un couteau**).
(10) Comment les enfants se sont-ils amusés? (**explorer la maison vide**).

4. Écrivez les phrases suivantes en remplaçant le passé composé par la construction *venir de + infinitif*:

(Exemple: Il est parti. **Il vient de partir.**)

(1) Nous sommes arrivés. (2) Elle est rentrée. (3) Nous avons écrit la lettre. (4) J'ai manqué (*missed*) le train. (5) Ils sont sortis. (6) Il a cassé la fenêtre. (7) Tu as fini ton devoir. (8) Vous êtes monté dans votre chambre. (9) Elle est tombée à l'eau. (10) J'ai perdu mon stylo.

5. Répondez à l'affirmative en remplaçant tous les noms par des pronoms personnels:

(1) Reviennent-ils de Londres? (2) Est-ce que l'eau tombera sur les marins? (3) Est-elle sortie avec ses cousines? (4) Allez-vous mettre les lettres dans la boîte? (5) Est-ce que le facteur a du courrier pour les voisins? (6) Roger et Françoise ont-ils essayé de grimper à l'arbre? (7) Est-ce que Mme Laroche est revenue de la mer? (8) Sera-t-elle triste sans ses frères? (9) Est-ce que les dames sont entrées dans le magasin? (10) Avez-vous un crayon?

6. Mettez l'article indéfini devant chacun des mots suivants:

(1) agent (2) horreur (3) salut (4) récompense (5) palais (6) lecteur (7) lieu (8) tasse (9) chance (10) dent (11) quantité (12) sommeil (13) cuvette (14) voix (15) fou (16) parapluie (17) pupitre (18) arbre (19) entrée (20) explication.

7. Écrivez:

(*a*) Au pluriel: Cette bonne n'a pas mis le couteau sur la table. C'est une mauvaise domestique.

(*b*) Au féminin: Mon père est heureux, car il est sorti avec son ami, le vieux fermier gros et gras.

(*c*) Au passé composé: (i) Il ne l'y met pas. (ii) Elles n'achètent rien. (iii) Elle ne l'offre jamais. (iv) Ils n'en parlent plus. (v) Il dit toujours la vérité. [T.S.V.P.]

(d) À l'affirmative :　　(i) N'avez-vous pas de monnaie? (ii) Je n'ai pas de règle.
(e) À l'interrogatif:　　Les réponses ont été correctes.

8. Écrivez en remplaçant l'astérisque, s'il y a lieu (*if necessary*), par un article:

(1) J'aime * chats. (2) Nous avons * chats. (3) Voilà * colonel Lenoir. (4) D'Artagnan veut devenir * mousquetaire. (5) Voulez-vous * argent? (6) * or est précieux. (7) On dit que * garçons sont sales. (8) * soif est plus terrible que * faim. (9) Ce vin coûte trois francs * bouteille. (10) En hiver on met * pain et * eau dans le jardin pour * oiseaux. (11) * lions sont féroces. (12) Il vient toujours nous voir * dimanche.

9. Mettez les phrases suivantes au négatif en faisant les changements voulus (*necessary*).

(1) Quelqu'un est arrivé. (2) Quelque chose est perdu. (3) J'ai un frère. (4) Nous avons rencontré quelqu'un. (5) Il pleut toujours. (6) Tout le monde en a parlé. (7) J'ai tout mangé. (8) Offrez-leur des gâteaux. (9) Il a entendu quelque chose. (10) Ils ont une voiture.

10. Mettez les accents:

assiette — Noel — effort — expres — fleche — espere — age — aie! — faites — souleve — biere — celebre — bete — bebe — tresor.

11. Écrivez une phrase au sujet de (*about*) chacun des noms suivants:

(1) Un chat; (2) Un oiseau; (3) Une souris; (4) Un cheval; (5) Un chien.
(*Pour la préparation de cet exercice voir l'exercice B, page* 235.)

12. Traduisez en français:

(1) We are thinking of you.
(2) Beside them (*m.*).
(3) Two hundred and one birds.
(4) She is my best friend.
(5) Last Tuesday.
(6) The following evening.
(7) Write a letter to me.
(8) She is cold.
(9) "How kind you are!" she said.
(10) She has just entered the room.
(11) He never listens to her.
(12) Louis XIII and Charles I.
(13) Several times.
(14) Ask them the time.
(15) At three in the morning.
(16) It is sunny in spring.
(17) As fast as lightning.
(18) The tallest boy in the class.
(19) I need a penknife.
(20) It is not raining any more.

13. En vous servant du canevas ci-dessous (*outline below*), écrivez la composition que vous avez préparée (**voir la page 254**):

Les Oiseaux en Hiver

ainsi	thus	non plus	either
gelé	frozen	la soucoupe	saucer
gentil	kind	le ver	worm
la miette	crumb		

De quoi les oiseaux ont-ils toujours besoin en hiver? — leur vie est-elle dure? — qu'est-ce qu'ils aiment manger? — en trouvent-ils? — pourquoi pas? — peuvent-ils boire? — pourquoi pas? — que font les gens qui aiment les oiseaux quand il fait froid?

14. Traduisez en français:

(1) You must leave now. You cannot wait for your friend.
(2) Listen! What is it! I don't hear anything.
(3) What did you do this morning? I played on the beach.
(4) I am cold and tired. I am going back home.
(5) Has he finished? No, not yet. He is still working.
(6) We have just arrived from Paris where we spent our holidays.
(7) Tomorrow morning we shall go into the country where my uncle has a farm.
(8) Yesterday afternoon, while playing with my ball, I broke a window.
(9) *You* are right and *I* am wrong. I am ashamed of it.
(10) One often makes mistakes because one does not think.

Verbes Quotidiens

1. *Au présent:*
   je (mourir)
   elle? (espérer)
   tu (paraître)
   elles n. (se conduire)
   ils (appartenir)
   il (permettre)
   ils (vouloir)
   tu? (se battre)
   je (mentir)
   il (naître)

2. *Au futur:*
   nous devenons
   écrit-on?
   ils courent
   tu ne meurs pas
   vous levez-vous?
   ils doivent
   tu parais
   faites-vous?
   nous sommes
   ils tiennent

3. *Au passé composé:*
   je dis
   elles apprennent
   elle arrive
   nous obéissons
   il ne permet pas
   elles partent
   ils savent
   il sourit
   tu ne découvres pas
   elles lèvent

4. *Au participe présent:*

faire
lancer
nager
espérer
ouvrir
finir
appeler
recevoir
mourir
connaître

5. *Au futur:*

elles couvrent
je reçois
il ne tient pas
font-ils?
nous buvons
nous sommes
il pleut
il pleure
tu cours
nous emmenons

6. *Au présent:*

ils (devoir)
je (s'endormir)
ils (acheter)
il n. (voir)
il ? (envoyer)
ils (naître)
ils (pouvoir)
elles ? (s'appeler)
ils n. ? (croire)
ils (offrir)

7. *Au passé composé:*

il n'obtient pas
tu offres
elle se bat
elle ne revient pas
elles se couchent
vous ne perdez pas
elle lève
je descends
elle se lève
ils s'ennuient

8. *Au participe présent:*

être
avoir
savoir
conduire
perdre
prendre
pouvoir
rire
devenir
dormir

9. *Au futur:*

tu te promènes
ne jetez-vous pas ?
nous nous asseyons
a-t-on ?
vous ne savez pas
il voit
vont-ils ?
vous rappelez-vous ?
nous rions
tu promets

10. *Au futur:*

elles veulent
puis-je ?
il n'offre pas
elles montrent
nettoyons-nous ?
achetons-nous ?
elle revient
va-t-elle ?
on espère
vous essuyez

LEÇON SEPT—SEPTIÈME LEÇON

LE PROFESSEUR: Dites la table de deux.

L'ÉLÈVE: Deux fois deux font quatre, deux fois trois font six, etc.

VOCABULAIRE A

s'en aller	to go away	la joie	joy
un adversaire	opponent	la lame	blade
une âme	soul	lorsque	when
apparaître	to appear	le mal	trouble
en avant!	forward!	ne ... que	only
eh bien!	well then!	pâlir	to turn pale
le capitaine	captain	percer	to pierce
cependant	however	quant à	as for
le cœur	heart	quoi!	what!
considérer	to consider	redoutable	formidable
le corps	body		
croiser	to cross	se saluer	to greet one another
défendu	forbidden		
le droit	right	serrer	to grip, squeeze
à la fois	at once, together	le témoin	witness, second
		le ton	tone
se glisser	to slip, slide	le tour	turn
la gorge	throat	la victoire	victory
un habit	coat, costume	vouloir dire	to mean
ivre	intoxicated, drunk		

VOCABULAIRE B

le bond	bound, leap	la silhouette	form
le fourreau	scabbard	tirer	to fence
gigantesque	gigantic	visiblement	visibly
holà!	stop!		

LOCUTIONS

à son tour, in his turn
à voix basse, in a whisper
cela vous dérange-t-il? do you mind?
qu'est-ce que cela veut dire? what is the meaning of this?
serrer la main à quelqu'un, to shake someone's hand
sur le point de, on the point of
tomber comme une masse, to fall like a log

LES TROIS MOUSQUETAIRES (*suite et fin*)

Lorsque d'Artagnan est‿arrivé au champ derrière le monastère, Athos était déjà là. Les deux‿hommes se sont salués.

— Monsieur, a dit Athos, j'ai deux‿amis qui seront mes seconds mais ils ne sont pas‿encore arrivés.

— Je n'ai pas de seconds, moi, monsieur, a répondu d'Artagnan. Je viens d'arriver à Paris et je n'y connais que M. de Tréville.

— Vous ne connaissez que M. de Tréville?

— Oui, monsieur, je ne connais que lui.

À ce moment la silhouette gigantesque de Porthos a apparu au bout de la rue.

— Ah! a dit Athos. Voici un de mes témoins.

— Quoi! s'est‿écrié d'Artagnan. Votre premier témoin est M. Porthos?

— Oui. Cela vous dérange-t-il?

— Non, pas du tout.

— Et voici le second.

D'Artagnan s'est retourné dans la direction indiquée par Athos et a reconnu Aramis.

— Quoi! s'est-il écrié d'un ton encore plus‿étonné, votre second témoin est M. Aramis?

— Oui, monsieur. Ne savez-vous pas qu'on nous‿appelle les trois‿inséparables?

— Mais qu'est-ce que cela veut dire? a dit Porthos très‿étonné.

— C'est‿avec monsieur que je me bats, a dit Athos en‿indiquant d'Artagnan.

SEPTIÈME LEÇON

— C'est avec lui que je me bats aussi! a dit Porthos.
— Mais pas avant une heure, a répondu d'Artagnan.
— Et moi aussi, c'est avec monsieur que je me bats, a dit Aramis en arrivant à son tour sur le terrain.
— Mais pas avant deux heures, a dit d'Artagnan calmement. Et maintenant, messieurs, en garde! C'est M. Athos, je crois, qui a le droit de me tuer le premier.

Tout en disant ces mots, d'Artagnan a tiré son épée. Il était juste sur le point de croiser la lame d'Athos quand Jussac, avec quatre gardes de Son Éminence, se sont montrés à l'angle de la rue.

— Les gardes du cardinal! se sont écriés à la fois Porthos et Aramis. L'épée au fourreau, messieurs, l'épée au fourreau!

Mais il était trop tard. Au moment où il tournait l'angle de la rue, Jussac les a vus.

— Holà! a-t-il crié. Arrêtez, messieurs! Vous savez que les duels sont défendus! Remettez votre épée au fourreau et suivez-moi.

— Ils sont cinq, a dit Athos à voix basse, et nous ne sommes que trois; nous serons battus pour sûr.

— Messieurs, a dit d'Artagnan, vous avez tort. Nous sommes quatre.

— Mais vous n'êtes pas avec nous. Vous n'êtes pas mousquetaire. Sauvez-vous vite!

— C'est vrai, a répondu d'Artagnan. Je n'ai pas l'habit du mousquetaire, mais j'en ai l'âme. Mon cœur est mousquetaire.

— Vous êtes un garçon courageux, a dit Athos en lui serrant la main. Comment vous appelez-vous?

— D'Artagnan, monsieur.

— Eh bien! Athos, Porthos, Aramis et d'Artagnan, en avant! a crié Athos.

Et les mousquetaires se sont jetés sur les hommes du cardinal avec fureur. Athos a pris Cahusac, une des meilleures lames du cardinal, Porthos a eu Bicarat et Aramis s'est trouvé en face de deux adversaires. Quant à d'Artagnan, il s'est lancé contre Jussac lui-même. Jussac était un ennemi redoutable et tirait très bien, mais il avait beaucoup de mal à se défendre contre un adversaire comme le jeune Gascon. Tout d'un coup d'Artagnan a vu sa chance et l'a saisie. Se glissant comme un serpent sous la lame de son ennemi, il lui a percé le corps avec son épée. Jussac est tombé comme une masse.

Athos, blessé par Cahusac, pâlissait visiblement et se battait maintenant de la main gauche. D'un bond d'Artagnan s'est jeté sur Cahusac en criant:

— À moi, monsieur le garde, je vous tue!

Cahusac s'est retourné, mais il était trop tard. Une seconde après il est tombé la gorge percée par un coup d'épée.

Au même moment Aramis et Porthos ont tué leurs adversaires. La victoire pour les hommes du roi était complète. Les hommes du cardinal étaient tous morts.

Le cœur de d'Artagnan était ivre de joie, car il avait maintenant le droit de se considérer comme un vrai ami des trois mousquetaires célèbres, Athos, Porthos et Aramis.

(d'après Alexandre Dumas)

SEPTIÈME LEÇON

GRAMMAIRE

1. The Past

There are three tenses in French which represent the PAST in relation to the PRESENT:

1. *Le Passé Simple*

    This expresses what *happened* or what someone *did*.

    Il *prit* le verre, y *versa* de l'eau et *but*.
    He *took* the glass, *poured* some water into it and *drank*

2. *Le Passé Composé*

    This expresses what *has happened* or what someone *has done*.

    Il *a pris* le verre, y *a versé* de l'eau et *a bu*.
    He *has taken* the glass, *has poured* some water into it and *has drunk*.

3. *L'Imparfait*

    This expresses (*a*) an action or state which *had already started* and which *was in progress* at the moment under review, or (*b*) a single action repeated an indefinite number of times, *i.e., a habit*.

    (*a*) Quand je me suis réveillé, le soleil *brillait* et les oiseaux *chantaient*.
    When I awoke the sun *was shining* and the birds *were singing*.

    (*b*) Chaque matin M. Lebrun *quittait* sa maison à huit heures et *allait* à son bureau.
    Each morning M. Lebrun *left* his house at eight o'clock and *went* to his office (*i.e.* he *used to leave* . . .).

* NOTE The *passé simple* is a literary tense and is NOT USED IN CONVERSATION. When speaking, the *passé composé* is used to express both (*a*) what HAPPENED and (*b*) what HAS HAPPENED. For the remaining lessons in this book the texts will be written in the conversational style. The *passé simple* will

not be introduced until Book III. It must be remembered, however, that this is a TEMPORARY measure in order to afford greater opportunity of practising the *passé composé*.

THE IMPERFECT TENSE (*L'imparfait*)

The imperfect tense, like the present participle, takes its stem from the 1st person plural of the present tense. Onto this stem are added the endings: -ais, -ais, -ait, -ions, -iez, -aient.

je donn-*ais*	je finiss-*ais*	je vend-*ais*
tu donn-*ais*	tu finiss-*ais*	tu vend-*ais*
il donn-*ait*	il finiss-*ait*	il vend-*ait*
nous donn-*ions*	nous finiss-*ions*	nous vend-*ions*
vous donn-*iez*	vous finiss-*iez*	vous vend-*iez*
ils donn-*aient*	ils finiss-*aient*	ils vend-*aient*

There is only one verb with an irregular imperfect stem: **être**

j'ét-*ais*   *I was, I used to be*
tu ét-*ais*
il ét-*ait*
nous ét-*ions*
vous ét-*iez*
ils ét-*aient*

(*Voir l'exercice* 3, page 101.)

DISTINGUISHING THE *passé composé* FROM THE *imparfait*

(1) *Le Passé Composé* (Perfect)

Expresses a complete action, viewed as a whole, which took place or has taken place at some definite time in the past. In a narrative it represents the NEXT THING THAT HAPPENED.

NOTE The length of time which an action may have taken has no bearing on the matter.

Les Romains *ont occupé* la Bretagne pendant quatre cents ans.

(2) *L'Imparfait* (Imperfect)

Expresses (*a*) an action or state which was already in progress at the moment under review, or (*b*) which was repeated regularly so as to form a habit.

As long as the English tense is a *compound* one, there should be no difficulty in deciding which tense to use.

> I *have written* is always j'***ai écrit***
>
> I *was writing* ⎫
> I *used to write* ⎭ is always j'***écrivais***

When, however, the English past tense is *simple*, great care must be taken to translate the MEANING of the tense. Compare the two uses of the verb 'wrote' in the following sentences:

> He took his pen and *wrote* the address.
> When he was small he *wrote* badly.

Would you translate them both by the same tense? If not, which tenses would you use and why?

NOTE The translation of *there was* needs special care. It can be either imperfect or perfect.

  (i) IMPERFECT: there was = there *existed*

  Près de notre maison *il y avait* une ferme.

  (ii) PERFECT: there was = there *occurred*

  Tout d'un coup *il y a eu* une explosion

  (*Voir les exercices* 4 (*a*), (*b*), *pages* 102, 103.)

2. AGREEMENT OF THE PAST PARTICIPLE

Jussac *les* a vus

Look at the above example. Do you see anything which is new to you? Yes, the past participle has an agreement even though the auxiliary verb is ***avoir***.

The past participle agrees:

(i) With the *subject* of intransitive verbs conjugated with ***être***:

Marie est tombé_e_ à l'eau

NOTE Here again for revision are the thirteen intransitive verbs which are conjugated with être:

       1. aller — (re)venir
       2. arriver — rester — partir — retourner
       3. entrer — sortir
       4. monter — tomber — descendre
       5. naître — mourir

(ii) With the *direct object* when it comes BEFORE the verb. You have already met this agreement with reflexive verbs.

Les gardes _se_ sont montrés à l'angle de la rue.

This agreement also takes place with verbs conjugated with ***avoir***.

Jussac a vu _les mousquetaires_   No agreement here because the *direct object* comes AFTER the verb.

Jussac _les_ a vus

Voilà les mousquetaires _que_ Jussac a vus

Agreement here because the *direct object* is now IN FRONT OF the verb.

NOTE 1 There is never an agreement with the pronoun *en*:

    Nous avons acheté des bonbons et nous
    en avons offert à nos amis.

NOTE 2 Be careful not to make an agreement with the *indirect object*. Note the difference between:

Ils *nous* ont frappés   and   Ils nous ont parlé.

(*Voir les exercices* 5, *page* 102 *et A, page* 236.)

3. *Ne . . . que*

In the expression *ne . . . que* (*only*), *que* can be considered as the equivalent of the English *but* in the sentence: 'I have *but* one brother.' If it is thought of like this, there will be no difficulty in placing the *que* in the right position.

Nous *n*'avons vu *que* les lions
We *only* saw the lions (We saw *but* the lions)

NOTE The partitive article (*du, de la, de l', des*) does *not* become *de* after *ne . . . que* because it is not a true negative.

Je *n*'ai plus *d*'oranges,	je *n*'ai *que* des pommes.
I have no more oranges,	*I have only apples.*
(You have *not* any oranges)	(You *have* some apples.)

(*Voir les exercices B* (*i*), (*ii*), *page* 236.)

4. THE POSSESSIVE ADJECTIVE REPLACED BY THE DEFINITE ARTICLE

Il lui a percé *le* corps.
He pierced *his* body.

The definite article (*le, la, les*) is generally used in preference to the possessive adjective (*mon, ma, mes,* etc.) when defining parts of the body.

J'ai mal à *la* tête.
Elle a *les* yeux bleus.
Il baisse *la* tête.
Elle ouvre *la* bouche.

When actions are done *to* (as opposed to *with*) parts of the body, an *indirect object pronoun* is usually added to make it quite clear whether the action is being done to oneself or to someone else.

Il *s*'est cassé le bras (*his own arm*).
Il *s*'est blessé le genou (*his own knee*).
Il *lui* a serré la main (*someone else's hand*).

NOTE **Mon, ma, mes,** etc. is *always* used when:

(i) The noun is the subject of the verb

Son bras lui fait mal.
His arm hurts.

Ses yeux sont bleus.
His eyes are blue.

(ii) The noun is qualified by another adjective

Il tend *sa* main droite.
He holds out his right hand.

5. The Infinitive of Reflexive Verbs

Be careful to use the right person of the reflexive pronoun before the infinitive.

Veux-tu *te* promener à cheval?
Do you want to go riding?

(*Voir l'exercice C, page* 236.)

6. Irregular Verb

s'en aller, to go away

je m'en *vais*
tu t'en *vas*
il s'en *va*
nous nous en allons
vous vous en allez
ils s'en *vont*

Futur: Je m'en *irai*
Passé Composé: Je m'en *suis* allé

Dictées

1. Écrivez à leurs parents. Dites-leur l'heure de mon‿arrivée.
2. C'est‿en travaillant qu'on fait des progrès. Si on‿est paresseux on ne réussit pas.
3. Quel dommage! En revenant de la mer avec sa mère, monsieur le maire est tombé dans la mare.
4. Sylvie fait toujours le meilleur travail de la classe. Ses devoirs sont les meilleurs parce qu'elle travaille le mieux.
5. Comment s'est-il cassé le bras? Je ne sais pas. Il faut demander à sa mère.
6. Ils‿ont‿une belle voiture américaine; elle est puissante et silencieuse.

EXERCICES

1. Répondez aux questions:

(1) Où Athos attendait-il d'Artagnan?
(2) Est-ce que d'Artagnan avait des seconds?
(3) Combien de personnes d'Artagnan connaissait-il à Paris? (*Employez:* ne ... que).
(4) Qui étaient les deux témoins d'Athos?
(5) Jussac a-t-il vu les mousquetaires quand il a tourné l'angle de la rue?
(6) Combien d'hommes du cardinal y avait-il?
(7) Les duels étaient-ils permis à cette époque?
(8) De quelle manière (comment) d'Artagnan a-t-il tué Jussac?
(9) Qui a gagné la victoire?
(10) Pourquoi le cœur de d'Artagnan était-il ivre de joie?

2. Mettez les verbes suivants au présent:

(1) Ils (devenir) fatigués. (2) Ils (s'en aller) tout de suite. (3) Vous (sourire) toujours. (4) Je (partir) à quatre heures. (5) (S'endormir)-tu en classe? (6) Nous (courir) vite. (7) Ils (s'asseoir) près du feu. (8) Ils ne (pouvoir) pas le faire. (9) (Savoir)-ils le faire? (10) Elle (recevoir) la nouvelle.

3. Mettez les verbes à l'imparfait:

(1) Aramis pâlit visiblement. (2) Nous sortons de la maison. (3) Les

mousquetaires **sont** courageux. (4) **Faites**-vous souvent des promenades? (5) Cahusac **gémit** (*groans*) fort. (6) Roger se **sent** malade. (7) Il **reçoit** la nouvelle. (8) Ils **doivent** partir bientôt. (9) Le facteur **prend** le colis. (10) La neige **disparaît** vite.

4(*a*). Dites tout simplement (*Just say*) s'il faut employer *l'imparfait* ou *le passé composé* dans les phrases suivantes. Ne les traduisez pas.

(1) The maid *dropped* the plate with a crash.
(2) The maid often *broke* plates.
(3) The path *led* to the forest.
(4) I *had* a bath every morning.
(5) The car *arrived* with a screeching of brakes.
(6) The window *looked* out onto the street.
(7) He *looked* out of the window.
(8) We *went* to church on Sundays.
(9) We *went* to church on Sunday.
(10) He *wore* a hat.
(11) He *put* his hat on.
(12) All at once there *was* a loud noise.
(13) There *was* a window open.
(14) The robber *broke* the window.
(15) The door *opened** silently.

* *Whichever tense you choose, give your reason*

(*b*) Après la correction de l'exercice précédent, mettez les verbes entre parenthèses au passé composé ou à l'imparfait selon (*according to*) le sens:

(1) Le marin a pris le couteau et (**tuer**) la bête.
(2) Quand je suis arrivé à la gare le train (**attendre**).
(3) Le cambrioleur (*burglar*) a volé l'argent qui (**être**) dans le tiroir.
(4) Où (**aller**)-vous quand je vous ai vu hier?
(5) Nous (**prendre**) toujours le train de 9 heures.
(6) Elle (**se baigner**) hier après-midi avant de faire ses courses.
(7) D'Artagnan a heurté Athos au moment où il (**sortir**).
(8) Quand les hommes du cardinal ont vu les mousquetaires ils (**crier**) « Arrêtez, messieurs! »
(9) Le facteur nous (**apporter**) le courrier chaque matin à 8 heures.
(10) Je me suis assis à mon pupitre parce que je (**vouloir**) écrire une lettre.

SEPTIÈME LEÇON

5. Écrivez le participe passé des verbes entre parenthèses

(1) Voilà les gardes qu'il a (voir). (2) Quand j'ai vu Mme Blanche, je l'ai (reconnaître). (3) La neige s'est (mettre) à tomber. (4) Voulez-vous des pommes? Non merci, j'en ai déjà (manger). (5) Voici les fleurs qu'ils ont (planter). (6) Mes sœurs sont (sortir) de bonne heure. (7) Marie s'est (couper) avec un canif. (8) Il compte les cadeaux qu'il a (recevoir). (9) Ils nous ont (regarder). (10) Ils nous ont (répondre).

6. Répondez à l'affirmative en remplaçant tous les noms par des pronoms personnels:

(1) Allez-vous mettre les fleurs dans le vase? (2) Est-ce que Jeannette est sortie sans ses amies? (3) Le professeur a-t-il corrigé les devoirs? (4) Avez-vous trouvé des feuilles sèches? (5) Va-t-il prendre les copies? (6) D'Artagnan a-t-il remis son épée au fourreau? (7) Vont-ils gagner la victoire? (8) Avez-vous mangé les pommes? (9) A-t-elle mangé des pommes? (10) Hélène a-t-elle ouvert la porte?

7. Écrivez:

(*a*) Au singulier: Nos vieux oncles ont de beaux fils qui vont à leurs anciennes écoles.

(*b*) Au féminin: Le petit-fils de mon grand-père est très actif. C'est un garçon courageux qui est aussi fort qu'un lion.

(*c*) À l'interrogatif: (i) Les épées sont dangereuses.
(ii) Vous les avez trouvés.

(*d*) Au négatif: J'ai acheté une bicyclette.

8. Donnez les propres paroles (*exact words*) de la personne qui parle. (N'oubliez pas de réfléchir s'il faut employer *tu* ou *vous*.)

(1) L'oncle demande à sa nièce si elle veut se promener.
(2) La mère demande à ses enfants s'ils vont se lever.
(3) Quelqu'un demande à son ami à quelle heure il va se coucher.
(4) Un enfant demande la permission de s'en aller.
(5) Un monsieur demande à une dame si elle veut s'asseoir.

9. Mettez les accents:

penetrer — maniere — monastere — bohemien — siecle — ete — defendu — majeste — aine — espace — americain — arrivee — progres — precieux — essaye.

10. Répondez aux questions:

(1) Qu'est-ce que c'est qu'un agent de police?
(2) Qu'est-ce que c'est qu'une locomotive?
(3) Qu'est-ce que c'est qu'un docteur?
(4) Qu'est-ce que c'est qu'un fermier?
(5) Qu'est-ce que c'est qu'un jardinier?

(*Pour la préparation de cet exercice voir l'exercice D, page* 237.)

11. Faites des phrases avec les constructions suivantes:

(1) **refuser de** (Aramis — se battre — à cause de — cardinal).
(2) **venir de** (acheter — remède — parce que — rhume).
(3) **essayer de** (téléphoner — médecin — parce que — malade).
(4) **oublier de** (poster — lettre — écrire — mère).
(5) **commencer à** (D'Artagnan — courir — voir — voleur).
(6) **en + *participe présent*** (marcher — mouchoir — offenser).
(7) **être sur le point de** (chat — attaquer — souris — inoffensif).
(8) **avoir le droit de** (enfants — écouter — radio — soir).
(9) **se mettre à** (fille — pleurer — parce que — avoir peur).
(10) **au moment où** (D'Artagnan — sortir — Athos — entrer).

12. Traduisez en français:

(1) Far from them (*m.*).
(2) He and she went out.
(3) About to fall.
(4) In a low voice.
(5) Doctor Lenoir.
(6) Blue flowers.
(7) Milk comes from cows.
(8) Birds fly well.
(9) Seventy-one boats.
(10) Next week.
(11) "Is there any cheese?" she asked.
(12) Many potatoes.
(13) She is very thirsty.
(14) I have a toothache.
(15) We have never cheated.
(16) They have just arrived.
(17) Because of the wind.
(18) What does *neige* mean?
(19) What a lovely house!
(20) The next day at noon.

13. En vous servant du canevas ci-dessous, écrivez la composition que vous avez préparée (voir la page 255):

Les Saisons

| une averse | shower | un bonhomme de neige | snowman |
| se baigner | to bathe | | |

SEPTIÈME LEÇON

la feuille	leaf	la primevère	primrose
patiner	to skate	le tapis	carpet
pousser	to grow		

Les avantages et les inconvénients de chaque saison — une fleur qu'on voit dans les bois au printemps — pleut-il souvent? — les amusements de l'été — peut-on toujours bien dormir? — l'aspect de la terre en automne — fait-il du vent? — que faut-il faire à son chapeau? — les amusements de l'hiver — pourquoi faut-il fermer toutes les portes et toutes les fenêtres? — votre saison préférée.

14. Traduisez en français:
(1) Let's wait for the bus here. It will pass in a few minutes.
(2) Have you any oranges? No, I have no more oranges, I have only apples.
(3) She is fourteen years old and she is the eldest of the family.
(4) He was already there when his friends arrived.
(5) Where are their bicycles? They have sold them. They are going to buy a car.
(6) "Listen!" she said, seizing his arm, "I heard a noise!"
(7) Do you want to go for a walk? No thank you, I have just been out.
(8) Where are the spoons and forks? Have you seen them?
(9) Were there any cakes on the plate when you saw it?
(10) Roger tore his shorts in climbing over a gate.

VERBES QUOTIDIENS

1. *Au présent:*
   je (s'endormir)
   tu (sortir)
   nous (punir)
   tu (tenir)
   vous? (pâlir)
   tu n. (partir)
   ils (remplir)
   ils (venir)
   elles (servir)
   je (se sentir)

2. *Au passé composé:*
   nous ne rions pas
   souffre-t-on?
   ils meurent
   tu ne promets pas
   ne veut-il pas?
   elle s'endort
   elle s'assied
   elle naît
   crois-tu?
   tu peux

3. *Au futur:*
   je cours
   elles contiennent
   on n'envoie pas
   nous nous promenons
   ne veut-il pas?
   puis-je?
   ils répètent
   ils revoient
   nous nettoyons
   s'en vont-ils?

4. *À l'imparfait :*

tu es
il n'obéit pas
nous offrons
on amène
vous ne partez pas
ils tiennent
ils achètent
ils boivent
il voit
tu cours

5. *Au futur :*

elles sont
je ne fais pas
il ne s'en va pas
ils reçoivent
nous rappelons-nous ?
tu cours
nous nous levons
voyons-nous ?
tu veux
vous achetez

6. *À l'imparfait :*

ils comprennent
tu ne te lèves pas
tu veux
je ne possède pas
on remplit
vous couvrez
ils reviennent
il a
il mène
ils pénètrent

7. *Au passé composé :*

il espère
vous n'avez pas
n'es-tu pas ?
elle n'appartient pas
il aboie
ils comprennent
tu cours
boivent-ils ?
ne disent-ils pas ?
elles s'asseyent

8. *Au futur :*

nous montrons
on ne voit pas
ils s'en vont
tu n'es pas
vous savez
il appartient
ils disparaissent
nous appelons-nous ?
tu ouvres
il rencontre

9. *Au futur :*

tu écris
ils connaissent
nous souffrons
on ne meurt pas
vous ne venez pas
nous emmenons
elles boivent
il croit
ils mordent
ils remplissent

10. *Au participe présent :*

lire
faire
avoir
écrire
savoir
être
devoir
pâlir
mordre
grincer

LEÇON HUIT—HUITIÈME LEÇON

LE PROFESSEUR : Quels sont les mois qui n'ont que trente jours ?
LA CLASSE : Les mois qui n'ont que trente jours sont : avril, juin, septembre et novembre.

VOCABULAIRE A

arraché	torn	le lendemain	the next day
en avant	forward	le lointain	distance
le bâtiment	building	le médecin	doctor
bouger	to move	mesurer	to measure
la connaissance	consciousness	s'occuper de	to take charge of
le coup de pied	kick	un ongle	nail
		une ouverture	opening
la couverture	blanket	se pencher sur	to lean over
désespéré	desperate	permettre (à)	to permit
au-dessus de	above		
détacher	to detach	le plâtre	plaster
le divan	couch	posséder	to possess
le dos	back	puisque	since
échapper à	to escape from	renverser	to tip up
un état	state	le réseau	network
étendre	to stretch	résister (à)	to resist
étendu	lying	le salon	living room
le fil de fer	wire	le sang	blood
la force	strength	le saut	jump
gémir	to groan	se sentir	to feel (*intr.*)
grâce à	thanks to	le sifflet	whistle
guérir de	to recover from	soigner	to care for
la guerre	war	traîner	to drag
jusqu'à	as far as	le trajet	journey, trip

VOCABULAIRE B

un Allemand	German	une évasion	escape
atroce	atrocious	fusiller	to shoot (execute)
la cellule	cell		
la colonne vertébrale	spinal column	le grillage	grating, grill
		un interrogatoire	interrogation
la corniche	ledge		
s'évanouir	to faint	la Suisse	Switzerland

LOCUTIONS

en pleine nuit, in the middle of the night
en tout cas, in any case
faire mal à, to hurt
les pieds en avant, feet first
peser le pour et le contre, to weigh up the pros and cons
pour se projeter en avant, to throw himself forward
tomber d'accord, to agree
reprendre connaissance, to regain consciousness

UNE HISTOIRE DE LA RÉSISTANCE

Cette histoire, qui est vraie, raconte l'aventure remarquable d'un jeune Français qui travaillait pour la Résistance sous le nom de Joseph Bart. Elle s'est passée en 1943 (dix-neuf cent quarante-trois) pendant la dernière guerre.

Après un interrogatoire très brutal par la Gestapo, qui avait duré toute la journée, Joseph Bart a été mis en prison pour la nuit. La situation était désespérée pour lui, car les Allemands savaient qu'il possédait les noms d'autres membres de la Résistance et Bart ne connaissait que trop bien les méthodes que les messieurs de la Gestapo employaient pour obtenir ce qu'ils voulaient.

Les cellules de la prison étaient au troisième étage du bâtiment. Dans le mur de celle que les Allemands lui avaient donnée se trouvait, tout près du plafond, une petite ouverture, sorte de fenêtre, couverte par un grillage en fil de fer.

HUITIÈME LEÇON

Toute évasion semblait impossible, mais Bart savait que le lendemain matin la Gestapo allait recommencer son interrogatoire et il n'était pas sûr de pouvoir résister à leur torture sans parler.

Renversant son lit sur le côté, il a pu monter jusqu'à la fenêtre. Petit à petit il travaillait à détacher les fils de fer qui couvraient l'ouverture. En très peu de temps il avait les ongles arrachés et les doigts en sang, mais il a continué sans arrêt. Vers minuit il a enlevé le dernier fil.

Il a examiné l'ouverture qui mesurait quarante centimètres sur cinquante. Elle était juste assez large pour permettre le passage d'un corps aussi mince que celui de Joseph Bart, mais après cela ? Un saut de quinze mètres... en pleine nuit. Sur quoi allait-il tomber, sans compter le bruit ?

À cet instant le sifflet d'un train dans le lointain lui a donné une idée. Il allait sauter au moment où le train passait. C'était en toute probabilité le suicide, mais il préférait cela à la torture qui l'attendait chez les hommes de la Gestapo. En tout cas il n'avait pas le temps de peser le pour et le contre.

Saisissant sa couverture, Bart a grimpé jusqu'à la fenêtre. Il s'est glissé par l'ouverture, les pieds en avant, et il a réussi à s'asseoir sur une sorte de corniche. Puis, étendant la couverture au-dessus de sa tête comme un parachute, il a donné un vigoureux coup de pied au mur pour se projeter en avant et il a sauté.

Par miracle il ne s'est pas tué. Il était tombé dans un jardin sur de la terre molle. Étendu sur le dos, souffrant terriblement et gémissant, il a entendu passer le train avec un bruit formidable.

Faisant un très grand effort, Bart a réussi à se traîner jusqu'à la maison qui se trouvait à l'autre bout du jardin. Là, il a trouvé juste assez de force pour frapper faiblement à la porte et, comme celle-ci s'ouvrait, il s'est évanoui.

Lorsqu'il a repris connaissance, il se trouvait sur un divan dans le salon. Son dos lui faisait atrocement mal; il ne savait pas encore que sa colonne vertébrale était fracturée en trois endroits. Deux personnes, un homme et une femme, se penchaient sur lui. Il a essayé de se lever.

— Restez tranquille, monsieur, a dit la femme. On est allé chercher une ambulance.

— Impossible! a répondu Bart, je viens d'échapper aux Allemands et ils sont en train de me chercher. Je dois prendre un train pour Paris tout de suite.

— Vous ne pouvez pas bouger, a objecté l'homme. Nous croyons que vous vous êtes cassé la colonne vertébrale.

— Si! Je me sens mieux maintenant. C'est ma seule chance.

Si je reste ici, ils me trouveront et me fusilleront — et vous aussi, puisque vous m'avez‿aidé.

Après‿une courte discussion la femme et son mari sont tombés d'accord et, un bras autour du cou de celui-ci, Bart et son bon Samaritain sont partis pour la gare.

Le trajet leur a pris une heure! Mais ils‿ont réussi à prendre le train et sont‿enfin arrivés à Paris où les‿amis de Joseph Bart se sont‿occupés de lui. Ils‿ont trouvé un médecin pour le soigner et le mettre dans‿un plâtre. Ce médecin, qui était, lui aussi, membre de la Résistance, devait travailler en secret, car les‿Allemands cherchaient toujours Bart et on ne pouvait pas le mettre dans‿un hôpital public.

Après‿une semaine le docteur l'a trouvé en‿assez bon‿état pour voyager. Grâce au réseau de la Résistance, ses‿amis ont pu l'emmener en Suisse où, après des mois à l'hôpital, il a finalement guéri de ses blessures.

(*d'après George Martelli:* « Agent Extraordinary »)

GRAMMAIRE

1. The Interrogative Pronoun (*Lequel?*)

This interrogative pronoun replaces the interrogative adjective (quel, quelle, etc.)+noun. It means *which one? which ones?* It has four forms:

	Masculine	*Feminine*
Singular	lequel?	laquelle?
Plural	lesquels?	lesquelles?

Voici deux verres. *Lequel* voulez-vous?
Here are two glasses. *Which one* do you want?

(*Voir l'exercice A (i), page* 238.)

2. The Demonstrative Pronoun (*Celui*)

The Demonstrative Pronoun has four forms:

	Masculine	Feminine
Singular	celui	celle
Plural	ceux	celles

It must always be followed by ONE of the following:

(i) A relative pronoun.
(ii) de.
(iii) -ci or -là.

Meaning

(i) Followed by a RELATIVE PRONOUN it means *the one, the ones, those*:

J'aime *celui* qui est sur la table. Je n'aime pas *ceux* que vous m'avez montrés.
I like *the one* which is on the table. I don't like *those* which you showed me.

(ii) Followed by *de* it translates the possessive case (——'s):

Quand Sophie perd ses bas elle prend *ceux de sa sœur*.
When Sophie loses her stockings she takes *her sister's*.

(iii) Followed by *-ci* or *-là* it means *this (one), these, that (one), those*.

Ne prenez pas *celui-là*, il est cassé. Prenez *celui-ci*.
Don't take *that one*, it is broken. Take *this one*.

NOTE *Celui-ci* and *celui-là* can also mean *the former* and *the latter*.

Voilà Marie et Peter. *Celui-ci* est un ami anglais.
There are Marie and Peter. *The latter* is an English friend.

(*Voir les exercices* 4, *page* 117 *et A* (*ii*), (*iii*), *page* 238.)

Ceci and cela

Sometimes *this* and *that* can refer to a fact, a situation, a way of doing something or to A NOUN WHICH HAS NOT BEEN PREVIOUSLY MENTIONED, *e.g.*:

This is interesting. Do it like *that*.
Is *this* my napkin ring? What do you think of *that*?

In this case *ceci* or *cela* must be used. These have no gender and are therefore invariable.

Ceci est intéressant. Faites-le comme *cela*.
Est-ce que *ceci* est mon rond? Que pensez-vous de *cela*?

NOTE 1 *Ceci* must never be used to replace *ce+noun*. *Ce livre* is replaced by *celui-ci* or *celui-là* according to the sense.

NOTE 2 In everyday speech *cela* is usually contracted into *ça*. *This should be avoided when writing good French.*

NOTE 3 Observe that *cela* has no *accent grave* on the *a* like *celui-là*.

NOTE 4 *That is* is sometimes translated by *voilà*:

Voilà la raison.
That is the reason.

(*Voir l'exercice A (iv), page 238.*)

2. THE PLUPERFECT (*le plus-que-parfait*)

La cellule que les Allemands lui *avaient donnée* ...
The cell which the Germans *had given* him ...

The Pluperfect Tense should present no difficulty. It is used in French, as in English, to denote an action which had already taken place before the moment in question (*i.e.*, it represents two steps back into the past). It is a compound tense in which the *imperfect* of the auxiliary verb is used.

j' *avais* donné *I had given*
tu *avais* donné *you had given*
il *avait* donné *he had given*
nous *avions* donné *we had given*
vous *aviez* donné *you had given*
ils *avaient* donné *they had given*

NOTE Those verbs requiring *être* as their auxiliary in the perfect tense will still require *être* in the pluperfect.

j'*étais* tombé(e)	*I had fallen*
tu *étais* tombé(e)	*you had fallen*
il *était* tombé	*he had fallen*
elle *était* tombée	*she had fallen*
etc.	

je m'*étais* levé(e)	*I had got up*
tu t'*étais* levé(e)	*you had got up*
il s'*était* levé	*he had got up*
elle s'*était* levée	*she had got up*
etc.	

3. *Être en train de* + Infinitive

Normally the English present tenses *he is taking* and *he takes* are both translated by the French present tense, *il prend*. If, however, it is wished to stress the fact that the action is actually being done at the moment of speaking, the construction *en train de* followed by the *infinitive* of the verb in question may be used.

Les Allemands sont *en train de* me *chercher*.
The Germans are (*actually*) looking for me (*at this moment*).

(*Voir l'exercice B, pages* 238–239)

4. Asking, Telling Someone to do Something

Note the construction of asking, telling, permitting, etc., *someone* to do *something*. The person is the INDIRECT OBJECT and the infinitive is preceded by *de*.

Dites *à* Jean *de* mettre son chapeau.
Tell John to put his hat on.

Demandez-*leur de* vous le prêter.
Ask them to lend it to you.

Voulez-vous *me* permettre *de* vous accompagner?
Will you allow me to go with you?

5. *Demi*

Note the spelling of *demi*:

(1) BEFORE THE NOUN it is *invariable* and is linked by a *hyphen*.

une *demi*-heure, half an hour

(2) AFTER THE NOUN it agrees with the noun in gender, but not in number, *i.e.*, *there is never an s*.

une heure et demi*e* deux bouteilles et demi*e*

6. IMPERSONAL VERBS

Impersonal verbs can only be used in the *third person singular* (*i.e.* the subject is always *il = it*). The most common of these are those describing the weather:

il pleut	*it is raining*
il neige	*it is snowing*
il tonne	*it is thundering*
il fait du vent	*it is windy*

Also verbs like:

il arrive	*it happens*
il se passe	*it happens, takes place*
il faut	*it is necessary*

	y avoir	*falloir*, to be necessary
Présent:	il y a	il faut
Futur:	il y aura	il faudra
Imparfait:	il y avait	il fallait
Passé composé:	il y a eu	il a fallu

pleuvoir, to rain

Présent:	il pleut
Futur:	il pleuvra
Imparfait:	il pleuvait
Passé composé:	il a plu

Dictées

1. « Combien de fois avez-vous_été à Londres ? Combien de temps y êtes-vous resté ? » a-t-il demandé.
2. Où sont les fleurs ? Je les_ai mises dans_un vase que j'ai placé sur la table.
3. Regardez le ciel. Il est_orageux. Il pleuvra bientôt. Il faudra prendre nos_imperméables.
4. Paris est_une belle ville. L'avez-vous jamais vue ? Oui, je l'ai visitée l'année dernière.
5. Elle vient de trouver une pomme et elle est maintenant en train de la manger.
6. Celle de mon oncle est meilleure que celle-ci, mais moins bonne que celle-là.

EXERCICES

1. Répondez aux questions :

(1) Pour quelle organisation secrète Joseph Bart travaillait-il ?
(2) À quel étage de la prison se trouvaient les cellules ?
(3) Vers quelle heure Bart a-t-il enlevé le dernier fil du grillage ?
(4) Comment Bart a-t-il pu monter jusqu'à l'ouverture dans le mur ?
(5) Quel bruit dans le lointain lui a donné une idée ?
(6) Qu'a-t-il étendu au-dessus de sa tête comme un parachute ?
(7) S'est-il tué en sautant de la corniche ?
(8) Où se trouvait-il en reprenant connaissance ?
(9) Où avait-il mal ?
(10) Dans quel pays a-t-il finalement guéri de ses blessures ?

2. Mettez les verbes suivants au présent :

(1) Les animaux (**faire**) du bruit. (2) Les bâtiments (**appartenir**) à la famille. (3) Nous (**sourire**) toujours. (4) Il (**envoyer**) le télégramme. (5) Les voleurs ne (**pouvoir**) pas se cacher. (6) (**Connaître**)-vous la boulangerie ? (7) Les jardiniers (**cultiver**) des roses. (8) Nous (**écrire**) des lettres. (9) Nous (**nager**) vers les rochers. (10) Ils (**appeler**) la police.

3. Mettez les verbes entre parenthèses au passé composé ou à l'imparfait selon le sens:

Au coin de la rue (se tenir) Porthos qui (causer) avec un ami. Entre les deux hommes il y (avoir) juste assez d'espace pour une personne. D'Artagnan (passer) comme une flèche. Mais juste au moment où il (aller) passer le vent (souffler) et le manteau de Porthos l'(envelopper) dans ses plis. Il en (sortir) et (s'excuser) mais Porthos (être) furieux.

4. Remplacez les mots en italiques soit (*either*) par un pronom interrogatif, soit (*or*) par un pronom démonstratif:

(1) *Quelles chambres* avez-vous choisies? (2) J'ai choisi *ces chambres-là*. (3) Ne prenez pas *les œufs* qui sont cassés. (4) *Quelle dame* a-t-il vue? (5) Quel est le prix de *ces livres-là*? (6) Par *quel train* est-il venu? (7) *Ce chapeau-là* est *le chapeau* de mon oncle. (8) *Cette histoire* n'est pas *l'histoire* que vous m'avez racontée. (9) Voici une clef. Est-ce *la clef* que vous cherchez? (10) Ne lisez pas *ce journal*. (11) *Quelles fenêtres* faut-il ouvrir? (12) *Quel homme* des deux est votre oncle? (13) Donnez-moi *les cahiers* que vous tenez.

5. Traduisez les mots entre parenthèses:

(1) Nous ne mangeons pas dans (*that*) salle-là, mais dans (*this one*).
(2) (*This*) escalier est plus étroit que (*that one*).
(3) (*Which*) poire* voulez-vous? (*This one*) ou (*that one*)?
(4) Ouvrez la fenêtre. (*Which one*)? (*That*) fenêtre-là? Non, (*this one*).
(5) (*These*) fleurs sont plus jolies que (*those*).
(6) (*That*) pupitre est (*my uncle's*).
(7) Ne faites pas (*that*); faites (*this*).
(8) (*Those*) que vous regardez sont mes cousines.
(9) Joan et Henri sont arrivés ce matin. (*The latter*) est français.
(10) Voici des livres. (*Which ones*) voulez-vous lire?
(11) (*This*) est mon pupitre.
(12) (*Which*) de ces dames est votre tante?

*pear

6. Écrivez:

(*a*) Au pluriel: Elle lui envoie un bel avion pour son fils aîné.
(*b*) Au féminin: Celui-ci est mon neveu. Lui et son frère sont tous les deux pareils; ils ne sont pas discrets.
(*c*) Au négatif: Asseyez-vous. Nous avons des chaises.
(*d*) À l'interrogatif: Les questions sont difficiles.

7. Mettez l'article indéfini devant chacun des mots suivants:

(1) courage (2) plage (3) chocolat (4) clef (5) eau (6) moteur (7) fleur (8) balai (9) nuit (10) punition (11) poisson (12) chanson (13) patience (14) silence (15) couverture (16) beurre (17) verre (18) choix (19) voix (20) terre.

8. Répondez à l'affirmative en remplaçant tous les noms par des pronoms personnels:

(1) Reviennent-ils de France? (2) Avez-vous envoyé la lettre à votre tante? (3) A-t-il donné de la viande à mon chien? (4) Votre oncle est-il parti avec ses amis? (5) Voulez-vous aller en Italie avec vos sœurs? (6) Combien de doigts avez-vous? (7) Allez-vous me prêter votre stylo? (8) As-tu fermé la porte? (9) Ai-je posté mes lettres? (10) Allez-vous offrir des bonbons à vos amis?

9. Remplacez le tiret par l'adverbe (ou la locution adverbiale) qui convient:

(1) Le train arrivera ——. (2) Nous sommes allés au bord de la mer ——. (3) Il sera —— de retour. (4) Ma mère est revenue ——. (5) Nous irons en Allemagne ——. (6) Je suis arrivé —— à l'école. (7) Où est Henri? Il était là ——. (8) Ce canif est vieux. Je l'ai acheté ——. (9) Nous partirons demain ——. (10) Les vacances ont commencé ——.

(*Pour la préparation de cet exercice voir l'exercice C, pages* 239–240)

10. Mettez les accents:

medecin — guerir — obeir — gemir — commencais — appelee — menerez — pretons — pres de — espace — impermeable — resister — present — Helene — eglise.

HUITIÈME LEÇON

11. Traduisez en français en vous servant des mots entre parenthèses:

(1) A faithful old horse — (un cheval — vieux — fidèle)
(2) An English magazine — (une revue — anglais)
(3) A ghost story — (le revenant — une histoire)
(4) A narrow opening — (une ouverture — étroit)
(5) A football ground — (le football — un terrain)
(6) A low voice — (une voix — bas)
(7) A country doctor — (la campagne — un médecin)
(8) An old American custom — (une coutume — vieux — américain)
(9) A fine new road — (une route — beau — neuf)
(10) A jolly song — (une chanson — gai)

12. Traduisez en français:

(1) They are just doing it.
(2) Don't wait for him any longer.
(3) Don't give him any.
(4) I often think of Paris.
(5) Don't enter the house.
(6) Several times a (*par*) day.
(7) Offer them some wine.
(8) An hour and a half.
(9) She is my niece.
(10) Too much ink.
(11) We have just come in.
(12) At half past two in the afternoon.
(13) "How sleepy I am!" she exclaimed.
(14) King George V.
(15) This film is bad.
(16) There are birds in the garden.
(17) Half a pound of sugar.
(18) The next morning.
(19) Eggs are fragile.
(20) Many horses.

13. En vous servant du canevas ci-dessous, racontez l'histoire que vous avez préparée (voir la page 256).

L'Éléphant reconnaissant

avoir le cœur tendre	to be tender hearted	une épine	thorn
bon marché	cheap	ôter	to take out
boiter	to limp	la patte	foot
le cirque	circus	quitter	to leave
en Inde	in India	reconnaître	to recognise
		la trompe	trunk

Le pays où commence cette histoire — ce qu'un Anglais voit un jour en voyageant dans la forêt — pourquoi le gros animal boite — pourquoi le voyageur n'aime pas voir souffrir la pauvre bête — ce qu'il fait — l'endroit où va l'Anglais trois ans plus tard — pourquoi il prend une place bon marché — l'animal qui entre sur la piste et commence à faire des tours — la personne que tout d'un coup l'animal voit — ce qu'il fait pour montrer sa reconnaissance — comment il le soulève — l'endroit où il le dépose — les éléphants ont-ils une bonne mémoire ?

14. Traduisez en français :
  (1) They used to live at Vincennes where they had a large house.
  (2) I prefer these books to those; they are more interesting.
  (3) A miser is a man who never spends (dépenser) his money.
  (4) Maurice was trying to work, but there was too much noise.
  (5) Where are the cups you bought yesterday? I put them with the ones that I lent you.
  (6) He cannot go out today because it is raining. What a pity.
  (7) These exercises are bad. They are worse than those that you did last week.
  (8) When I came into the room, she was listening to the radio.
  (9) Show me your pictures. Which ones? These?
  (10) She was looking for her handkerchief because she wanted to blow her nose (se moucher).

Verbes Quotidiens

1. *Au passé composé :*
   ils pénètrent
   elle vient
   meurt-elle ?
   elle naît
   il pleut
   elles tombent
   il appartient
   il ne gèle pas
   ils vivent
   j'arrive

2. *Au futur :*
   nous avons
   on s'en va
   ils deviennent
   tu n'es pas
   faites-vous ?
   nous voyons
   il faut
   il pleut
   ils savent
   il gèle

3. *Au présent :*
   je (s'endormir)
   elles (obéir)
   on (interrompre)
   ils (s'en aller)
   il (falloir)
   il (envoyer)
   il (voir)
   je (s'asseoir)
   elle (s'ennuyer)
   il ? (permettre)

HUITIÈME LEÇON

4. *Au passé composé:*
   elle descend
   meurent-ils?
   elle s'endort
   il pleut
   elle pleure
   elles s'asseyent
   nous obéissons
   elle lève
   recevez-vous?
   nous souffrons

5. *Au participe présent:*
   obéir
   mordre
   être
   recevoir
   avoir
   savoir
   agacer
   apprendre
   nager
   faire

6. *A l'imparfait:*
   vous oubliez
   tu ne jettes pas
   vous dites
   je ne dois pas
   on sourit
   je punis
   il écrit
   ils achètent
   nous perdons
   tu gémis

7. *Au futur:*
   il appartient
   vous ne revenez pas
   tu envoies
   elle ne veut pas
   ils peuvent
   tu connais
   vous vous rappelez
   ils offrent
   je m'endors
   je préfère

8. *Au passé composé:*
   repart-elle?
   il faut
   elle s'assied
   ne contient-il pas?
   ils deviennent
   elle remonte
   elle montre
   crois-tu?
   elles vont
   je viens

9. *Au futur:*
   tu cours
   ils ne doivent pas
   nous couvrons
   on reçoit
   vous n'écrivez pas
   nous nous levons
   il y a
   il aboie
   nous pouvons
   nous voulons

10. *À l'imparfait*
    il connaît
    tu veux
    il mène
    il nage
    tu lances
    ils font
    elle est
    ils achètent
    vous oubliez
    il envoie

LEÇON NEUF—NEUVIÈME LEÇON

LE PROFESSEUR: A quelle heure vous_êtes-vous couché(e) hier soir ?
L'ÉLÈVE: Hier soir je me suis couché(e) à —— ——.
LE PROFESSEUR: À quelle heure vous_êtes-vous levé(e) ce matin ?
L'ÉLÈVE: Ce matin je me suis levé(e) à —— ——.

VOCABULAIRE A

s'agiter	to wave about	la lutte	struggle
arriver	to happen	la mâchoire	jaw
aussitôt	straight away	mystérieux	mysterious
aveugle	blind	le nombre	number
le bec	beak	le perroquet	parrot
chacun(e)	each (one)	plonger	to plunge
la colonne	column	la plume	feather
coller	to stick	le pont	deck
combattre	to fight	pris	caught
construire	to construct	renverser	to knock over
contenir	to contain	le secours	help
corps à corps	hand to hand	le sous-marin	submarine
craindre	to fear	à travers	through
dès que	as soon as	vaincu	conquered
le domestique	servant	le vaisseau	vessel
empêcher	to prevent	la victime	victim
ensuite	next	la victoire	victory
entourer	to surround	violemment	violently
épais	thick	la vitre	glass
étonné	astonished	volontiers	willingly
la hache	axe	la vue	sight

VOCABULAIRE B

balancer	to swing about	le monstre	monster
brandir	to brandish	noirâtre	blackish
canadien	Canadian	la pale	blade (*of propeller*)
la chair	flesh		
le choc	shock	le panneau	panel, hatch
dévisser	to unscrew	la pieuvre	octopus
un écrou	nut	le poulpe	octopus, devil fish
envahir	to invade		
le flanc	side	le salon	saloon, cabin
le harpon	harpoon	le tentacule	tentacle
le harponneur	harpooner	se tordre	to writhe
une hélice	propeller	la trompe	trunk
infortuné	unfortunate	la ventouse	sucker

LOCUTIONS

en un clin d'œil, in the twinkling of an eye
ils ont l'habitude de, they are used to ...

LA LUTTE CONTRE LES PIEUVRES

Le professeur Arronax, Conseil, son domestique et Ned Land, le harponneur canadien, étaient tous dans le salon du Nautilus, le sous-marin mystérieux construit par le capitaine Nemo. Conseil était_en train de regarder les poissons par un des panneaux de vitre épaisse dans le flanc du vaisseau, quand soudain il a appelé le professeur:

— Vite, monsieur, venez voir!

Le professeur Arronax a couru vers le panneau et a regardé à travers la vitre. Le vaisseau était_entouré d'un grand nombre d'énormes pieuvres. Chacun des monstres avait huit tentacules qui s'agitaient comme des serpents et au milieu de deux grands_yeux, un formidable bec comme celui d'un perroquet. Le professeur raconte ce qui est arrivé ensuite.

« Tout à coup le Nautilus s'est arrêté. Un choc l'avait secoué d'un bout à l'autre. Le vaisseau n'avançait plus. Une minute a passé, puis le capitaine Nemo est entré dans le salon.

— Capitaine, lui ai-je dit, en montrant du doigt une des affreuses bêtes qui avait le bec pressé contre la vitre, que pensez-vous de nos visiteuses ? Elles sont jolies, n'est-ce pas ?

— En effet, monsieur le professeur, m'a répondu le capitaine Nemo sans rire, et nous allons les combattre corps-à-corps.

— Corps-à-corps ! ai-je répété étonné.

— Oui, monsieur. Une de ces pieuvres se trouve prise dans les pales de l'hélice. C'est cela qui l'empêche de marcher.

— Et qu'allez-vous faire ?

— Remonter à la surface et tuer toutes ces affreuses créatures. Nous les attaquerons à la hache.

— Et au harpon, monsieur, a dit le Canadien, si vous ne refusez pas mon‿aide.

— Au contraire, monsieur Land, je l'accepte volontiers.

— Nous vous‿accompagnerons tous, ai-je dit.

Suivant le capitaine, nous nous sommes dirigés vers l'escalier central du vaisseau. Là, une douzaine d'hommes armés de haches se tenaient prêts à l'attaque. Conseil et moi avions pris chacun une hache aussi.

— Avez-vous vos haches?, nous‿a demandé le capitaine Nemo.

— Voilà la mienne, ai-je répondu.

— Et la mienne, a dit Conseil.

— Et j'ai mon harpon, a dit Ned Land.

— Écoutez, tout le monde, a dit le capitaine Nemo d'une voix sérieuse. Dès que nous serons sur le pont il faudra faire très‿attention. Ces bêtes sont‿extrêmement dangereuses.

Pendant que le Nautilus revenait‿à la surface, un des marins dévissait les‿écrous du panneau. Mais juste au moment où il en‿enlevait le dernier, le panneau s'est‿ouvert violemment, tiré par les ventouses d'un des tentacules gigantesques. Aussitôt un de ces terribles bras s'est glissé comme un serpent par l'ouverture. D'un coup de hache le capitaine Nemo l'a coupé et nous sommes montés sur le pont.

Immédiatement un‿autre bras a saisi un des marins et en‿un clin d'œil l'a soulevé en l'air. Quelle scène! Le malheureux, pris par le tentacule et collé à ses ventouses, était balancé en l'air comme une poupée dans la trompe d'un‿éléphant.

— Au secours! Aidez-moi! criait le pauvre homme.

Nous nous sommes précipités sur le poulpe et l'un‿après l'autre nous‿avons coupé les bras de l'abominable bête. Sept bras sur huit avaient‿été coupés. Un seul tentacule brandissait la victime en l'air comme une plume. Au moment où le capitaine allait couper le huitième bras, la pieuvre a lancé une colonne de liquide noirâtre. Pendant quelques‿instants nous‿avons tous été aveuglés. Lorsque nous‿avons retrouvé la vue, le monstre avait disparu et avec lui, l'infortuné marin.

Après cela nous ne pouvions plus contenir notre rage. Dix ou douze poulpes avaient‿envahi le pont du Nautilus. Nous nous sommes précipités sur eux et avons plongé nos haches dans la masse de chair molle. C'était une lutte à la mort. En quelques minutes le pont était couvert de sang, d'encre noire et de tentacules qui continuaient à se tordre comme des serpents.

Soudain le bras d'un des monstres a renversé Ned Land. Le formidable bec de la bête était sur le point de le couper en deux quand je l'ai vu et j'ai couru à son secours. Mais le capitaine Nemo était là avant moi. Sa hache a disparu entre les terribles mâchoires et Ned Land, miraculeusement sauvé, a plongé son harpon dans le cœur du poulpe.

Le combat était fini. Il avait duré un quart d'heure. Les pieuvres étaient parties, vaincues. La victoire avait coûté cher.

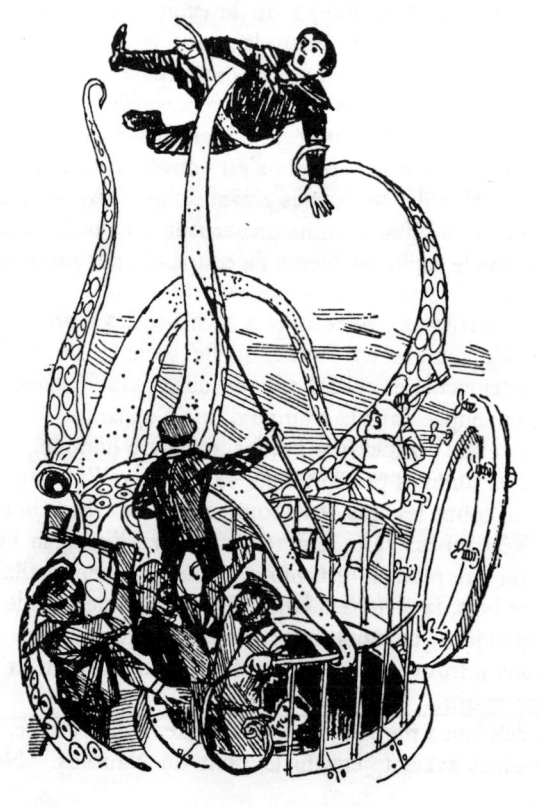

Mais les marins ne craignent pas le danger; ils ont l'habitude de risquer leur vie.»

(*d'après Jules Verne*:« Vingt mille Lieues sous les Mers »)

GRAMMAIRE

1. The Possessive Pronoun

	SINGULAR		PLURAL	
	Masculine	*Feminine*	*Masculine*	*Feminine*
mine	le mien	la mienne	les miens	les miennes
yours	le tien	la tienne	les tiens	les tiennes
his, hers	le sien	la sienne	les siens	les siennes
ours	le nôtre	la nôtre	les nôtres	
yours	le vôtre	la vôtre	les vôtres	
theirs	le leur	la leur	les leurs	

NOTE 1 **Mon, ma, mes** (*my*) is the possessive *adjective* and is always followed by a noun.

mon père　　ma bicyclette　　mes souliers

Le mien, etc. (*mine*) is the possessive *pronoun* and replaces mon, ma, mes + noun.

NOTE 2 The possessive pronoun agrees with the noun it replaces and *not with the owner* of that noun.

J'ai ma bicyclette et mon frère a *la sienne*.
(*la sienne* replaces *sa bicyclette*).

NOTE 3 Remember that after *à* and *de* the articles *le* and *les* contract:

Votre pupitre est près *du* mien.
Your desk is near to mine.

Ajoutez ce livre *aux* vôtres.
Add this book to yours.

NOTE 4 *It* must be translated by *ce* before a pronoun.

C'est le mien.　　*Ce* sont les leurs.

NOTE 5 *Mine*, *yours*, *theirs*, etc. can be translated also by **à moi, à vous, à eux**.

> À qui est ce stylo ? Il est *à moi*.
> Whose is this pen ? It is *mine*.

own is translated by **propre** or **à moi, à nous**, etc.

> C'est notre *propre* maison ⎫
> C'est notre maison *à nous* ⎭   It is our *own* house.

(*Voir les exercices* 4 (*a*), (*b*), *pages* 133-134 *et A, page* 240.)

2. The Logical Future

Dès que nous *serons* sur le pont, il faudra faire très attention.

As soon as we *are* on deck, we shall have to be very careful.

In French, tense usage is often more logical than in English, and after the conjunctions *when* (**quand, lorsque**) and *as soon as* (**dès que, aussitôt que**) the dependent verb is put into the *future tense* IF THE SENSE DEMANDS IT (*i.e.* if the main sentence is in the future or the imperative).

Je vous enverrai une carte ⎧ quand ⎫ *j'arriverai* à Paris.
I will send you a card   ⎨ lorsque ⎬ I *arrive* in Paris.
                               ⎪ dès que ⎪
                               ⎩ aussitôt que ⎭

Parlez-lui-en   ⎧ quand ⎫ vous le *verrez*.
Speak to him about it   ⎨ lorsque ⎬ you *see* him.
                            ⎪ dès que ⎪
                            ⎩ aussitôt que ⎭

(*Voir l'exercice* 7, *pages* 134-135.)

3. THE FORMATION AND POSITION OF ADVERBS

FORMATION

To form an adverb from an adjective, add -MENT:

(i) to the *feminine* if the adjective ends in a *consonant*.

| premier | premièrement |
| courageux | courageusement |

(ii) to the *masculine* if the adjective ends in a *vowel*.

| poli | poliment |
| absolu | absolument |

(iii) if the adjective ends in -ENT or -ANT, change -NT to -M before adding -MENT.

constant	constamment
violent	violemment*
évident	évidemment*

* NOTE 1 The pronunciation of the ending -emment is the same as that of the ending -*a*mment.

NOTE 2 The adverb of *lent*, *slow*, is *lentement*.

IRREGULAR ADVERBS

Adjective		*Adverb*	
bon	good	bien	well
meilleur	better	mieux	better
mauvais	bad	mal	badly
petit	small, little	peu	little (not much)
gentil	kind	gentiment	kindly
fou	mad	follement	madly
mou	soft	mollement	softly (*not* quietly)

(*Voir l'exercice* 5 (*a*), *page* 134.)

POSITION

Adverbs are NEVER placed between the subject and the verb as in English (I *always* go, I *often* see).

(a) Adverbs ending in –ment

The order of these is generally the same as in English.

> **Je l'avais *complètement* oublié.**
> I had *completely* forgotten it.

> **Le panneau s'est ouvert *violemment*.**
> The hatch flew open *violently*.

> **Ces bêtes sont *extrêmement* dangereuses.**
> These creatures are *extremely* dangerous.

(b) Adverbs not ending in –ment

The general rule is that they follow the verb in a simple tense, but come in between the auxiliary and the past participle in a compound tense.

> **Je le fais *toujours*.**   **Je l'ai *toujours* fait.**
> I *always* do it.   I have *always* done it.

> **Je l'aime *beaucoup*.**   **Il a *beaucoup* voyagé.**
> I like him *very much*.   He has travelled *a lot*.

NOTE Adverbs of time and place never come in between the auxiliary and the past participle. Adverbs of time like ***demain, aujourd'hui, hier*** are sometimes placed at the beginning or the end of the sentence for emphasis.

> ***Hier*** **nous avons fait une belle promenade.**
> **Je vais laver ma voiture *demain*.**
> **Je l'ai cherché *partout*.**

> (*Voir l'exercice* 5(*b*), *page* 134.)

4. INFINITIVE OF PURPOSE WITHOUT *pour*

Vite, monsieur, *venez voir*!
Quickly, sir, *come and look!*

After common intransitive verbs of motion like **aller, venir, monter, descendre, courir,** pour is not generally required to translate *to* (= *in order to*) when stating the purpose of the action.

Il *est allé voir* sa tante.
He *has gone to visit* his aunt.

Elle *est montée chercher* son mouchoir.
She *went up to get* her handkerchief.

Consequently, in such expressions as 'go and see', 'come and look', where *and* means *in order to*, the 'and' is not translated.

Allez le chercher.   Venez nous voir demain.
Go and get it.   Come and see us tomorrow.

5. THE PARTITIVE ARTICLE AFTER *de*

In expressions of quantity and those like *full of, covered with, surrounded by*, the prepositions *of, with, by* are translated by *de*. Unless the English noun which follows is preceded by 'the', use *de* only.

Un panier *de* pommes   a basket *of* apples
Une bouteille *de* vin   a bottle *of* wine
plein *d'*eau   full *of* water
entouré *d'*arbres   surrounded *by* trees
couvert *de* neige   covered *with* (*in*) snow

Un panier *des* pommes, plein *de l'*eau, would mean 'a basket of *the* apples', 'full of *the* water'.

What actually happens is that the partitive article (du, de la, des = *some*) is omitted after de.

une bouteille d'*encre

* *de l'* (*some*) is left out as in English: a bottle of (*some*) ink.

(*Voir l'exercice* 9, *page* 135.)

6. Irregular Verbs

craindre, to fear	*peindre*, to paint	*joindre*, to join
je crains	je peins	je joins
tu crains	tu peins	tu joins
il craint*	il peint*	il joint*
nous craignons	nous peignons	nous joignons
vous craignez	vous peignez	vous joignez
ils craignent	ils peignent	ils joignent

Futur: je craindrai   je peindrai   je joindrai
Passé Composé: j'ai craint*   j'ai peint*   j'ai joint*

* NOTE 1 The past participle of these verbs is the same as the third person singular of the present tense.

NOTE 2 Observe that in this class of verb a *g* is placed before the *n* of the stem when there is a vowel following (nous craignons).

Conjugated the same way: **plaindre**, *to pity;* **se plaindre**, *to complain;* **éteindre**, *to extinguish, to put out;* **atteindre**, *to reach, to attain.*

Dictées

1. Nous‿avons une voiture. Nos voisins en‿ont deux. Ils les‿ont‿achetées l'année dernière.
2. Celles-ci sont meilleures que les miennes parce qu'elles marchent mieux.
3. Allez-vous parler au facteur des colis perdus ou lui en‿avez-vous déjà parlé?
4. Un millionnaire a toujours assez d'argent pour s'amuser, mais cela ne l'empêche pas d'être triste de temps‿en temps.
5. Nous‿allons souvent aux sports d'hiver. Nous‿y allons toujours au mois de janvier.
6. L'herbe est sèche cet‿été parce qu'il n'a pas beaucoup plu. Cependant mes chevaux ne se plaignent pas; ils‿aiment le foin.

EXERCICES

1. Répondez aux questions:

(1) Comment s'appelait le sous-marin du capitaine Nemo?
(2) Qu'est-ce qui empêchait l'hélice de marcher?
(3) De quelle façon (manière) les hommes ont-ils attaqué les pieuvres?
(4) Combien de tentacules les pieuvres ont-elles?
(5) Comment sont les pieuvres?
(6) De quelle manière le panneau s'est-il ouvert?
(7) Quel accident est arrivé à un des marins?
(8) Combien de temps la lutte contre les pieuvres a-t-elle duré?
(9) À part ses tentacules, nommez une autre défense de la pieuvre.
(10) Quel était le prix terrible que la victoire a coûté au professeur Arronax et à ses amis?

2. Mettez au présent:

(1) Ils (prendre) leurs places. (2) Que (dire)-vous? (3) Ils (se plaindre) du bruit. (4) (Éteindre)-tu toujours l'électricité? (5) Les fermiers (s'en aller) au marché. (6) Nous vous (offrir) une cigarette. (7) Nous (rincer) les chemises. (8) Ils ne (savoir) pas leurs leçons. (9) Le voyageur (perdre) son billet. (10) Les souris (craindre) les chats.

3. Mettez les verbes entre parenthèses au passé composé ou à l'imparfait selon le sens:

Les marins (savoir) qu'ils (être) en grand danger. Il y (avoir) des pieuvres partout. Chaque monstre (posséder) huit tentacules, qui (s'agiter) comme des serpents, et un formidable bec qui (être) capable de couper un homme en deux. Poussant des cris, ils (se précipiter) sur les bêtes et (plonger) leurs haches dans la chair molle. La lutte (durer) un quart d'heure. Enfin les pieuvres (partir) vaincues.

4(*a*). Remplacez les mots entre parenthèses par un pronom possessif:

(1) La bicyclette est (*à moi*).
(2) Les souliers sont (*à nous*).
(3) La maison de Mme Lagrange est (*à elle*).
(4) La maison de M. Legros est (*à lui*).
(5) Ces canifs sont (*à toi*). [T.S.V.P.]

(6) Ces gommes sont (*à toi*) aussi.
(7) Ces chocolats sont (*à lui*).
(8) Ces chocolats sont (*à elle*) aussi.
(9) Ces livres sont-ils (*à vous*)?
(10) Les chiens sont (*à eux*).

(*b*) Remplacez le tiret par le mot convenable:

(1) Je préfère celui-ci —— mien. (2) Je vais mettre mon lit à côté —— vôtre. (3) Mettez mes livres près —— siens. (4) Ajoutez celle-ci —— leurs. (5) J'aime bien votre tableau, mais que pensez-vous —— nôtre?

5(*a*). Formez un adverbe de chacun des adjectifs suivants:

(1) précieux   (6) petit   (11) gentil
(2) bon   (7) meilleur   (12) intelligent
(3) lent   (8) amical   (13) patient
(4) dernier   (9) constant   (14) naturel
(5) évident   (10) absolu   (15) fou

(*b*) Faites entrer (*put in*) dans chaque phrase l'adverbe entre parenthèses:

(1) Les pieuvres se trouvent sous les rochers (**souvent**). (2) Ma mère me disait cela (**toujours**). (3) Nous avons voyagé (**beaucoup**). (4) Le cinéma était brûlé (**complètement**). (5) Vous avez travaillé ce trimestre (**mieux**). (6) Je n'ai vu cet homme (**jamais**). (7) Nous allons faire des courses (**demain**). (8) Les soldats se sont battus (**courageusement**). (9) Elle en avait mangé (**trop**). (10) Il n'en a parlé (**plus**).

6. Traduisez les mots entre parenthèses:

(1) Prenez (*that*) marteau. (*Which one*)? (*That one*). (2) Ne dites pas (*that*). (3) Regardez ces tableaux. (*Which ones*)? (*These*)? (4) Marie et Jeanne sont jumelles. J'aime mieux (*the latter*). (5) Faites-le comme (*this*). (6) (*Which*) appartement habitez-vous? (7) Voici des œufs. Ne prenez pas (*the ones*) qui sont fêlés*.

* *cracked*

7. Mettez les verbes entre parenthèses au temps qui convient:

(1) Nous verrons l'église lorsque nous (**descendre**) dans la vallée.
(2) Dès que vous le (**voir**), dites-lui de me téléphoner.
(3) Chaque fois qu'il (**sortir**) il perd son chapeau.
(4) Il répondra à la lettre aussitôt qu'elle (**arriver**).

NEUVIÈME LEÇON

(5) Il va toujours au théâtre quand il (**être**) à Londres.
(6) Il nous racontera ses aventures lorsqu'il (**revenir**).
(7) Nous finirons nos devoirs dès que nous (**rentrer**).
(8) Ils n'auront pas peur quand ils (**combattre**) les pieuvres.
(9) Les marins ne se plaignent pas quand ils (**être**) en danger.
(10) Lorsque vous (**retrouver**) mon stylo, faites-moi savoir (*let me know*).

8. Écrivez:

(*a*) Au pluriel: C'est un bel endroit. Je peux prendre mon repas ici avec lui et son fils.

(*b*) Au féminin: Celui-ci est leur oncle. Tous ses neveux sont écoliers.

(*c*) Au passé composé: Ils lisent la lettre et ils la comprennent. Ils se dépêchent et ils écrivent la réponse. Ils cherchent l'adresse et la trouvent. Ils appellent la bonne qu'ils envoient à la poste.

(*d*) À l'interrogatif: Cette question est idiote.

(*e*) Au négatif: Sauve-toi! J'ai vu un tigre.

(*f*) En remplaçant les mots en italiques par

(i) un pronom personnel:
Charles va acheter *de la confiture*.

(ii) un pronom démonstratif:
Les chevaux que vous avez sont plus beaux que *ce cheval*.

(iii) un pronom possessif:
Votre jardin est plus grand que *les jardins de Mme Laroche*.

9. Remplacez l'astérisque par la préposition *de* ou par l'article *du, de la, de l', des*:

(1) Un kilo * beurre (*of butter*). (2) Un panier * fruits (*of fruit*). (3) J'ai besoin * argent (*the money*). (4) J'ai besoin * argent (*money*). (5) Une douzaine * œufs (*eggs*). (6) Un verre * vin (*of wine*). (7) Accompagné * hommes (*by the men*). (8) Couvert * encre (*with ink*). (9) Trop * travail (*work*). (10) Tant * films (*of the films*).

10. Mettez les accents:

des que — interessant — dechiree — il se levera — menacant — posseder — il preferera — gueri — etrange — telephonez — riviere — le cote — il se depeche — remede — etait.

11. Traduisez en français en vous servant des mots entre parenthèses :

(1) A pirate tale (un pirate — un conte)
(2) An animal film (l'animal — un film)
(3) A high wall (un mur — haut)
(4) Better results (un résultat — meilleur)
(5) A car factory (l'automobile — une usine)
(6) A generous young man (un homme — jeune — généreux)
(7) A foreign land (un pays — étranger)
(8) A lovely sunny spot (un endroit — beau — ensoleillé)
(9) A village clock (le village — une horloge)
(10) A fine white handkerchief (un mouchoir — beau — blanc)

12. Faites des phrases avec les constructions suivantes :

(1) **Venir de** (tailler — crayon — cassé)
(2) **Aussitôt que**+*futur* (arriver — palais — voir — roi)
(3) **En train de** (marins — attaquer — pieuvres — hache)
(4) **Sur le point de** (tirer — épée — pour — adversaire)
(5) **En**+*participe présent* (se promener — rivière — tomber — eau)
(6) **Essayer de** (réparer — bicyclette — casser — hier)
(7) **Dire à ... de ...** (dire — enfants — finir — devoir)
(8) **Décider de** (aller — voir — médecin — malade)
(9) **Oublier de** (élèves désordonnés (*untidy*) — ranger — pupitre)
(10) **Sans**+*infinitif* (il faut — jamais — traverser — rue — regarder)

13. Traduisez en français :

(1) Three hundred women.
(2) He needs a bath.
(3) Go and get it.
(4) Telephone the police.
(5) I have toothache.
(6) "You are right," he said.
(7) They are sailors.
(8) It is sunny.
(9) They are used to working.
(10) In the middle of the night.
(11) "Next week," she replied.
(12) So many mistakes.
(13) Tell him to come.
(14) How stupid you are!
(15) What is the meaning of *vache*?
(16) She is next to them (*m.*).
(17) The longest river in the world
(18) Without asking.
(19) Twice five are ten.
(20) At seven o'clock in the morning

14. Traduisez en français :

(1) Yesterday we went for a walk along the river behind the church.

NEUVIÈME LEÇON

(2) Tell Helen to put her hat on. The sun is very strong.
(3) When she went to Paris, how long did she stay there?
(4) There is your uncle's umbrella. Where is mine?
(5) The girls got up early and caught the seven o'clock train.
(6) We shall do our homework when we return this evening.
(7) He plunged his knife into the beast's heart and saved his friend's life.
(8) When we go into the country next week, we shall visit my grandfather's farm.
(9) When I was small there were fields in front of our house. Now there is a road.
(10) How hot it is! I am thirsty and tired.

Verbes Quotidiens

1. *Au futur :*
    il contient
    vous ne voulez pas
    tu peux
    elle ne s'en va pas
    ils savent
    tu vois
    vous vous ennuyez
    ne mord-il pas ?
    nous venons
    je sens

2. *Au passé composé :*
    nous comprenons
    lève-t-on ?
    ils sourient
    tu ne bois pas
    vous ouvrez
    doivent-ils ?
    il pleut
    elle rencontre
    nous disparaissons
    elles pleurent

3. *Au présent :*
    je (craindre)
    elles (recevoir)
    je n. ? (pouvoir)
    tu ? (s'appeler)
    il (falloir)
    elle (connaître)
    ils (peindre)
    tu ? (suivre)
    ils ? (s'ennuyer)
    je (courir)

4. *Au futur :*
    tu deviens
    ils n'envoient pas
    nous courons
    meurt-on ?
    vous ne devez pas
    ils offrent
    il pleut
    faut-il ?
    on craint
    fais-tu ?

5. *Au participe présent :*
    punir
    ouvrir
    craindre
    écrire
    ronger
    grincer
    disparaître
    s'endormir
    être
    peindre

6. *A l'imparfait :*
    tu achètes
    ils ne peuvent pas
    ils appartiennent
    il pleut
    il y a
    il faut
    je promets
    meurt-elle ?
    tu te conduis
    il joint

7. *Au passé composé:*
   il part
   vous ne lisez pas
   elle naît
   elle s'ennuie
   envoie-t-il?
   elle devient
   elle descend
   il interrompt
   je viens
   il se plaint

8. *Au futur:*
   nous n'achetons pas
   écrit-on?
   ils préfèrent
   tu ne t'assieds pas
   vous ne gelez pas
   je demande
   nous nous promenons
   ils reviennent
   as-tu?
   nous obtenons

9. *Au présent:*
   ils (se plaindre)
   tu n. (mourir)
   il? (s'en aller)
   je n. (se servir)
   je (espérer)
   il (pleuvoir)
   tu (joindre)
   ils (croire)
   tu? (se battre)
   il (emmener)

10. *Au plus-que-parfait:*
    elles craignent
    je vis
    il faut
    j'entre
    nous arrivons
    il pleut
    ils obéissent
    elles viennent
    vous connaissez
    elle sort

LEÇON DIX—DIXIÈME LEÇON

LE PROFESSEUR: À qui est ce crayon?
L'ÉLÈVE: Il est à moi (c'est le mien), monsieur.
LE PROFESSEUR: À qui est cette gomme?
L'ÉLÈVE: Elle est à Jean (c'est celle de Jean), monsieur.

VOCABULAIRE A

s'apercevoir de	to become aware of	menacer	to threaten
approuver	to agree to, to sanction	la moitié	half
		la mort	death
avare	miserly, greedy	le nombre	number
l'avenir (*m*.)	future	nourrir	to feed
le bien	good	une occasion	opportunity
brave	worthy	or	well (*conj*.)
le chagrin	sorrow	oser	to dare
cher	dear	la parole	(spoken) word
comme par	as if by	partager	to share
le cordonnier	shoemaker	plongé	plunged
le coup de foudre	thunderbolt	la plupart	most
		profond	deep
demeurer	to live, dwell	le projet	plan
un époux	husband	prudent	wise, prudent
faire vite	to be quick	ressembler à	to look like
le fait	fact	rire de	to laugh at
gagner	to earn	rusé	cunning
installé	installed	la somme	sum
la larme	tear	se souvenir de	to remember
la loi	law	le testament	will
le mari	husband	la veuve	widow

VOCABULAIRE B

dicter	to dictate	se lamenter	to wail
l'enchante- ment (*m.*)	magic	le notaire	notary
		sangloter	to sob
feu	late	le savetier	cobbler
gentiment	kindly	vilain	ugly, wicked, mean
hériter de	to inherit		

LOCUTIONS

c'était bien fait, it served her right
faire semblant de, to pretend
feu son mari, her late husband
il a toujours été bon pour nous, he has always been good to us
il est arrivé, there happened
jouer un vilain tour à, to play a mean trick on
pleurer à chaudes larmes, to weep bitterly
que deviendrai-je? what will become of me?
que faire? what is (was) to be done?
vous n'avez qu'à, you have only to

UN VILAIN TOUR

Il y a bien des années, dans un petit village du sud de la France, demeurait une vieille paysanne dont le mari était très riche. Chaque jour elle lui disait:

— Mon mari, tu n'as pas encore fait de testament. Que deviendrai-je si tu meurs sans testament? Sois prudent! Pense à l'avenir. Pense à moi!

Mais son mari riait d'elle et répondait:

— Tu dis cela depuis des années! Tu ne penses qu'à mon argent. Je t'assure que ma santé est excellente. Aie de la patience! Un de ces jours j'en ferai un.

Or, deux semaines plus tard, il est arrivé exactement ce que la paysanne avait craint. Le mari est tombé malade et vingt-quatre heures après il était mort. La veuve était affolée. Elle pleurait à chaudes larmes. Ce n'était pas la mort de son mari qui lui causait tant de chagrin; elle ne l'avait jamais aimé. Non, c'était le fait qu'il était mort sans faire de testament. Et sans testament la loi ne lui permettait pas d'hériter de son argent. Que faire?

Tout en réfléchissant ainsi elle s'est souvenue du vieux cordonnier qui habitait en face de chez elle et dont la figure ressemblait beaucoup à celle de feu son mari. Ses larmes ont disparu comme par enchantement. Elle voyait déjà une solution.

Elle est allée tout de suite trouver le vieil homme.

— Écoutez, lui a-t-elle dit après avoir expliqué ce qui était arrivé, voici mon projet. C'est très simple. Il faut cacher la mort de mon mari. En attendant, vous n'avez qu'à vous mettre dans son lit et à faire semblant d'être sur le point de mourir. Puis j'appellerai le notaire et vous pourrez lui dicter un testament me laissant tout votre argent. Je vous paierai bien.

Le cordonnier a accepté la proposition. Quand tout a été prêt et qu'il a été installé dans le lit du mari, la vieille paysanne a commencé à pleurer et à se lamenter en disant à ses voisins que son pauvre mari était en train de mourir.

Elle a envoyé un ami chez le notaire lui demander de venir écrire le testament que son mari allait dicter pendant les derniers moments de sa vie.

Lorsque le notaire est arrivé la paysanne était plongée dans le plus profond chagrin à la pensée du danger qui menaçait son cher époux.

Vite, Maître,* a-t-elle dit au notaire en sanglotant, faites vite! Mon mari est malade depuis trois jours. Je sais qu'il n'a pas longtemps à vivre.

Prenant une chaise, le brave notaire s'est assis à côté du cordonnier et s'est préparé à écrire les dernières paroles de l'homme mourant.

Le vieux savetier, soupirant profondément et faisant semblant d'être extrêmement malade, a parlé d'une voix faible et tremblante:

— Ceci est mon testament: j'ai l'intention de laisser la moitié de tout ce que je possède à ma chère femme et l'autre moitié au pauvre cordonnier qui demeure en face de cette maison. C'est un brave homme qui a un grand nombre d'enfants à nourrir et je sais qu'il ne gagne pas beaucoup d'argent. Il a toujours été très bon pour nous et je suis bien content d'avoir cette occasion de lui rendre le bien qu'il nous a fait.

À ces paroles la veuve a été comme frappée par un coup de foudre. Trop tard elle s'est aperçue du vilain tour que le cordonnier lui avait joué. Cependant elle n'a pas osé ouvrir la bouche, car elle savait que si elle se plaignait, elle allait perdre même la moitié de l'argent que son « mari » lui avait si gentiment laissé. Cachant sa rage, elle a dû sourire au notaire et faire semblant d'approuver cette décision généreuse.

Enfin, la paysanne déçue s'est trouvée forcée de partager avec le rusé cordonnier la somme d'argent dont elle avait espéré garder la plus grande part pour elle-même. C'était bien fait!

* *Maître:* Title given to lawyers, great musicians and artists.

DIXIÈME LEÇON
GRAMMAIRE
1. The Relative Pronoun (*dont*)

You should already know the subject and direct object forms of the relative pronoun.

SUBJECT: C'est un brave homme *qui* a un grand nombre d'enfants.

DIRECT OBJECT: Elle allait perdre la moitié de l'argent *que* son mari lui avait laissé.

Qui must be used if the relative pronoun is the *subject* of the verb.
Que must be used if it is the *direct object*.

Dont

Dont is the possessive case of the relative and means *of whom, of which* or *whose*.

> Il y avait une paysanne *dont* le mari était riche.
> There was a peasant woman *whose* husband was rich.

Important: **Dont** *must be followed by the subject of the relative clause.*

When translating sentences containing the relative *whose*, always recast the English in the French pattern, replacing *whose* by *of which, of whom*.

> The woman *whose husband was rich*
> becomes:
> The woman *of whom the husband was rich*.

It is most important to understand this change of word order.

(*Voir les exercices A, B, pages* 240–241.)

2. Irregular Imperatives

	sois!	*be*
être	soyons!	*let us be*
	soyez!	*be*

	aie*!	*have*
avoir	ayons!	*let us have*
	ayez!	*have*

	sache*!	*know*
savoir	sachons!	*let us know*
	sachez!	*know*

* NOTE 1 Remember to drop the *s* when the last vowel of the imperative singular is an *e* (and also with the verb *aller*):

> Sois prudent!   *Be wise!*
> Aie de la patience!   *Have patience!*
> Pense à moi!   *Think of me.*
> Va vite!   *Go quickly!*

NOTE 2 Be careful of the imperative of expressions translated by *avoir* + *noun*.

> N'*ayez* pas peur!   Don't *be* afraid!

3. *Après* + PERFECT INFINITIVE

***Après avoir expliqué** ce qui était arrivé...*
After explaining what had happened...

The English construction *after...ing* must be translated by ***après*** + PERFECT INFINITIVE.

> **après avoir mangé***   *after eating*
> **après avoir mis**   *after putting*
> **après avoir lu**   *after reading*

Be careful of verbs conjugated with **être**:

> **après être descendu**   *after going downstairs*
> **après s'être levé**   *after getting up*

* NOTE 1 Be careful of the spelling of -er verbs: the *past participle* is required and not the infinitive. If in doubt, think of a verb whose past participle does not have the same sound as the infinitive, *i.e.* mettre (après avoir *mis*).

NOTE 2 **Après** is a PREPOSITION and can only be followed by a NOUN, THE INFINITIVE OF A VERB or a PRONOUN.

(*Voir les exercices* 3, *page* 147 *et* C (*i*) à (*iii*), *pages* 241–242.)

4. *Depuis* + PRESENT TENSE

Tu *dis* cela *depuis* des années.
You *have been saying* that *for* years.

When an action or state begun in the past is *still in progress*, the English PAST TENSE is translated by the French PRESENT TENSE. The preposition *for* is translated by ***depuis*** (*since*).

The key to spotting this construction is to ask yourself if the action (or state) is *still in progress*.

Mon mari *est* malade *depuis* trois jours.
My husband *has been* ill *for* three days (AND STILL IS).

***Depuis* combien de temps *apprenez-vous* le français?**
How long (*since* how much time) *have you been learning* French (AND STILL ARE)?

***J'apprends* le français *depuis* trois ans.**
I *have been learning* French *for* three years (AND STILL AM).

(*Voir les exercices* 4 (*a*), (*b*), *page* 148.)

5. REPEATED CONJUNCTIONS

Quand tout a été prêt et *qu'*il a été installé dans le lit du mari ...
When everything was ready and (*when*) he was installed in the husband's bed ...

Note that the one conjunction cannot introduce two dependent clauses in French; it *must be repeated*. It is, however, sufficient, and neater, to use **que** the second time.

> *Comme* il fait beau et *que* je n'ai rien à faire...
> *As* it is fine and (*as*) I have nothing to do...

Prepositions should also be repeated.

> Cette route mène à la plage et *à* la mer
> This road leads to the beach and the sea.

6. Irregular Verb

apercevoir*, to perceive, to catch sight of*

j' aperç**ois**
tu aperç**ois**
il aperç**oit**
nous aperc**e**vons
vous aperc**e**vez
ils aperç**oi**vent

Futur: j'apercevrai *Passé composé:* j'ai aperçu

Conjugated like apercevoir (*i.e.* like recevoir): s'apercevoir, *to notice, to become aware of;* décevoir, *to disappoint.*

Dictées

1. C'est dommage! Il s'est cassé le bras et il ne sait pas comment il l'a fait.
2. On dit qu'un͜ homme qui ne peut pas voir est͜ aveugle et que celui qui ne peut pas͜ entendre est sourd.
3. Regarde! Là-bas! Au-dessous de nous! Voilà Paris avec la Tour Eiffel au milieu. Nous la verrons mieux quand nous descendrons.
4. « Avez-vous fini votre travail, Nicole? » « Oui, il y a longtemps.» « N'êtes-vous pas fatiguée?» « Si, très.»
5. L'espion a réussi à observer ce qui se passait sans͜ entrer dans le jardin.
6. Nous nous trouvions dans͜ une ville inconnue dont nous ne savions pas le nom.

DIXIÈME LEÇON

EXERCICES

1. Répondez aux questions:
   (1) Où cette histoire s'est-elle passée?
   (2) Qui en sont les personnages (*characters*) principaux?
   (3) Comment était la paysanne?
   (4) Pleurait-elle à cause de la mort de son mari?
   (5) Pourquoi a-t-elle choisi le vieux cordonnier comme complice (*accomplice*)?
   (6) Celui-ci a-t-il accepté la proposition de la femme?
   (7) Chez qui la paysanne a-t-elle envoyé un ami?
   (8) Est-ce que la paysanne a reçu tout l'argent de son mari? (Employez ne … que dans votre réponse.)
   (9) Qu'est-ce qu'elle a dû faire?
   (10) Si on chipe (*pinch*) le crayon d'un camarade juste avant le commencement de la classe, qu'est-ce qu'on lui joue?

2. Mettez les verbes en italiques au passé composé ou à l'imparfait selon le sens:

Le vieux savetier *commence* à dicter au notaire son testament pendant que la femme avare l'*écoute* avec soin. Mais quand elle *entend* ses paroles elle *s'aperçoit* trop tard que l'homme lui *joue* un vilain tour. Elle *est* furieuse mais elle n'*ose* pas ouvrir la bouche car elle *sait* qu'elle *a* tort. Elle *doit* cacher sa rage et faire semblant d'approuver le testament.

3. Faites les changements nécessaires aux verbes entre parenthèses:
   (1) Il faut se brosser les dents après (**manger**).
   (2) Après (**regarder**) à droite et à gauche il a traversé la rue.
   (3) Après (**acheter**) les provisions, nous sommes rentrés.
   (4) Après (**aller**) au bureau de poste, elle est allée chez le pharmacien (*chemist*).
   (5) Après (**se coucher**), elles se sont vite endormies.
   (6) Après (**s'habiller**), tu es descendu dans le salon.
   (7) Quand je (**être**) grand, j'achèterai une voiture.
   (8) Aussitôt que vous (**voir**) mon neveu, demandez-lui de me téléphoner.
   (9) Donnez-le-leur quand ils (**arriver**).
   (10) Dès que tu (**entendre**) le sifflet, tu devras courir.

4(*a*). Avec chaque groupe de mots en italiques faites une phrase pour montrer depuis combien de temps ou depuis quand l'action est en cours (*in progress*). Donnez la traduction de chaque phrase.

Exemple: **lire le journal** (il a commencé à le lire il y a une heure).
Il lit le journal depuis une heure.
He has been reading the paper for an hour.

(1) *attendre le train* (Nous sommes arrivés à la gare il y a dix minutes.)
(2) *écrire une lettre* (Vous avez commencé à écrire à dix heures.)
(3) *avoir ce cheval* (Nous avons acheté ce cheval l'année dernière.)
(4) *apprendre le français* (Elle a commencé à l'étudier (*study*) il y a trois ans.)
(5) *pleuvoir* (La pluie a commencé à tomber il y a une demi-heure.)

(*b*) Répondez aux questions:

(1) Depuis combien de temps êtes-vous dans cette salle de classe?
(2) Depuis combien de temps connaissez-vous votre professeur de français?
(3) Depuis combien de temps apprenez-vous le français?
(4) Depuis combien de temps habitez-vous votre maison actuelle (*present*)?
(5) Depuis quand faites-vous cet exercice?

5. Faites des phrases avec les mots suivants:

(1) Femme — dont — mari — mourir — avare.
(2) Église — dont — voir — clocher — vieille.
(3) Monsieur — dont — fils — en prison — honte.
(4) Médecin — dont — clients — ne pas payer — pauvre.
(5) Pêcheur — dont — poisson — petit — mécontent.

6. Mettez les phrases suivantes au négatif en faisant les changements voulus:

(1) Il y a quelqu'un à la porte. (2) Le cinéma brûle toujours. (3) Nous avons dit quelque chose. (4) Nous buvons toujours du vin. (5) Quelqu'un m'a vu. (6) Marie désire quelque chose. (7) Il vient toujours le dimanche. (8) Nous avons une voiture. (9) Tout est intéressant. (10) Il y a de l'eau dans la mare.

DIXIÈME LEÇON

7. Donnez l'adverbe des adjectifs suivants:

(1) prudent   (6) premier   (11) suffisant
(2) net   (7) gentil   (12) poli
(3) meilleur   (8) certain   (13) complet
(4) secret   (9) vrai   (14) cruel
(5) curieux   (10) fou   (15) amical

8. Traduisez les mots en italiques. (N'oubliez pas les accords):

(1) Ces haches sont (*better*) que celles-là parce qu'elles coupent (*better*). (2) Ces plans réussissent (*better*) que les autres. (3) Ces couteaux sont (*the best*) parce qu'ils coupent (*the best*). (4) Ce sous-marin est (*the best*) du monde. (5) Qui court (*the best*)? Lui ou elle? (6) Cette voiture marche (*better*) que celle de Charles. (7) (*The best*) pommes sont celles qui sont dans ce panier-là. (8) Ces filles chantent (*the best*).

9. Écrivez:

(*a*) Au féminin: Mon grand-père est sorti accompagné de son petit-fils. Celui-ci est le cadet et un petit garçon actif.

(*b*) Au pluriel: Ce bel animal est celui que je préfère. C'est un vrai ami.

(*c*) Au passé composé: Le médecin lui donne une pillule qu'elle n'aime pas du tout.

(*d*) Au négatif: Il y avait une clef. J'ai ouvert la porte.

(*e*) En remplaçant chaque nom par

(i) **un pronom personnel:**

(1) Qui a une bicyclette? Marc? Non, sa sœur.
(2) « Avez-vous vu mes livres? » a-t-il demandé à Paul.

(ii) **un pronom démonstratif:**

Regardez cet homme.

(iii) **un pronom possessif:**

Sa chemise est plus blanche que nos chemises.

10. Répondez aux questions:

(1) Qu'est-ce qu'un poisson?
(2) Qu'est-ce qu'un feu?
(3) Qu'est-ce qu'un insecte?
(4) Qu'est-ce qu'un pompier?
(5) Qu'est-ce qu'une vache?

(*Pour la préparation de cet exercice voir l'exercice D, page* 242.)

11(*a*). Répondez au négatif. *Ne remplacez pas les noms par des pronoms.* (Employez *tu* quand la question est posée dans cette forme.)

(1) Est-ce que je t'ai prêté mon canif? (2) M'avez-vous déjà raconté votre aventure? (3) As-tu pris les miens? (4) Veux-tu t'asseoir à côté de moi? (5) Voulez-vous voir les miennes?

(*b*) Répondez à l'affirmatif:

(1) Ne veux-tu pas écouter mes histoires? (2) Vous ai-je montré mes timbres? (3) N'avez-vous pas de mouchoir? (4) T'ai-je expliqué mes raisons? (5) Me suis-je promené avec mes élèves?

12. Traduisez en français:

(1) He is my best friend.
(2) Half an hour ago.
(3) I'll see you presently.
(4) A pound and a half of cheese.
(5) The 21st of February.
(6) What a lovely film!
(7) He has a headache.
(8) Listen to the wind!
(9) She is better, thank you.
(10) I often drink milk.
(11) Go with Doctor Leblanc.
(12) It is foggy today.
(13) He always drives slowly.
(14) Two hundred and one aeroplanes.
(15) He is a brave boy.
(16) Several fishermen.
(17) King Henry I.
(18) "It serves you right!" he cried.
(19) He did it himself.
(20) The French like wine.

13. En vous servant du canevas ci-dessous, écrivez la composition que vous avez préparée (voir la page 257):

Le Corbeau et le Renard

chanter	to sing	rusé	cunning
flatter	to flatter	la voix	voice
la plume	feather	voler	to steal

Maître Corbeau — où est-il perché? — est-il content? — ce qu'il tient dans son bec — comment l'a-t-il obtenu? — l'animal qui passe à ce moment-là sous l'arbre — a-t-il faim? — ce qu'il sent — ce qu'il voit en levant les yeux — ce qu'il dit au corbeau — que se demande-t-il? — ce qu'il demande au corbeau de faire pour lui — le corbeau est-il flatté par ces mots? — ce qu'il ouvre pour chanter — où tombe le fromage? — le conseil que le renard donne à l'infortuné oiseau.

14. Traduisez en français:

(1) Do not be afraid. They dare not attack you.
(2) I am thinking of the old miser whose wife has died.
(3) He is about to drop his newspaper. There (voilà)! He has just done it.
(4) Tell her to telephone her brother when you see her. He is a doctor.
(5) Do not interrupt us. We are in the middle of doing our homework.
(6) When her nephew returned, he gave her the things he had bought.
(7) After hiding the death of her husband, the old peasant woman went to the notary's.
(8) He often *visits the lady whose son he knows.
(9) We need vegetables and milk. Will you go to the market to buy them?
(10) We have been waiting for an hour. Why are you late?

* **aller voir** or **rendre visite à** (*not* visiter)

Verbes Quotidiens

1. *Au présent:*
   il (falloir)
   tu n. (permettre)
   je (boire)
   elles (s'apercevoir)
   ils (s'asseoir)
   tu (peindre)
   vous (dire)
   ils (vouloir)
   elles (pouvoir)
   vous n. (faire)

2. *Au passé composé:*
   ils soulèvent
   elle s'assied
   elle part
   elles vont
   elles restent
   il faut
   il reconnaît
   vous apprenez
   ils promettent
   n'offres-tu pas?

3. *Au futur:*
   je souffre
   vous jetez
   on se revoit
   nous obéissons
   faut-il?
   ne pleut-il pas?
   ils sont
   ils ont
   nous nous en allons
   vous devenez

4. Au participe présent :

sourire
paraître
devenir
mourir
s'apercevoir
remplacer
prendre
courir
avoir
savoir

5. A l'imparfait :

tu aperçois
tu jettes
on craint
faut-il ?
je conduis
il pleut
ils appellent
tu sors
il écrit
tu sais

6. Au présent :

tu (obéir)
tu n. (mordre)
il (découvrir)
il n. (apercevoir)
on ? (connaître)
il (rompre)
il ? (acheter)
elles (dire)
tu (devoir)
tu ? (s'endormir)

7. Au passé composé :

ils sortent
elle lève
je descends
ils rient
je reviens
elle se lève
vous êtes
avez-vous ?
ne sais-tu pas ?
elle se plaint

8. Au futur :

nous amenons
on ne court pas
ils s'asseyent
tu renvoies
vous vous appelez
nous nettoyons
nous apercevons
vous buvez
ils meurent
nous joignons

9. A l'imparfait :

vous riez
ils ne répètent pas
vous faites
tu obéis
vous ne dites pas
il permet
ils se promènent
je bois
tu salis
il vit

10. Au plus-que-parfait :

elles reconnaissent
je dors
il ne préfère pas
elles éteignent
nous arrivons
je me souviens
nous sortons
il interrompt
elles soulèvent
elles s'amusent

LEÇON ONZE—ONZIÈME LEÇON

LE PROFESSEUR: Depuis combien de temps sommes-nous dans cette salle de classe?
LA CLASSE: Nous sommes‿ici depuis cinq minutes, monsieur.
LE PROFESSEUR: Depuis combien de temps apprenez-vous le français?
L'ÉLÈVE: J'apprends le français depuis trois‿ans.

VOCABULAIRE A

abattre	to beat down	la foule	crowd
d'ailleurs	moreover	franchir	to cross
apprendre	to learn	le fusil	rifle
une arme	weapon	gronder	to murmur angrily
l'arrivée (f.)	arrival		
atteindre	to reach	du haut de	from (the top of)
baisser	to lower	l'histoire (f.)	history
la bataille	battle	hurler	to howl, yell
le canon	gun	inutilement	to no purpose
cesser	to cease		
la chasse	hunting	libérer	to free
la chanson	song	livrer	to hand over
le congé	holiday	le long de	along
consentir	to consent	le mal	harm
couler	to flow	malgré	in spite of
le début	beginning	des milliers (m.)	thousands
dedans	inside	ordonner à	to order
détruire	to destroy	la perte	loss
éclater	to break out	le peuple	people
encore	still	la place	town square
enfermer	to shut up	la poudre	powder
épargner	to spare	le pouvoir	power
la fête	holiday	le prisonnier	prisoner
le fossé	moat, ditch	se rendre	to surrender

VOCABULAIRE B

à bas!	down with!	massacrer	to massacre
célébrer	to celebrate	le mot d'ordre	word of command
décapiter	to behead	parlementer	to parley
une émeute	riot	la pique	pike
enragé	maddened	le pont-levis	drawbridge
faire rage	to rage	la prise	capture
les feux d'artifice (*m.*)	fireworks	la révolte	revolt
la forteresse	fortress	le symbole	symbol
la garnison	garrison	une trentaine	about thirty
le gouverneur	governor	la tyrannie	tyranny
un insurgé	insurgent		

LOCUTIONS

avoir pitié de, to have pity on
ils ont vite fait de, they were not long in
manquer à sa parole, to break one's word

LA PRISE DE LA BASTILLE

C'était le mardi 14 juillet 1789 (dix-sept cent quatre-vingt-neuf), au début de l'après-midi. Tout autour de la Bastille, ancienne forteresse grise, depuis si longtemps symbole de la tyrannie, la foule grondait. Les Parisiens savaient que dedans il y avait des fusils, des canons et de la poudre, armes dont ils avaient si grand besoin!

Tout d'un coup l'émeute a éclaté. Personne ne savait d'où était venu le mot d'ordre. Soudain huit mille Parisiens enragés se sont lancés à l'attaque de la vieille prison qui représentait pour eux le symbole de la tyrannie, le pouvoir du roi.

— À bas le roi! Donnez-nous des armes! Laissez-nous entrer! ont-ils hurlé.

Après avoir franchi le fossé, ils ont essayé d'abattre le pont-levis, mais les gardes ont répondu par des coups de fusil. Du haut des tours, sur lesquelles ils étaient placés, les gardes ont dirigé une pluie de balles sur les révolutionnaires dont plusieurs ont été tués.

Pendant tout l'après-midi la bataille a fait rage. Malgré de lourdes pertes, les insurgés ont continué leur attaque. Plusieurs fois ils ont réussi à franchir le fossé, mais ils n'ont pas pu abattre le pont-levis et atteindre la forteresse elle-même.

Vers le soir les révolutionnaires ont envoyé un de leurs officiers pour parlementer avec le gouverneur, M. de Launay.

— Monsieur le Gouverneur, rendez-vous, lui a-t-il dit. Vous n'avez qu'une trentaine de gardes pour se battre contre des milliers de Parisiens. La bataille est perdue depuis longtemps. Au nom du peuple de Paris, je vous donne ma parole que, si vous livrez la Bastille aux révolutionnaires, vous et vos hommes serez épargnés. On ne vous fera pas de mal.

Le gouverneur a hésité d'abord, mais il savait bien que la situation dans laquelle il se trouvait ne lui laissait pas le choix. D'ailleurs, il était très triste de voir des Français tuer des Français, de voir couler inutilement tant de sang. Avec un soupir il a consenti.

— J'accepte votre promesse, a-t-il dit à l'officier. Nous nous rendons.

Il a ordonné à la garnison de cesser le feu, de baisser le pont-levis et d'ouvrir les portes.

Avec des cris de triomphe les révolutionnaires se sont précipités à l'intérieur de la forteresse détestée et ont libéré les prisonniers qui y étaient enfermés. Mais ils ont vite fait de manquer à leur parole, donnée en leur nom par l'officier. Devenus complètement fous, ils se sont jetés sur les gardes qu'ils ont massacrés d'une

manière très brutale. Puis, après avoir saisi le gouverneur, ce même peuple, dont M. de Launay avait eu pitié, l'a décapité à coups d'épée et de sabre, a mis sa tête sur une pique et, chantant d'une manière sauvage des chansons révolutionnaires, l'a portée en triomphe le long des rues.

La Bastille était tombée. Le symbole de la tyrannie était détruit.

Le peuple ne dormait pas cette nuit-là. Il attendait l'arrivée des soldats du roi pour le punir. Mais le roi Louis XVI était à

Versailles où il avait passé l'après-midi à la chasse. Le soir, en rentrant au palais, il a appris la nouvelle.

— Est-ce donc une révolte? a-t-il demandé.
— Non, Sire, a été la réponse. C'est une révolution.

Le premier sang français avait coulé. La révolution française avait commencé.

Et c'est cette date dans l'histoire de la France qu'on célèbre encore tous les ans. Chaque 14 juillet est un jour de congé pour les Français. On danse dans les rues et sur les places et il y a des feux d'artifice le soir. Le 14 juillet est devenu la fête nationale française.

GRAMMAIRE

1. The Relative Pronoun (*Lequel*)

La situation, dans *laquelle* il se trouvait, ne lui laissait pas le choix.
The situation, in *which* he found himself, did not leave him any choice.

The fourth case of the relative pronoun is the PREPOSITIONAL CASE. It is used when the relative pronoun is governed by a preposition.

Here now is the relative pronoun in full:

SUBJECT:	**qui**	*who, which, that*
OBJECT:	**que**	*whom, which, that*
POSSESSIVE:	**dont**	*of whom, of which, whose*
PREPOSITIONAL:	*** lequel, laquelle, lesquels, lesquelles**	*whom, which*

* *lequel* must be made to agree with its antecedent, that is, the word which it is replacing.

L'homme, avec *lequel* je suis sorti, est riche.
The man with *whom* I went out is rich.

NOTE In conversation it is more usual to use *qui* after a preposition when referring to persons.

L'homme, avec *qui* je suis sorti, est riche.

La chaise, sur *laquelle* vous êtes assis, est cassée.
The chair on *which* you are sitting is broken.

Les chiens, pour *lesquels* j'ai acheté des os, sont contents.
The dogs for *which* I bought some bones are pleased.

NOTE Be careful to use the contracted article when *à* comes before *lequel*, etc.

Le village, *auquel* il va, est très loin d'ici.
The village, *to which* he is going, is a long way from here.

Les voitures, *auxquelles* vous pensez*, sont chères.
The cars, *of which* you are thinking, are dear.

* penser *à*, to think *of*

(*Voir l'exercice B, page* 245.)

2. QUANTITY AND NUMERAL NOUNS

Expressions of Quantity

(i) FOLLOWED BY *de*:

beaucoup de	*much, many, a lot*
assez de	*enough*
trop de	*too much, too many*
* peu (pas beaucoup) de	*little (not much)*
tant de	*so much, so many*
autant de . . . que	*as much, as many . . . as*
plus de	*more*
moins de	*less*

* NOTE Do not confuse this with *un* peu de, *a little*, in the sense of *some*.

(ii) NOT FOLLOWED BY *de*:

plusieurs*	*several*
quelques*	*a few*

* NOTE These are adjectives and therefore have no *de* after them.

ONZIÈME LEÇON

(iii) FOLLOWED BY *du, de la, de l', des*:

    la plupart du, etc. *most, the majority*
    bien des   *many, many a*
    encore du, etc.   *some more*

Il dort la plupart *du* temps   Il y a bien *des* années.
He sleeps most of the time.   *Many years ago.*

  Voulez-vous encore *des* légumes?
  Do you want some more vegetables?

  Puis-je aller chercher encore *de l'*eau?
  May I go and get some more water?

Numeral Nouns

Some numeral adjectives can be formed into numeral nouns by the addition of *-aine*. These nouns denote an *approximate* number. The following are the most common:

  une huitaine (also: *a week*)   une trentaine
  une dizaine   une quarantaine*
  une douzaine (also: *a dozen*)   une cinquantaine
  une quinzaine (also: *a fortnight*) une soixantaine
  une vingtaine   une centaine

  * Hence *quarantine* (40 days' isolation).

The above are all *nouns* and must therefore be followed by *de*. Numeral *adjectives* are NEVER followed by *de*.

  Une trentaine *de* personnes.*   Trente personnes.*
  Some thirty people.   *Thirty people.*

  * *Gens* should not be used when referring to the *number* of people.

NOTE Also: **un millier**, roughly a thousand, **des milliers**, thousands. **Mille** can only be used for exactly a thousand.

  (*Voir les exercices* 8, *page* 163 *et A, pages* 243-244.)

3. The Imperative Singular + *y* and *en*

The *s*, which is dropped from the imperative singular of *aller* and verbs of which the last vowel is an *e*, is replaced before *y* and *en*.

> ***Donnes-en*** au chien.   ***Vas-y*** vite!
> *Give some to the dog.*   *Go there quickly!*

4. 'In it', 'On it', etc.

Note that in expressions like *in it*, *on it*, *behind it*, etc., *it* is not translated and an adverb is used instead.

dedans	*in it, inside (it)*
dehors	*outside (it)*
dessus	*on top (of it), on it*
dessous	*on the bottom (of it), under it*
devant	*in front (of it)*
derrière	*behind (it)*
à côté	*by the side (of it)*
au milieu	*in the middle (of it)*
au-dessus	*above (it)*
au-dessous	*below (it)*

Devant *lui* would mean 'in front of *him*'.

(*Voir l'exercice* 9, *page* 163.)

5. Irregular Verb

consentir, *to consent*

je consens	nous consentons
tu consens	vous consentez
il consent	ils consentent

Futur: je consentirai   *Passé composé:* j'ai consenti

Also conjugated like **consentir** (*i.e.* like **dormir**, etc.): **se repentir** *to repent*.

Dictées

1. Ayez un peu de sens commun! Ne soyez pas si bête! Essayez d'être raisonnable!
2. Je me lève tôt et je me couche tard, mais j'arrive toujours de bonne heure à l'école. Je ne suis jamais_en retard.
3. Après_avoir acheté une demi-bouteille de vin, il allait_acheter une livre et demie de beurre, mais il n'avait plus d'argent.
4. Laquelle de ces deux maisons a-t-elle choisie? Celle qui est entourée d'arbres et de haies.
5. Pour éviter un accident il faut bien regarder l'étiquette sur la bouteille avant d'avaler le remède.
6. Je regrette infiniment, mais nous n'avons plus de fraises. Nous n'avons que des framboises et des cerises.

EXERCICES

1. Répondez aux questions:

(1) Quel événement la fête nationale française célèbre-t-elle?
(2) Les insurgés ont-ils pu abattre le pont-levis de la forteresse?
(3) Pourquoi la foule parisienne voulait-elle attaquer la Bastille?
(4) Pourquoi le gouverneur était-il triste?
(5) Quelle a été la première chose que les insurgés ont faite en entrant dans la forteresse?
(6) Qu'est-ce que le gouverneur a ordonné à la garnison de faire?
(7) Les révolutionnaires ont-ils tenu leur promesse d'épargner le gouverneur et ses hommes?
(8) De quelle façon (manière) les ont-ils traités?
(9) Qu'est-ce que les insurgés ont fait de la tête du gouverneur?
(10) Qu'est-ce qu'on voit souvent le soir en France le quatorze juillet?

2. Mettez les verbes suivants au présent:

(1) Il (**pleuvoir**) en ce moment. (2) Les chats ne (**craindre**) pas les souris. (3) Les fusils (**faire**) du bruit. (4) Nous (**mourir**) de soif. (5) (**Se repentir**)-tu de ton action (*deed*)? (6) Nous (**relire**) les journaux. (7) (**Comprendre**)-ils vos paroles? (8) Vous (**mentir**), mon ami. (9) Nous ne (**boire**) jamais de vin. (10) Ils (**poursuivre**) (*pursue*) les contrebandiers.

3. Écrivez le participe passé des verbes entre parenthèses:

(1) Elle est (tomber). (2) A-t-il (planter) les fleurs? Oui, il les a (planter) hier. (3) Elles se sont (asseoir). (4) Où est ma tante? L'avez-vous (voir)? (5) Combien de soldats ont-ils (tuer)? (6) Est-elle (rentrer) chez elle? (7) Elles ont (regarder) la pluie. (8) Elles n'y sont pas (monter). (9) Elles ont (montrer) l'avion.

4. **Répondez à l'affirmatif en remplaçant tous les noms par des pronoms personnels:**

(1) Allez-vous à la campagne avec vos parents? (2) Est-ce que la bonne ouvre la porte aux invités (*guests*)? (3) Est-ce que vous parlerez à votre ami de votre idée? (4) Est-ce que c'est le chat qui a attrapé la souris? (5) Est-ce que ce sont les fermiers qui ont besoin de pluie? (6) Est-ce que ce sont les hommes qui travaillent pour les femmes? (7) Est-ce votre mère qui a demandé de l'argent à votre père? (8) Vous avons-nous envoyé les œufs? (9) Est-ce qu'on vous a dit de préparer vos leçons? (10) Est-ce que vous et Charles êtes allés au cinéma?

5. Écrivez:

(*a*) À l'affirmative: Ne vous en allez pas. Vous n'avez pas fait d'erreur.

(*b*) À l'interrogatif: Il les leur a vendus.

(*c*) Au masculin: Ma nièce aînée n'est pas celle que ma tante aime le mieux.

(*d*) Au singulier: Leurs nouveaux amis sont ceux qui n'ont pas de fils.

(*e*) Au pluriel: Un magnifique jardin entouré d'un haut mur.

(*f*) En remplaçant les mots en italiques par

(i) un pronom personnel:
Prenez une *de ces cartes*.

(ii) un pronom démonstratif:
Voici *la carte* que j'ai choisie.

(iii) un pronom possessif:
Regardez *mes fleurs*; elles sont beaucoup plus jolies que *vos fleurs*.

6. **Mettez les verbes en italiques à l'imparfait ou au passé composé selon le sens:**

Lorsque l'officier *dit* au gouverneur de se rendre, celui-ci *sait* qu'il n'*a* pas le choix. Il *accepte* donc la promesse des révolutionnaires et *ordonne* à la garnison de cesser le feu. Cependant les insurgés *manquent* à leur parole, se *jettent* sur les gardes et les *tuent*. Puis, après avoir saisi le gouverneur, ils lui *coupent* la tête et la *mettent* sur une pique.

7. Remplacez chaque mot en italiques par un pronom relatif et combinez les deux phrases de manière à (*so as to*) en faire une seule:

(1) Je prends le sentier. *Le sentier* mène à la ferme.
(2) Le lavabo est sale. Charles se lave dans *le lavabo*.
(3) La porte est fermée à clef. Elle secoue le bouton *de la porte*.
(4) Le village est loin. Jacques va *à ce village*.
(5) La tour est haute. Sur *la tour* il y a des soldats.
(6) La femme est avare. Le mari *de la femme* ressemble au cordonnier.
(7) Mes amis sont en Italie. Je pense à *mes amis*.
(8) Voilà les poules. J'ai acheté du grain pour *les poules*.
(9) La bague* est en or. Elle porte toujours *la bague*.
(10) Mon cousin s'appelle Jean-Pierre. J'ai trouvé une maison pour *mon cousin*.

*ring

8. Traduisez les mots entre parenthèses et remplacez l'astérisque, s'il y a lieu, par le mot convenable:

(1) Jean a (*enough*) * argent. (2) Pierre en mange (*more*) * Jean. (3) Donne-moi (*some more*) * légumes. (4) Je vous l'ai dit (*several*) * fois. (5) Ceci s'est passé il y a (*many*) * années. (6) Il y a (*very little*) * vin. (7) Elle a (*less*) * chocolat que son frère. (8) En avez-vous (*as many*) * lui? (9) Voici (*a few*) * bonbons. (10) Il a (*so many*) * amis. (11) Il a pris (*many*) * risques. (12) Je savais (*most*) * réponses. (13) Il ne faut pas boire (*too much*) * bière. (14) Voulez-vous (*some more*) * eau? (15) Je l'aime (*very much*).

9. Traduisez les mots entre parenthèses:

(1) Je l'ai mis (*on top of it*). (2) Il y a du papier buvard sur la table et une corbeille (*underneath it*). (3) Tenez-vous (*in front of it*). (4) Mettez-les (*behind it*). (5) Y a-t-il un nom (*on the bottom of it*)? (6) Versez-la (*in it*). (7) Placez-le (*in the middle of them*). (8) Posez-les (*beside it*). (9) Il n'y a rien (*above it*). (10) Laissez-les (*outside it*).

10. Mettez l'article indéfini devant chacun des noms suivants:

(1) chasse (2) figure (3) flamme (4) tyrannie (5) arrivée (6) fossé (7) chanson (8) début (9) occasion (10) loi (11) fait (12) somme (13) testament (14) forêt (15) santé (16) verre (17) personne (18) côté (19) silence (20) clef.

11. Traduisez les mots en italiques:

(1) (*This*) leçon est plus facile que (*that one*). (2) Je préfère son parapluie à (*yours*). (3) Pourquoi avez-vous fait (*that*)? (4) Voilà la bicyclette de Louise. Où est (*his*)? (5) Il faut faire (*this*) très vite. (6) Mettez vos livres près de (*ours* (pl.)). (7) Voici trois gâteaux: (*mine*), (*theirs*) et (*Robert's*).

12. Traduisez en français:

(1) What is your name?
(2) We shall invite them next year.
(3) Everyone likes her.
(4) He is thinking of his wife.
(5) One hundred years.
(6) They are ashamed.
(7) It often snows in winter.
(8) My father is a sailor.
(9) He acts without thinking.
(10) Wild flowers.
(11) You are wrong, my friend.
(12) He and she are waiting for you.
(13) "Your work is bad," said the master.
(14) At a quarter to seven in the evening.
(15) Half a bottle of wine.
(16) "Are you hungry?" she asked.
(17) The prettiest house in the road.
(18) Give me a little, please.
(19) We have only got apples.
(20) I did not speak to anyone.

13. En vous servant du canevas ci-dessous, racontez l'histoire que vous avez préparée (voir la page 258):

Le Lion et le Rat

déchirer	to tear	la maille	link, stitch
s'échapper	to escape	la patte	paw
le filet	net	ronger	to gnaw
laisser partir	to let go	rugir	to roar

Le rat qui sort un jour de son trou sans regarder où il va — où se retrouve-t-il? — le roi des bêtes le tue-t-il? — le lion généreux — ce qui arrive quelque temps plus tard — où le lion se trouve-t-il pris? — le bruit qu'il fait — ce que le rat se rappelle — à qui doit-il la vie? — ce qu'il commence à faire pour montrer sa reconnaissance — ce que le lion peut faire une fois qu'une maille est rompue — la morale de cette histoire.

14. Traduisez en français :

(1) Do not complain. Think of the beautiful things you have seen.
(2) What time did you get up yesterday? What time will you go to bed this evening?
(3) The mill to which you are going is on a hill.
(4) The child, who is weeping bitterly, has just lost her dog.
(5) The husband, whose wife died last week, is now living with his daughter.
(6) The knife, with which you have cut the cake, is the cook's.
(7) The lessons you have learned will be useful to you when you are older.
(8) The patient has been waiting for an hour and a half, but the doctor has not yet come.
(9) After killing the governor, the crowd rushed into the street.
(10) When I am grown up (grand), my father is going to give me a car.

VERBES QUOTIDIENS

1. *Au présent :*	2. *À l'imparfait :*	3. *À l'impératif :*
je (consentir)	elles boivent	avoir (nous)
tu ? (se plaindre)	j'arrange	être (vous n.)
tu ? (s'en aller)	ils ne savent pas	cacher (tu)
nous (gémir)	il pleut	être (nous)
ils ? (se conduire)	faut-il ?	savoir (vous)
ils (s'apercevoir)	tu lances	s'en aller (tu n.)
ils (mourir)	sèchent-ils ?	avoir (vous)
elles (amener)	je crois	être (tu)
ils (savoir)	ils se rappellent	s'asseoir (tu n.)
ils (faire)	nous oublions	s'asseoir (vous)

4. *Au participe présent :*

consentir
obéir
ouvrir
courir
avoir
contenir
vouloir
voir
être
savoir

5. *Au plus-que-parfait :*

tu suis
elle retourne
nous construisons
elle tombe
il n'espère pas
elles s'amusent
elle arrive
nous écrivons
tu ne veux pas
elle comprend

6. *À l'impératif :*

avoir (tu)
s'en aller (vous n.)
savoir (tu)
envoyer (tu n.)
s'asseoir (tu)
savoir (nous)
être (nous n.)
s'en aller (nous)
être (tu n.)
se diriger (tu)

7. *Au passé composé :*

nous partons
vous construisez
tu souffres
ils descendent
j'arrive
ils jettent
elle ne revient pas
tu disparais
obtenez-vous ?
elle se souvient

8. *Au futur :*

nous ne lisons pas
vous paraissez
je demande
nous joignons
vous dites
nous obéissons
vous ne pouvez pas
nous voulons
ils doivent
pénètre-t-il ?

9. *À l'imparfait :*

tu ne sais pas
ils plongent
tu t'aperçois
on paraît
ils remplacent
je crains
il jette
vous faites
ils emmènent
je souris

10. *Au plus-que-parfait :*

elles voient
je découvre
il ne gèle pas
elles se lèvent
nous nous couchons
nous craignons
y a-t-il ?
nous permettons
elle se promène
elles restent

LEÇON DOUZE—DOUZIÈME LEÇON

LE PROFESSEUR: Quel âge avez-vous ?
L'ÉLÈVE: J'ai —— ans, monsieur.
LE PROFESSEUR: Quel âge aviez-vous il y a quatre ans ?
L'ÉLÈVE: Il y a quatre ans j'avais —— ans. (Quatre ans de moins)
LE PROFESSEUR: Quel âge aura-t-il (elle) dans cinq ans ?
LA CLASSE: Il (elle) aura —— ans. (Cinq ans de plus.)

VOCABULAIRE A

accueillir	to welcome	méprisant	scornful
amener	to bring on	la merveille	marvel, wonder
s'approcher de	to go up to	mesdames (*pl. of* madame)	ladies
s'avancer	to make one's way forward	parmi	among
le ballon	balloon	la perte	loss
chauffer	to heat	la place	room
la cheminée	fireplace	précisément	precisely
la cloche	bell		
compter	to intend to	se refroidir	to grow cold
le derrière	posterior	repasser	to iron
en-dessous	below	rêver	to dream
s'élever	to rise up	rouler	to roll
emporter	to carry up, away	satisfait	satisfied
éviter	to avoid	la soie	silk
une expérience	experiment	sonner	to ring
se gonfler	to swell out	souhaiter	to wish
la laine	wool	le spectateur	spectator
le lever du soleil	sunrise	suspendu à	hanging from
		vivant	living
le linge	washing	voler	to fly

VOCABULAIRE B

eh bien!	well!	le jupon	petticoat
la bouffée	puff	majestueusement	majestically
cocorico!	cock-a-doodle-doo!	se méfier de	to be suspicious of
constamment	constantly	le tambour	drum
s'engouffrer	to swirl up	triompher	to gloat
holà!	hello there!	la trompette	trumpet

LOCUTIONS

cela me rend malade, it makes me ill
encore plus grand, even larger
êtes-vous bien là-haut? Are you comfortable up there?
faire voir, to show
je vous souhaite le bonjour, I wish you good morning
pendant des semaines, for weeks
un à un, one by one

LES FRÈRES MONTGOLFIER

Un jour, pendant que sa femme repassait son linge dans sa cuisine, Étienne Montgolfier s'est aperçu que des bouffées d'air venaient constamment s'engouffrer sous un jupon qui était suspendu à une corde devant la cheminée. Il a remarqué que chaque fois que ceci arrivait, le jupon se gonflait comme une cloche.

Pendant qu'il le regardait il s'est mis à rêver. Le jupon était devenu un magnifique ballon et dans un panier attaché en-dessous il y avait des passagers. Plein d'air chaud, le ballon montait au-dessus des arbres.

— Étienne! Tu rêves encore! Tu es dans les nuages! Viens boire ton café ou il se refroidira.

Sa femme indiquait une tasse de café qu'elle avait placée à côté de lui sur la table.

En effet, Étienne Montgolfier avait été dans les nuages.

Mais à partir de ce moment-là il ne pensait qu'à son ballon. Aidé par son frère Joseph, il a fait des expériences, d'abord avec des sacs en soie et en papier, puis, avec un sac plus grand. Encouragés par leur succès, les deux frères ont décidé de montrer à leurs amis ce qu'ils avaient découvert.

Ils ont donc construit un ballon bien plus grand, qu'ils ont placé au-dessus d'un trou dans lequel il y avait de la paille et de la laine. Lorsque leurs amis ont été tous rassemblés, ils ont allumé le feu qui a chauffé l'air dans le ballon. Lentement le ballon s'est élevé dans le ciel.

Mais parmi les spectateurs il y en avait quelques-uns qui se méfiaient de cette invention et qui croyaient l'expérience une perte de temps.

— Est-ce que votre ballon pourra transporter des passagers un jour ? a demandé un vieux monsieur.

C'était la question qu'Étienne Montgolfier attendait.

— C'est précisément ce que nous comptons faire, monsieur. Au mois de septembre prochain mon frère et moi, nous allons faire voir un ballon au public. Un ballon qui emportera des passagers en l'air. Oui, monsieur, trois passagers vivants!

— Et où allez-vous mettre vos passagers?
— Dans un panier.
— Dans un panier! Cela me rend malade quand j'y pense! Et qu'est-ce qui arrive lorsque l'air de votre ballon se refroidit?
— Eh bien, le ballon descend.
— Mais les passagers qui sont assis dedans! s'est écrié un autre des spectateurs.

Le vieux monsieur a triomphé:
— Ils descendent sur leur derrière et ils se tuent! Il sera impossible d'éviter un accident terrible. Je viendrai exprès pour voir les soldats français empêcher cet abominable exploit. Je vous souhaite le bonjour, messieurs!

Et avec un rire méprisant le vieux monsieur est parti.

Mais les deux frères n'étaient pas découragés. Ils ont travaillé pendant des semaines et des semaines à leur ballon. Enfin il a été prêt.

Le grand jour était arrivé. Au lever du soleil les deux frères étaient dans le champ où ils allaient montrer leur miracle aux gens de Paris. Un à un les spectateurs arrivaient. Tout le monde savait qu'on allait faire monter trois passagers dans le ballon. Enfin une trompette a sonné et Étienne Montgolfier s'est avancé.

— Mes amis, a-t-il dit, je suis très heureux de vous accueillir et de vous montrer une des merveilles de nos jours. Dans le panier, qui est attaché au ballon, il y a de la place pour trois passagers. Quand la trompette sonnera, ces trois passagers se présenteront.

Il s'est retourné pour donner un signal. Les trompettes ont sonné.

Madame Montgolfier s'est approchée du ballon. Sous un bras elle portait un coq et sous l'autre bras un canard. Joseph Montgolfier amenait une chèvre.

— Mesdames, messieurs! a crié Étienne, les trois passagers vivants sont là devant vous. Ils vont maintenant entrer dans le panier. Quand vous entendrez les tambours, le ballon sera lâché et les trois passagers voleront vers les nuages.

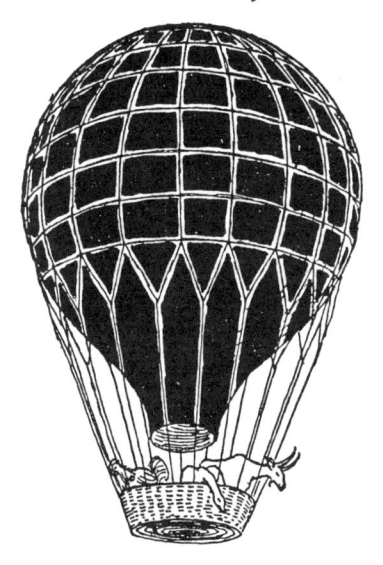

À ce moment les tambours ont commencé à rouler. Lentement, majestueusement, le ballon est monté vers le ciel.

— Holà, les passagers! a crié Joseph, êtes-vous bien là-haut?
— Cocorico! a répondu le coq.
— Mes‿amis, a dit Joseph aux spectateurs, j'entends‿un des passagers qui se déclare satisfait!

Un‿an plus tard, en 1783 (dix-sept cent quatre-vingt-trois), un‿autre passager est monté dans‿un ballon encore plus grand. Cette fois-ci, c'était‿un homme et il s'appelait Étienne Montgolfier.

GRAMMAIRE

1. Further Irregular Feminines of Nouns and Adjectives

1. *Words ending in:*   *change to:*   *Examples:*
    -teur *   -trice   acteur   act*rice*
    -eur   -euse   vendeur   vend*euse*

* NOTE 1 Observe the difference between words which genuinely end in *-teur* and those formed from the present participle of verbs whose stem ends in a *t*, *e.g.*:

    ment-eur   (from ment*ant*, *lying*)   ment-euse
    chant-eur   (from chant*ant*, *singing*) chant-euse

    (*Voir l'exercice* 5 (*a*), *page* 178.)

NOTE 2 Words ending in *-eur* formed from Latin comparatives (*-ior*) form the feminine regularly by adding *-e*.

    meilleur(*e*)   supérieur(*e*)   extérieur(*e*)

2. *Words ending in:*   *change to:*   *Examples:*
    -eau   -elle   jumeau   jum*elle*
                                  nouveau   nouv*elle*

3. -c   ⟨ -que   public   publi*que*
                    -che   blanc   blan*che*

4. Note also the following irregularities:

    Adjectives

faux	faus*se*	false
favori	favori*te*	favourite
frais	fra*îche*	fresh
gentil	genti*lle*	kind, nice
épais	épais*se*	thick
doux	dou*ce*	soft, sweet
sec	s*èche*	dry
long	long*ue*	long
sot	sot*te*	silly

Nouns

ambassadeur	*ambassadrice*	ambassador, ambassadress
empereur	*impératrice*	emperor, empress
duc	*duchesse*	duke, duchess
comte	*comtesse*	count, countess
roi	*reine*	king, queen
ami	*amie*	friend
ennemi	*ennemie*	enemy
monsieur	*dame*	gentleman, lady
homme	*femme*	man, woman
mari	*femme*	husband, wife
*héros	*héroïne*	hero, heroine
coq	*poule*	cock, hen
cheval	*jument*	horse, mare
tigre	*tigresse*	tiger, tigress
lion	*lionne*	lion, lioness
paysan	*paysanne*	peasant

* *h aspiré:* le héros.

5. *Five adjectives:*

beau	bel*	*belle*	handsome, beautiful, fine
vieux	vieil*	*vieille*	old
nouveau	nouvel*	*nouvelle*	new, different
fou	fol*	*folle*	mad
mou	mol*	*molle*	soft

Use this (*) form before a *masculine singular noun beginning with a vowel*. Their plural is regular:

beaux, belles, vieux, vieilles, etc.

(*Voir l'exercice* 5 (*b*), *page* 178.)

2. Further Irregular Adverbs

Adjective	Adverb	
gai	gaiement	gaily
précis	*précisément	precisely, exactly
énorme	*énormément	enormously
profond	*profondément	deeply

* NOTE Some adjectives develop an *accent aigu* (') when forming their adverb.

(*Voir l'exercice* 7, *page* 178.)

3. Verbs Followed by the Direct or Indirect Object

Some verbs requiring a DIRECT OBJECT in English (*i.e.* no preposition), take an INDIRECT OBJECT in French (*i.e.* with a preposition) and vice versa. Here is a list of the more common ones:

(i) *I.O. in French, D.O. in English*

(a) *Followed by à*

conseiller à	to advise
défendre à	to forbid
demander à	to ask
désobéir à	to disobey
dire à	to tell
obéir à	to obey
ordonner à	to order
pardonner à	to forgive, pardon
permettre à	to permit, allow
promettre à	to promise
répondre à	to answer
ressembler à	to look like
téléphoner à	to telephone

(b) *Followed by de*

s'occuper de	to see to, look after
s'approcher de	to approach, come (go) up to

avoir besoin de	to need
partir de	to leave
se servir de	to use
se souvenir de	to remember
se tromper de*	to bring (take) the wrong ..., to make a mistake in ...

* NOTE 1 No article is needed with the noun in this expression:

> Je me suis trompé de livre.
> *I have brought the wrong book.*
>
> Je me suis trompé de route.
> *I took the wrong road.*

NOTE 2 Observe that the English Direct Object (*it, them*) becomes *y* after verbs of group (*a*) and *en* after verbs of group (*b*).

> Obéissez-*y* (*i.e.* aux ordres)   Obey *them*.
> Répondez-*y* (*i.e.* à la lettre)   Answer *it*.
>
> Je m'*en* souviendrai.   I shall remember *it*.
> Il s'*en* occupe.   He is looking after *it*.
> Servez-vous-*en*.   Use *it*.

(ii) *D.O. in French, I.O. in English*

attendre	to wait *for*
chercher	to look *for*
demander	to ask *for*
écouter	to listen *to*
envoyer chercher	to send *for*
payer	to pay *for*
regarder	to look *at*
viser	to aim *at*

(*Voir l'exercice* 6, *page* 178.)

4. *Rendre* + ADJECTIVE

'*To make*' + *adjective* is translated by **rendre** and NOT **faire**.

> Cela me **rend** malade.
> That *makes* me ill.

5. Irregular Verbs

*cueillir, to pick, gather	valoir, to be worth
je cueille	je *vaux*
tu cueilles	tu *vaux*
il cueille	il *vaut*
nous cueillons	nous valons
vous cueillez	vous valez
ils cueillent	ils valent

Futur: je cueill*e*rai   je vaudrai
Passé composé: j'ai cueilli   j'ai valu

* NOTE. Observe the transposition of the *u* and the *e* in order to preserve the *k* sound.

Also conjugated like cueillir: accueillir, *to welcome*.

Dictées

1. Je ne peux pas le faire maintenant; je suis trop‿occupé. Je le ferai tout‿à l'heure.
2. Où sont les ciseaux ? Je ne sais pas. Ils‿étaient là tout‿à l'heure.
3. Celle-ci est ta montre; elle est‿en argent. La mienne est‿en‿or. Tu l'as vue hier.
4. Pouvez-vous vous souvenir du nom de la pièce que nous avons vue ensemble ? Non ? Tant pis ! Ça ne fait rien.
5. Ne bousculez pas ! Il a le droit de se mettre devant vous, puisqu'il est‿arrivé avant vous.
6. Il sait que je sais nager, parce qu'il me connaît. Il sait aussi que je sais plonger, n'est-ce pas ?

EXERCICES

1. **Répondez aux questions:**

    (1) Comment s'appelait le premier homme à monter dans un ballon ?
    (2) Que faisait la femme d'Étienne Montgolfier dans sa cuisine ?
    (3) Qu'est-ce qui était suspendu à une corde devant la cheminée ?
    (4) Avec quoi les deux frères ont-ils fait leurs premières expériences ?

(5) Qu'y avait-il dans le trou au-dessus duquel ils ont placé leur ballon?
(6) Est-ce que tous les spectateurs voyaient l'utilité (*usefulness*) de l'expérience faite par les frères?
(7) Quels étaient les trois premiers passagers vivants à monter dans le ballon des Montgolfier?
(8) Dans quoi étaient-ils assis?
(9) Nommez deux instruments de musique dont les Montgolfier se sont servis comme signal.
(10) En quelle année Étienne Montgolfier a-t-il fait sa première ascension en ballon?

2. Mettez les verbes suivants au présent:

(1) Il (cueillir) des roses. (2) Il (geler) pendant la nuit. (3) Ces objets (valoir) beaucoup. (4) (Falloir)-il écrire au crayon? (5) Nous (joindre) les deux bouts. (6) Ils (devenir) riches. (7) Ils (décevoir) leurs parents. (8) Nous (changer) de cahiers. (9) Vous (accueillir) les invités. (10) (Éteindre)-ils toutes les lampes?

3. Avec chaque groupe de mots en italiques, faites une phrase pour montrer depuis combien de temps ou depuis quand l'action est en cours (*in progress*). Donnez la traduction de chaque phrase.

Exemple: **lire le journal** (il a commencé à le lire il y a une heure).
        Il lit le journal depuis une heure.
        He has been reading the paper for an hour.

(1) **savoir cette histoire** (Nous l'avons entendue il y a bien des années.)
(2) **voler** (Le ballon a quitté la terre il y a longtemps.)
(3) **laver la voiture** (Le chauffeur a commencé son travail à dix heures.)
(4) **chanter** (Les oiseaux ont commencé leur chant au lever du soleil.)
(5) **faire rage** (La bataille a commencé de bonne heure ce matin.)

4. Mettez les verbes entre parenthèses au temps ou à la forme qui convient:

(1) Après (voir) le film, nous irons au restaurant.

(2) Dites-le-lui dès qu'il (venir).
(3) Nous avons pris un bain après (se lever).
(4) Après (se laver), elles se sont habillées.
(5) Lorsque vous (entendre) le tambour, vous verrez le ballon s'élever.
(6) Quand nous (sortir), nous prenons toujours un parapluie.
(7) Après (se réveiller), tu as regardé ta montre.
(8) Après (revenir) de l'école, elles ont fait leurs devoirs.
(9) Il est entré dans la maison sans (ôter) son chapeau.
(10) Faites-le aussitôt que vous le (pouvoir).

5(*a*). **Donnez le féminin de:**

（1) correcteur　(4) conducteur　(8) imitateur
(2) menteur　(5) raconteur　(9) visiteur
(3) chanteur　(6) directeur　(10) spectateur
　　　　　　(7) prêteur

(*b*) **Mettez au féminin:**

(1) L'ambassadeur a un gentil petit chien noir. (2) Ce jeune baron est courageux et discret. (3) Cet acteur est supérieur au danseur américain. (4) L'empereur et le duc sont sortis avec le roi amical. (5) Le lion et le tigre ont attaqué le coq et le cheval.

6. **Remplacez l'astérisque, s'il y a lieu, par le mot qui convient:**

(1) Permettez * Jean * sortir. (2) Demandez * pain * boulanger. (3) Obéissez * vos parents. (4) Elle s'approche * ballon. (5) J'aime écouter * oiseaux. (6) Envoyez chercher * médecin. (7) Vous souvenez-vous * son nom? (8) Répondez * cette question. (9) Je me suis trompé * cahier. (10) Payez * billet. (11) Il a défendu * ses enfants * parler. (12) J'ai besoin * encre. (13) Demandez * agent de police. (14) Ils désobéissent * professeur. (15) Le roi pardonne * prisonniers. (16) Il ressemble * son frère. (17) Il a attendu patiemment * son ami.

7. **Donnez l'adverbe des adjectifs suivants:**

(1) absolu　(8) petit　(14) évident
(2) bon　(9) dernier　(15) énorme
(3) constant　(10) complet　(16) fou
(4) gai　(11) lent　(17) frais
(5) profond　(12) sec　(18) long
(6) impatient　(13) doux　(19) meilleur
(7) mauvais　　　(20) gentil

DOUZIÈME LEÇON

8. **Écrivez:**

(*a*) **Au féminin:** Mon beau-frère est parti avec ses deux neveux favoris qui sont jumeaux.

(*b*) **Au pluriel:** Mon élève aime cette école. C'est un bel endroit avec un immense parc.

(*c*) **Au négatif:** Ils avaient acheté une gomme.

(*d*) **À l'affirmative:** Ne te lève pas. Il n'y a personne ici.

(*e*) **Répondez à l'affirmative en employant des pronoms personnels à la place des noms:**

   (i) Avez-vous retrouvé les clefs?

   (ii) Le professeur a-t-il remis les copies dans les pupitres?

   (iii) Les frères et les sœurs sont-ils sortis avec leurs parents?

9. **Remplacez les noms en italiques par des pronoms personnels:**

(1) Donne *du sucre* au cheval. (2) Va vite *à l'école*. (3) Ils se méfient *de l'expérience*. (4) Je penserai *à votre idée*. (5) Prête *de l'argent* à mon frère. (6) Donne-moi un peu *de pain*. (7) Ils se sont occupés *de l'affaire*. (8) A-t-elle répondu *à la lettre*? (9) Il se souvient *de l'adresse*. (10) Parle *du ballon*.

10. **Répondez aux questions (N'oubliez pas de réfléchir s'il faut employer *tu* ou *vous*):**

Que dites-vous quand:

(1) vous dites à votre voisin de ne pas s'asseoir sur votre pupitre?

(2) vous demandez à votre ami de vous prêter ses souliers.

(3) vous dites à votre frère qu'il peut s'en aller.

(4) vous dites à quelqu'un de ne pas vous ennuyer.

(5) vous demandez à votre sœur à quelle heure elle s'est couchée hier soir.

(6) vous demandez à votre ami s'il veut se promener avec vous.

(7) vous dites à quelle heure vous devez vous lever pendant le trimestre.

(8) vous dites à votre ami de ne pas se fâcher si vite.

(9) vous demandez à votre ami de vous aider à faire votre devoir.

(10) vous demandez à votre mère si vous pouvez vous lever de table.

11. **Mettez les accents:**

ecoutez — medecin — ainee — reussi — inquiete — appele — lancant — desagreable — impermeable — il achete — evident — il a achete — genereux — jettera — esperons.

12. Remplacez le tiret par l'adverbe qui convient:

(1) Ouvrez la boîte. Regardez s'il y a des chocolats ——. (2) Un disque (*record*) est un objet plat et rond avec un trou ——. (3) Je ne peux pas avancer; il y a une autre voiture ——. (4) Au mur il y avait une étagère (*shelf*) avec des livres ——. (5) Je n'ai pas pu entrer dans la maison; j'ai dû rester ——. (6) Voilà un rocher là-bas, vous pouvez vous cacher ——. (7) En survolant (*flying over*) Paris nous avons vu la Tour Eiffel ——. (8) Mon lit est dans un coin contre le mur et j'ai une petite table ——. (9) Levez le coin de ce tapis et regardez ——! Quel tas de poussière! (10) Entendant un bruit très fort il a levé les yeux; —— il y avait un hélicoptère.

13. Traduisez en français:

(1) Because of the cat.
(2) Come and see me tomorrow.
(3) She looked tired.
(4) We are hot and thirsty.
(5) There is no more water.
(6) Don't offer (*s.*) him any.
(7) I will think about it.
(8) Twice six are twelve.
(9) He has always known it.
(10) "How hungry I am!" he exclaimed.
(11) He visits us on Mondays.
(12) Tell me the time.
(13) They are greedy people.
(14) So many tears.
(15) He broke his arm.
(16) Is there enough room?
(17) What do you mean?
(18) Will you open the door?
(19) After eating it.
(20) Just as he was entering the shop.

14. Traduisez en français:

(1) Tell Jules to come and see me when he gets back.
(2) We have been waiting for the bus for an hour and a half.
(3) Haven't you got any tennis balls (**la balle de tennis**)? Yes, here they are.
(4) The people I am speaking of are those whom you met last year.
(5) These shoes are Robert's. Tell him to put them away (**ranger**).
(6) Don't be impatient, I have only two hands. I'll help you presently.
(7) I think that it is going to rain. I shall put on my macintosh.
(8) How many times have you been to Paris? How long did you stay there the last time?
(9) When he was young he always went to church on Sundays.
(10) In England parents forbid their children to put their hands on the table. In France it is the contrary (**le contraire**).

DOUZIÈME LEÇON

Verbes Quotidiens

1. *Au participe présent :*
   comprendre
   peindre
   pouvoir
   connaître
   envahir
   écrire
   servir
   mourir
   accueillir
   faire

2. *À l'impératif :*
   être (nous)
   s'en aller (vous)
   savoir (vous)
   se diriger (nous)
   se lever (tu)
   s'en aller (tu n.)
   s'asseoir (vous)
   savoir (tu)
   se battre (nous)
   s'asseoir (nous n.)

3. *Au présent :*
   cueillir et valoir

4. *Au futur :*
   tu cueilles
   ils ne valent pas
   nous envahissons
   on suit
   ils prennent
   il pleut
   nous menons
   il s'aperçoit
   nous revenons
   tu obtiens

5. *Au présent :*
   elles ? (ouvrir)
   tu (courir)
   il n. (boire)
   tu (vouloir)
   nous (accueillir)
   il (valoir)
   ils (éteindre)
   ils (s'asseoir)
   elle ? (se lever)
   nous (espérer)

6. *Au passé composé :*
   vous éteignez
   tu n'admets pas
   nous cueillons
   tu n'es pas
   elle tombe
   nous arrivons
   elle pénètre
   envoie-t-il ?
   il vit
   elle s'habille

7. *À l'impératif :*
   avoir (vous)
   s'en aller (nous)
   prendre (tu)
   se laver (tu n.)
   avoir (nous)
   s'en aller (vous n.)
   être (vous)
   se lancer (nous)
   s'asseoir (vous n.)
   se battre (nous n.)

8. *Au présent :*
   nous n. (cueillir)
   je (sourire)
   il (mourir)
   tu n. ? (offrir)
   il (pleuvoir)
   je (appartenir)
   il (vivre)
   tu (paraître)
   il (craindre)
   ils (valoir)

9. *À l'imparfait :*
   tu t'ennuies
   ils commencent
   nous savons
   on mélange
   vous ne dites pas
   tu sers
   tu joins
   tu vaux
   elle omet
   ils apprennent

10. *Au plus-que-parfait :*
    elles restent
    elle montre
    elle monte
    elles accueillent
    s'aperçoit-elle ?
    vaut-il ?
    vous couvrez
    ils se couchent
    elles s'amusent
    nous construisons

LEÇON TREIZE—TREIZIÈME LEÇON

LE PROFESSEUR: Demandez à Charles de vous prêter son canif.
L'ÉLÈVE: Veux-tu me prêter ton canif?
LE PROFESSEUR: Qu'est-ce que vous lui avez demandé de faire?
L'ÉLÈVE: Je lui ai demandé de me prêter son canif, monsieur.

VOCABULAIRE A

un abbé	catholic priest	au lieu de	instead of
agir	to act	le mort	dead man
le bonnet	bonnet	le mouvement	movement
se briser	to break	nu	naked
le cadavre	corpse	ôter	to take off
coiffer	to put on the head	le pas	step, pace
se rendre compte de	to realise	prétendu	would-be
		profiter de	to take advantage of
creuser	to dig	recoudre	to sew up again
en dedans	from inside	le risque	risk
éclater de rire	to burst out laughing	le rocher	rock
		le sol	ground
entraîner	to drag down	le souffle	breath
l'esprit (*m.*)	mind	tel(-le)	such
le fil	thread	tenir	to keep
fournir	to supply	la toile	cloth
glacé	icy	la vague	wave
grossier	rough, coarse	le vieillard	old man
lancer	to throw		

TREIZIÈME LEÇON

VOCABULAIRE B

la bêche	spade	la falaise	cliff
le boulet	cannon ball	le fardeau	burden
le brancard	stretcher	la fosse	pit, hole, grave
le cachot	dungeon	le fossoyeur	gravedigger
s'écouler	to elapse, go by	le geôlier	jailer
emprisonner	to imprison	grommeler	to grumble
		le haillon	rag, tatter
épouvantable	fearful	se plier en deux	to double oneself up
s'évader	to escape	subit	sudden
éventrer	to rip up	suffoquer	to suffocate

LOCUTIONS

avoir l'habitude de, to be in the habit of
ceci fait, having done this
retenir son souffle, to hold one's breath
sans doute, probably

L'ÉVASION DU CHÂTEAU D'IF

C'est l'année 1829 (dix-huit cent vingt-neuf). Edmond Dantès est déjà emprisonné au Château d'If depuis quatorze ans. Son vieil ami, l'abbé Faria, vient de mourir et les geôliers ont mis son cadavre dans un sac de toile grossière. Dantès, qui a déjà creusé un tunnel entre son cachot et celui de l'abbé, est en train de regarder l'homme mort.

Comme Dantès regardait le cadavre de son vieil ami il a eu une idée subite. S'il pouvait prendre la place de l'abbé dans le sac, la mort de cet homme lui fournirait une occasion de s'évader.

Ouvrant le sac avec un couteau que l'abbé Faria lui avait donné, il en a retiré le cadavre et l'a traîné jusqu'à sa cellule. Là, il l'a étendu dans son lit, l'a coiffé du bonnet dont il avait l'habitude de se coiffer lui-même et l'a couvert de sa couverture. Ceci fait, il est rentré dans le cachot de l'abbé. Après avoir pris l'aiguille et le fil que Faria tenait cachés dans son placard, Dantès a ôté ses haillons, car il savait que les geôliers sentiraient sa chair nue sous la toile, s'est glissé dans le sac et a recousu l'ouverture en dedans.

Voici ce qu'il comptait faire

Si, pendant le trajet, les fossoyeurs se rendaient compte qu'ils portaient un vivant au lieu d'un mort, Dantès ne leur donnerait pas le temps d'agir, mais, d'un vigoureux coup de couteau, il ouvrirait le sac, profiterait de leur terreur et s'échapperait. S'ils l'emportaient jusqu'au cimetière et le déposaient dans une fosse, il se laisserait couvrir de terre, puis, attendant la nuit, il ouvrirait un passage à travers la terre molle et se sauverait: il espérait que le poids de la terre ne serait pas trop lourd!

Lentement les heures se sont écoulées. Enfin il a entendu les pas des deux fossoyeurs descendant l'escalier pour emporter le cadavre de l'abbé.

— Qu'il est lourd pour un vieillard si maigre! a dit l'un d'eux en le soulevant par la tête.

— On dit que les os qui sont vieux pèsent plus que ceux qui sont jeunes, a répondu l'autre.

Les deux hommes ont posé le prétendu mort sur un brancard et sont remontés avec leur fardeau. Tout à coup Dantès a senti l'air frais de la nuit. Les deux porteurs ont fait une vingtaine de pas, puis ils se sont arrêtés et ont déposé le brancard sur le sol.

«Que cherchent-ils donc? s'est demandé Dantès. Une bêche sans doute.»

À ce moment une corde lui a entouré les pieds, une corde à laquelle était attaché un grand poids. Puis le brancard a repris son chemin. Maintenant le bruit des vagues se brisant contre les rochers, sur lesquels était bâti le Château d'If, arrivait distinctement à l'oreille du prétendu mort.

— Quel mauvais temps! a grommelé un des fossoyeurs.

— Oui, a répondu l'autre, feu monsieur l'abbé court le risque d'être mouillé! et les deux hommes ont éclaté de rire.

Puis Dantès a senti qu'on le prenait par la tête et par les pieds et qu'on le balançait. Trop tard il s'est rendu compte de ce qu'ils allaient faire: ils allaient le jeter du haut de la falaise dans la mer. Il n'avait jamais connu une telle peur.

— Un, ont dit les fossoyeurs, deux, trois!

En même temps Dantès s'est senti lancé dans le vide. Enfin, avec un bruit épouvantable, il est entré comme une flèche dans l'eau glacée. Il avait été lancé à la mer avec, attaché à ses pieds, un boulet qui l'entraînait rapidement vers le fond. La mer est le cimetière du Château d'If.

Au dernier moment cependant il avait eu la présence d'esprit de retenir son souffle. Avec son couteau il a éventré le sac et a libéré d'abord son bras, puis sa tête. Mais malgré ses mouvements pour soulever le boulet, il a continué à se sentir entraîné vers le fond de la mer Alors il s'est plié en deux, cherchant la corde qui liait ses pieds, et par un effort suprême l'a coupée juste au moment où il suffoquait. Donnant un vigoureux coup de pied, il est remonté à la surface de la mer. Enfin, après quatorze ans, il était libre.

(*d'après Alexandre Dumas:* « Le Comte de Monte-Cristo »)

GRAMMAIRE

1. The Conditional Tense (*Le Conditionnel*)

Il *profiterait* de leur erreur et *s'échapperait*.
He *would take advantage* of their mistake and (*would*) escape.

The present conditional tense is formed as follows (there are NO exceptions!):

FUTURE STEM		IMPERFECT ENDINGS	
	je ***donner*** — ais		*I should give*
	tu ***donner*** — ais		*You would give*
	il ***donner*** — ait		*He would give*
	nous ***donner*** — ions		*We should give*
	vous ***donner*** — iez		*You would give*
	ils ***donner*** — aient		*They would give*

Similarly:
- je ***finir*** — ais — *I should finish*
- j'***attendr*** — ais — *I should wait*
- je ***ser*** — ais — *I should be*
- j'***aur*** — ais — *I should have*

etc.

The main use of the conditional tense is in a conditional sentence proper. In this type of sentence the dependent clause (printed in italics) imposes a limiting condition on the main clause:

If you went to Paris, you would see the Eiffel Tower.
We shall go out *if it does not rain*.

Conditional ('if') Clauses

(i) *The Main Clause*

This is always the SAME TENSE IN BOTH LANGUAGES.

(ii) *The Dependent Clause*

This also has the same form in English and French with one important exception which *must be known thoroughly*.

When the French *main clause* is CONDITIONAL the *dependent clause* is IMPERFECT.

    Si vous *alliez* à Paris, vous *verriez* la Tour Eiffel.

No matter what form the English takes, this rule must be adhered to.

Examples

(1) Elle m'*écrit* toujours si elle *a* le temps.
(2) *Téléphonez*-moi, si vous *rentrez* avant six heures.
(3) S'il *vient* demain, je le lui *donnerai*.
(4) Si vous *compreniez* ceci, vous ne *feriez* jamais de fautes.

TO SUM UP:

  (i) The *tense of the main clause* is always the same in English and French
  (ii) The *tense of the dependent clause* NEVER has a future stem.

NOTE Do not confuse 'if' (introducing a CONDITION) with 'if'='*whether*' (introducing an INDIRECT QUESTION).

    Je ne sais pas s'il *viendra*
    I do not know if (*whether*) he will come.

    Je ne savais pas s'il *viendrait*.
    I did not know if (*whether*) he would come.

In this case French tense usage is the same as English.

OTHER USES OF THE CONDITIONAL

In other uses the conditional in English is translated by the conditional in French and should present no difficulty.

Aimeriez-vous } venir avec moi? *Voudriez*-vous }	*Would* you like to come with me?
Pourriez-vous me dire...?	*Could* you tell me...?

NOTE 1 The i of si is elided (*cut off*) before il(s): *s'il(s)*, but it is never elided before elle(s): *si elle(s)*.

NOTE 2 Be careful to distinguish between the tense usage after **si** (*if*) and after temporal conjunctions like **quand** and **dès que** (*the logical future*).

Je le lui dirai
I shall tell him
⟶ **si je le *vois*** (NO *future*)
if I see him
⟶ **quand je le *verrai*** (*future*)
when I see him

(*Voir les exercices* 2, *page* 192 *et A, page* 246.)

2. THE IRREGULAR PLURAL OF NOUNS AND ADJECTIVES

Singular Endings	*Plural*	*Common Exceptions*
1. -s, -x, -z le bois, wood la voix, voice le nez, nose	(*no change*) les bois les voix les nez	
2. -al le journal, news-paper international	-aux les journaux internationaux	les bal*s*, dances
3. -au, -eu le bateau, boat le feu, fire	*add* -x les bateaux les feux	bleu*s*
4. -ou le trou, hole	*add* -s les trous	les bij*oux*, jewels les gen*oux*, knees les hib*oux*, owls les caill*oux*, small stones, pebbles les ch*oux*, cabbages

TREIZIÈME LEÇON

5. -ail | *add* -s |
   le détail, detail | les détails | les trav*aux*, works
   un éventail, fan | les éventails |

6. NOTE ALSO:

   (*a*) un œil, eye   des *yeux*
       le ciel, sky   les *cieux*, the heavens
   (*b*) monsieur   *messieurs*
       madame   *mesdames*
       mademoiselle   *mesdemoiselles*
   (*c*) Family names and Christian names are invariable:
       les Duroc   les Leblanc   les Michel
   (*d*) Compound Nouns:

     (i) Noun + adjective or two nouns: BOTH CHANGE.

       un chou-fleur, *cauliflower*   des choux-fleurs
       un grand-parent, *grandparent*   des grands-parents
       une basse-cour, *farmyard*   des basses-cours
       un beau-frère, *brother-in-law*   des beaux-frères

   NOTE: une grand-mère, *grandmother*   des grand-mères.

     (ii) Two nouns joined by a preposition: the FIRST one only takes the sign of the plural.

       une pomme de terre, *potato*   des pommes de terre
       un arc-en-ciel, *rainbow*   des arcs-en-ciel

   (*Voir l'exercice* 6, *page* 193.)

3. 'SUCH'

(i) '*Such a*' + *Singular Noun*

Such a before a singular noun is translated by un tel, une telle.

    Je n'ai jamais vu *une telle chose.
    I have never seen *such a* thing.

    * Note the French order: *a such thing*.

(ii) 'Such' + Plural Noun

Because tel is an adjective, the plural of **un tel, une telle** becomes *de tel(le)s*.

> Je n'ai jamais vu *de telles erreurs!*
> I have never seen *such* mistakes.

(iii) 'Such' + Adjective

Do not use tel before an adjective. In this case *such* is translated by *si* (*so*).

> Avez-vous jamais vu une *si* belle ville?
> Have you ever seen such a beautiful town?

4. Translation of 'Come' and 'Go'

Be careful not to use **aller** or **venir** when translating the following verbs:

	in	entrer (dans)
	out	sortir
	up	monter
to go, to come	*down*	descendre
	away	partir, s'en aller, s'éloigner
	back	rentrer
	near	s'approcher de
	across	traverser

Note also: *to return* (= *to go back*)   **retourner**
           to return (= *to come back*)   **revenir**

5. *Porter* AND *mener*

Note the difference between the sense of the verbs **porter** (and its compounds) and **mener** (and its compounds). **Porter** conveys the sense of *carrying*, whilst **mener** implies the sense of *leading*.

porter	*to carry* (and *to wear*)
apporter	*to bring*
emporter	*to take away*

mener	*to lead*
amener	*to bring*
emmener	*to take, lead away*

NOTE Observe the difference between the spelling of **a**mener and **emm**ener.

The English verbs *take* and *bring* need great care in translation.

> ***Portez*** cette lettre à la poste.
> *Take* this letter to the post.
>
> ***Apportez*** votre pique-nique.
> *Bring* your picnic.
>
> ***Amenez*** votre tante (NOT apportez ...!)
> *Bring* your aunt with you.
>
> ***Emmenez***-le au poste!
> *Take* him to the police station!
>
> (*Voir l'exercice* 9, *page* 194.)

6. IRREGULAR VERB

coudre, *to sew*

je **coud**s
tu **coud**s
il **coud**   *Futur :* je **coud**rai

nous **cous**ons   *Passé composé :* j'ai **cous**u
vous **cous**ez
ils **cous**ent

Conjugated like **coudre**: recoudre, *to sew up again*.

Dictées

1. Il est l'heure de partir.   Dites-leur d'aller chercher leurs gants.
2. Il les‿a vus.   Il ne les trouve pas beaux.   Au contraire, il les trouve laids.
3. Elle se lave avec ce savon.   Hier elle s'est‿essuyée avec ces serviettes.
4. Tout le monde l'admire, c'est-à-dire qu'il est‿admiré du monde entier.

5. Quelle lettre avez-vous reçue ? Celle qu'elle vous‿a envoyée de Douvres ?
6. Après‿avoir amené les prisonniers devant le général, ils les‿ont emmenés en prison.

EXERCICES

1. Répondez aux questions:

(1) Depuis combien de temps Dantès est-il en prison quand cette histoire commence ?
(2) Quel moyen (*means*) de communication y avait-il entre le cachot de Dantès et celui de feu l'abbé ?
(3) Quel stratagème Dantès a-t-il employé pour s'évader du cachot ?
(4) Pourquoi a-t-il ôté ses haillons ?
(5) Qu'est-ce que les geôliers ont dit en le soulevant ?
(6) Sur quoi (*what*) l'ont-ils posé pour l'emporter ?
(7) Sur quoi le Château d'If était-il bâti ?
(8) Qu'est-ce que les fossoyeurs avaient attaché aux pieds de Dantès ?
(9) Comment Dantès a-t-il pu s'échapper du sac ?
(10) Quel est le cimetière du Château d'If ?

2. Mettez les verbes entre parenthèses au temps qui convient:

(1) Si nous (**être**) riches, nous serions contents.
(2) Si vous (**revoir**) les Leblanc, vous reverrez Michel, n'est-ce pas ?
(3) Si je lui montrais le sentier, il (**trouver**) la ferme.
(4) Si tu ne (**prendre**) pas de parapluie, il pleuvra.
(5) Elle s'assiérait si elle (**avoir**) une chaise.
(6) Si on ne leur donne pas d'eau, ces fleurs (**mourir**).
(7) Vous (**cueillir**) des fruits si vous aviez un panier.
(8) Si le feu chauffait l'air, le ballon (**s'élever**).
(9) S'ils (**être**) moins gros, ils courraient plus vite.
(10) Nous aurions soif si nous ne (**boire**) pas.

3. Faites des phrases avec les constructions suivantes:

(1) **Venir de** (les geôliers — soulever — brancard).
(2) **Demander à ... de ...** (femme — notaire — écrire — testament).
(3) **Aussitôt que**+*futur* (voir mon ami — lui poser la question).
(4) **Après**+*infinitif passé* (lire la lettre — la déchirer).
(5) **Depuis**+*présent* (apprendre le français — quatre ans).

TREIZIÈME LEÇON

(6) Dire à ... de ... (professeur — élèves — être sages).
(7) Après+*infinitif passé* (se lever — Marie — se laver).
(8) Sans+*infinitif* (faut jamais — réfléchir).
(9) Quand+*futur* (facteur — venir — apporter — courrier).
(10) Après+*infinitif passé* (aller au village — Hélène — faire une promenade).

4(*a*). Remplacez les mots en italiques soit (*either*) par un pronom démonstratif, soit (*or*) par un pronom possessif:

(1) *Ce stylo* est meilleur que *le stylo* dont je vous ai parlé.
(2) Voilà ta bicyclette. *Ma bicyclette* est *la bicyclette* sur laquelle je suis monté.
(3) Regardez *cette fenêtre*. Elle est cassée.
(4) Où sont *mes draps*? Vos draps sont *les draps* que j'ai mis sur le lit.
(5) Prenez *ce parapluie-là*, *le parapluie* qui est à côté de *mon parapluie*.

(*b*) Traduisez les mots entre parenthèses:

(1) Est-ce que (*this*) est ma place? (2) Ne faites pas (*that*). (3) (*This*) pupitre est à moi. (4) (*This*) est drôle! (5) (*That*) encrier est beau.

5. Remplacez le tiret par un pronom relatif:

(1) Voilà le brancard sur —— les fossoyeurs l'ont porté.
(2) Ce château n'est pas celui —— il a parlé.
(3) La route, —— nous avons prise, est mauvaise.
(4) Les gens, avec —— elle est sortie, sont gentils.
(5) L'abbé, chez —— il a dîné, est mort.
(6) Les cachots, dans —— se trouvaient les prisonniers, étaient sales.
(7) Les sacs, —— il a mis dans le trou, étaient en soie.
(8) Les aiguilles, avec —— il a recousu la toile, appartenaient à l'abbé.
(9) Le ballon, —— nous voyons le panier, est plein d'air.
(10) Les spectateurs, —— se méfiaient de l'expérience, étaient sots.

6. Mettez au pluriel:

(1) La voix du bel animal est douce. (2) Le grand-père a dit « Bonjour, Madame ». (3) Un tel trou est dangereux. (4) Il y a un hibou gris près du ruisseau. (5) Ton œil est aussi bleu que le ciel. (6) Le bal auquel il a dansé était gai. (7) Le bijou du monsieur est précieux. (8) Celui-ci est un journal national. (9) Donne-moi une pomme de terre et un chou. (10) J'admire le détail de ce travail. C'est une merveille.

7. Mettez au féminin:

(1) Le tigre avait mangé le coq. (2) Le comte et le duc sont jumeaux. (3) Un roi discret. (4) Un mari muet. (5) Le lion du roi a tué le cheval. (6) Un pareil aviateur. (7) Le monsieur est un héros. (8) L'ambassadeur est menteur. (9) Le conducteur de l'empereur est inquiet. (10) L'homme est un bon chanteur.

8. Donnez les propres paroles (*actual words*) de la personne qui parle. (N'oubliez pas de réfléchir s'il faut employer *tu* ou *vous*):

(1) Le professeur dit à ses élèves de ne pas s'endormir.
(2) Madame Martin demande au boucher d'envoyer la viande chez elle.
(3) Jean demande à Maurice à quelle heure il s'est levé.
(4) M. Duroc demande à sa femme si elle veut s'asseoir près de lui.
(5) Maman dit à Marie de ne pas salir sa robe.
(6) Papa dit à Raymond de se lever lorsqu'une dame entre.
(7) L'oncle demande à sa nièce si elle veut se promener à cheval.
(8) Papa demande à son fils s'il a bien travaillé à l'école.
(9) Vous demandez à quelqu'un s'il peut vous dire l'heure.
(10) Vous demandez à votre sœur si elle peut se souvenir de l'adresse.

9. Traduisez les mots entre parenthèses:

(1) (*Bring*) votre frère demain. (2) (*Take*) cette lettre à la poste. (3) Voulez-vous (*take*) les enfants avec vous? (4) (*Go*) dans la maison. (5) Elle (*went up to*) le ballon. (6) (*Bring me*) la clef. (7) (*Go back*) à la ferme. (8) (*Come down*) tout de suite. (9) (*Go down*) le voir. (10) Voulez-vous (*take*) vos provisions avec vous?

10. Répondez aux questions:

(1) Qu'est-ce que c'est qu'un renard?
(2) Qu'est-ce que c'est qu'un soldat?
(3) Qu'est-ce que c'est qu'un avare?
(4) Qu'est-ce que c'est qu'un éléphant?
(5) Qu'est-ce que c'est qu'un pêcheur?

(*Pour la préparation de cet exercice voir l'exercice B, page 247.*)

11. Traduisez en français en vous servant des mots entre parenthèses:

(1) A coarse cloth   (une toile — grossier)
(2) A long white dress   (une robe — long — blanc)

(3) An adventure film (l'aventure — un film)
(4) A bad exercise (un exercice — mauvais)
(5) A paper balloon (le papier — un ballon)
(6) A thick fog (un brouillard — épais)
(7) A fairy tale (la fée — un conte)
(8) A dark forest (une forêt — sombre)
(9) A pretty country house (la campagne — joli — une maison)
(10) A boring story (une histoire — ennuyeux)

12. Écrivez cette histoire au passé en mettant les verbes en italiques soit (*either*) au passé composé, soit (*or*) à l'imparfait selon le sens:

Le Renard et la Cigogne

Un jour le renard *invite* à dîner Madame la Cigogne. Il n'*est* pas très généreux et il lui *offre* comme repas tout simplement une soupe claire qu'il *sert* lui-même dans une assiette. Madame la Cigogne, dont le bec *est* très long, ne *peut* pas boire dans l'assiette, mais le renard *lape* toute la soupe en quelques instants.

Pour se venger, Madame la Cigogne *invite* le renard quelque temps après. Très gourmand, celui-ci *arrive* en courant. La viande coupée en petits morceaux *sent* bon et *semble* excellente. Il *sait* qu'on *va* lui offrir un bon dîner et il *a* beaucoup d'appétit.

Mais Madame la Cigogne *sert* le repas dans un vase qui *est* très haut et hélas! le museau du renard *est* trop gros pour passer par l'ouverture étroite. Avec colère il *voit* Madame la Cigogne finir toute la viande et il *doit* rentrer à jeun.

De la même façon les hommes, qui trompent leurs amis, sont souvent trompés eux-mêmes.

la cigogne	stork	laper	to lap up
la façon	way, manner	le museau	nose (*of an animal*)
à jeun	on an empty stomach	tromper	to deceive

13. Traduisez en français:
(1) Are there no bananas?
(2) Such a storm.
(3) After singing.
(4) He broke his leg.
(5) In the middle of summer.
(6) He sometimes drinks wine.

(7) Some fifty people.
(8) Towards four in the afternoon.
(9) Put (s.) it inside.
(10) Not enough room.
(11) He and she left together.
(12) What's the weather like?
(13) A fortnight ago.
(14) He acts intelligently.
(15) The one you have.
(16) No one knew the answer.
(17) This makes him sad.
(18) Ask her the time.
(19) "My eyes hurt," he said.
(20) Red roses are beautiful.

14. Traduisez en français:

(1) "My pupils make me furious," said the master. "They are so stupid."
(2) I have never seen such a beautiful town. Everything there is so clean.
(3) He was wondering if his brother could come.
(4) Excuse me, sir, could you tell me where the post office is?
(5) Don't go into the bedroom. Go down the stairs and go across the hall (**le vestibule**).
(6) Is the knife with which you cut the cake on the table?
(7) If you worked hard (**dur**), you would receive a prize (**le prix**).
(8) After buying the cigarettes, which we gave to Dad, we walked home.*
(9) The train has just arrived. We have been waiting for it for an hour and a half.
(10) When I see a policeman, I shall ask him the way.

* *Say:* 'we went home on foot' (**à pied**).

Verbes Quotidiens

1. *Au passé composé:*	2. *Au présent:*	3. *A l'imparfait:*
elle s'aperçoit	ils (cueillir)	je crains
vous ne savez pas	il (valoir)	elles appartiennent
tu vis	ils (coudre)	on ne coud pas
elle ne coud pas	je (se plaindre)	il envahit
ils accueillent	il? (se jeter)	il vaut
elles meurent	elle (découdre)	il faut
il tient	ils (voir)	revient-il?
tu reconnais	ils (envahir)	nous rions
vous couvrez	ils? (apercevoir)	il répète
nous entrons	elles (ouvrir)	emmène-t-il?

TREIZIÈME LEÇON

4. *Au conditionnel:*
   - tu es
   - ils ne font pas
   - nous allons
   - on a
   - vous ne voyez pas
   - tu sais
   - nous cousons
   - vous riez
   - je bats
   - nous joignons

5. *Au présent:*
   - elles (devoir)
   - je (coudre)
   - il n. ? (s'ennuyer)
   - je (s'endormir)
   - tu ? (joindre)
   - il (s'en aller)
   - on (permettre)
   - elle (s'apercevoir)
   - ils (valoir)
   - ils ? (coudre)

6. *Au futur:*
   - vous mourez
   - tu ne dois pas
   - il reçoit
   - je n'ouvre pas
   - nous achetons
   - il gèle
   - il cueille
   - il faut
   - vaut-il ?
   - nous ne jetons pas

7. *À l'impératif:*
   - avoir (tu)
   - être (vous)
   - s'asseoir (nous)
   - se diriger (nous)
   - être (tu)
   - avoir (vous)
   - s'asseoir (tu)
   - s'en aller (vous n.)
   - s'endormir (vous)
   - s'asseoir (vous n.)

8. *Au futur:*
   - nous n'appelons pas
   - s'assied-on ?
   - il pleut
   - tu cueilles
   - vous paraissez
   - je m'endors
   - nous nous en allons
   - il contient
   - ils prennent
   - il déçoit

9. *Au plus-que-parfait:*
   - j'arrive
   - ils apprennent
   - nous offrons
   - elles partent
   - ils ne jettent pas
   - cours-tu ?
   - contient-il ?
   - tu consens
   - nous joignons
   - elle se réveille

10. *Au conditionnel:*
    - elles tiennent
    - j'envoie
    - il ne veut pas
    - elles peuvent
    - nous venons
    - tu cours
    - nous amenons
    - vous essuyez
    - tu couvres
    - ils préfèrent

LEÇON QUATORZE—QUATORZIÈME LEÇON

LE PROFESSEUR : Combien font six plus huit divisés par deux ?
LA CLASSE : Six plus huit divisés par deux font sept, monsieur.
LE PROFESSEUR : Et cinq multiplié par cinq ?
LA CLASSE : Cinq multiplié par cinq font vingt-cinq.

VOCABULAIRE A

agité	rough	les progrès (*m. pl.*)	progress
ainsi que	as well as		
amical	friendly	la quinzaine	fortnight
assister à	to be present at	récemment	recently
autant que	as much as	remercier	to thank
le cachet	tablet, pill	les remerciements (*m. pl.*)	thanks
au contraire	on the contrary		
le départ	departure		
un échange	exchange	la réponse	reply
à l'étranger	abroad	le séjour	stay
d'habitude	usually	situé	situated
s'habituer à	to get used to	la soirée	evening party
la note	mark (*total*)	le souvenir	memory (*something remembered*)
la nourriture	food		
à peu près	roughly		
se plaire	to like it (*where one is*)	la veille	the day before
		la villa	holiday house
la partie	game, match	la vue	view

VOCABULAIRE B

la digue	sea front	ravi	delighted
la gentillesse	kindness	respectueux	respectful
se joindre à	to join	la traversée	crossing

LOCUTIONS

à la maison, with us
calme comme de l'huile, as calm as a mill pond
c'est gentil à vous, it's kind of you
j'espère que oui, I hope so
une «lettre de château», a 'thank you' letter
rappelez-moi au bon souvenir de..., remember me to...
sain et sauf, safe and sound

LA CORRESPONDANCE

1. *Lettre d'une jeune fille à son‿amie.*

Chère Monique,

Comment vas-tu ? J'espère que tu n'as pas‿été malade. Je dis cela parce que je n'ai pas‿encore reçu de réponse à la dernière lettre que je t'ai envoyée.

Pourras-tu venir passer une quinzaine de jours à la maison cet‿été comme d'habitude? J'espère que oui. Tu sais que nous serons tous ravis de te revoir. S'il fait beau nous pourrons nous baigner et jouer au tennis.

Amène ta bicyclette, car nous n'avons plus de voiture; papa l'a vendue récemment. Écris-moi bientôt.

Très‿affectueusement,
Nicole

2. *Lettre en réponse à une invitation.*

Mon cher Charles,

Je vous remercie mille fois de votre gentille lettre que j'ai reçue ce matin, mais je regrette beaucoup de ne pouvoir* assister à la soirée que votre mère va donner le 26. J'en suis très déçu: je serai à l'étranger du 13 au 28. Je vais passer une quinzaine de

---

* In elegant French pas is often omitted with **pouvoir**.

jours chez les‿Anglais que vous‿avez vus chez nous l'année dernière. Je vous‿enverrai une carte quand j'y arriverai.

Soyez gentil de me rappeler au bon souvenir de vos parents.

        Bien‿amicalement à vous,
        Richard.

3. *Lettre d'une fille à sa mère le lendemain de son‿arrivée en‿ Angleterre.*

Chère Maman,

    Nous voici sains‿et saufs en Angleterre. Au moment où je t'écris cette lettre je suis assise près de la fenêtre de ma chambre d'où j'ai une magnifique vue sur la mer, car la villa des Brown est située en haut d'une falaise.

Je n'ai pas‿eu besoin de prendre les cachets que papa m'avait donnés la veille de mon départ car la mer n'était pas du tout agitée ; au contraire, elle était calme comme de l'huile.

Tout le monde ici est très gentil pour nous et nous nous‿y plaisons beaucoup. Philip et Carol Brown ont‿à peu près le même âge que Paul et moi et je suis sûre que nous nous‿entendrons très bien.

Ce matin nous‿avons fait une promenade le long de la digue et nous nous sommes très bien‿amusés. Demain, s'il fait beau, nous‿allons faire une partie de tennis ; la France contre l'Angleterre. Je me demande qui va gagner !

Paul et moi, nous vous‿embrassons affectueusement, toi ainsi que papa.

        Marie-Claude.

P.S. Je n'aime pas la nourriture anglaise autant que la nôtre mais j'espère que je m'y habituerai.

4. *Lettre de remerciements* (« *Lettre de château* »).

Chère Madame,

    Ma sœur se joint‿à moi pour vous remercier de votre gentillesse et de tout ce que vous‿avez fait pour nous pour rendre si agréable notre séjour en‿Angleterre. C'est vraiment très gentil à vous de nous avoir invités et nous garderons toujours un très bon souvenir de notre visite et de votre jolie villa. Grâce à vous, nous avons fait beaucoup de progrès en anglais et je suis sûr que nous aurons de meilleures notes l'année prochaine.

En attendant le plaisir de revoir Philip et Carol chez nous l'été prochain, nous vous envoyons, chère Madame, notre respectueux souvenir.

Paul Durand.

GRAMMAIRE

1. Translation of 'What'

	Direct Questions (*what?*) (Interrogative Pronoun)	*Indirect Questions* (*what*) (Neuter Relative)
SUBJECT:	qu'est-ce qui?	ce qui
DIRECT OBJ.:	qu'est-ce que? or que?	ce que
POSSESSIVE:	de quoi?	ce dont
INDIRECT OBJ.:	à quoi	*(ce) à quoi

* ce may be omitted.

Examples:

	Direct Question	*Indirect Question*
SUBJECT:	*Qu'est-ce qui* fait ce bruit?	Dites-moi *ce qui* fait ce bruit.
DIRECT OBJ.:	*Qu'est-ce que* vous faites? or *Que* faites-vous?	Dites-moi *ce que* vous faites.
POSSESSIVE:	*De quoi* a-t-il besoin?	Dites-moi *ce dont* il a besoin.
INDIRECT OBJ.:	À *quoi* pensez-vous?	Dites-moi (*ce*) *à quoi* vous pensez.

NOTE 1 Be very careful not to invert the subject and verb after qu'est-ce que?

Qu'est-ce qu'*il a dit?* or Qu'*a-t-il dit?*

NOTE 2 Observe the repetition of ce when the antecedent is a clause:

> *Ce qui* est difficile, c'est la prononciation.
> *What* is difficult is the pronunciation.
>
> *Ce que* j'aime en France, c'est le vin.
> *What* I like in France is the wine.

NOTE 3 *What is* or *what are* + NOUN is translated by quel, quels, etc.

> **Quel** est le score?   *What* is the score?
> **Quelles** sont ses raisons?   *What* are his reasons?

NOTE 4 Remember also the adjective **quel? quel!**

> **Quelle** maison?   *what* house (OR *which* house)?
> **Quel** vent!   *what* a wind!

NOTE 5 *What!* (exclamation) is Quoi! or Comment! With a question mark these words also translate the not very polite '*What?*' when someone does not hear what has been said.

(*Voir les exercices* 6, *page* 207 *et A, page* 248.)

2. THE AGREEMENT OF THE PAST PARTICIPLE

So far, each time that a reflexive verb has been used, the reflexive pronoun has always been the DIRECT object and an agreement of the past participle has been necessary. Sometimes, however, the reflexive pronoun can be the INDIRECT object. In this case there is *no agreement*. Study the following examples:

DIRECT OBJECT: Elle *s*'est coupée avec un couteau.

INDIRECT OBJECT: Elle s'est coupé *le doigt** avec un couteau.
  * Direct object coming *after* the verb.

NOTE Be careful to distinguish between the direct and the indirect object when *both have the same form.*

DIRECT OBJECT: Ils *nous* ont *vus*.

INDIRECT OBJECT: Ils nous ont parlé.   (They spoke *to* us.)

Monter, descendre, sortir, rentrer

When these four verbs are used *transitively*, *i.e.* with a DIRECT OBJECT, they form their compound tenses with **avoir**.

Il *a* monté les bagages.	*He took the luggage up.*
Nous *avons* monté l'escalier.	*We went up the stairs.*
Elle *a* descendu l'escalier.	*She went down the stairs.*
La bonne *a* descendu le linge.	*The maid took the washing downstairs.*
Elle *a* sorti son mouchoir.	*She took her handkerchief out.*
J'*ai* rentré les chaises; il va pleuvoir.	*I have taken in the chairs; it is going to rain.*

(*Voir l'exercice* 3, *page* 207.)

3. Prepositions before Geographical Names

Note carefully the translation of *in*, *to*, *from* with names of countries, towns and villages.

Countries

FEMININE (*ending in an -e mute*): NO ARTICLE needed.

in, to	**en** France	**en** Italie	**en** Belgique
from	**de** France	**d'**Italie	**de** Belgique

MASCULINE (*not ending in an -e mute*): ARTICLE required.

à and de are contracted with the article (au, aux, du, des)

in, to	**au** Canada	**aux** États-Unis
from	**du** Canada	**des** États-Unis

Towns and Villages

NO ARTICLE needed *

in, to	*à* Paris	*à* Édimbourg	*à* Londres
from	*de* Paris	*d'*Édimbourg	*de* Londres

* NOTE 1 Certain towns have an article included in the name, *e.g.*, **Le Havre**, **Le** Bourget, **Le** Mans. In these cases, of course, the article is retained.

    au Havre   *au* Bourget   Les vingt-quatre heures *du* Mans.

NOTE 2 Do not forget that the pronoun which replaces FROM a place is en (and *not* y):

    Ils arrivent *de* Paris — Ils *en* arrivent.

4. *S'asseoir* AND *être assis*

Je *suis assise* près de ma fenêtre.
I *am sitting* by my window.

Great care is needed when translating the word *sitting* as it can refer to the ACTION of taking a seat or the STATE of being seated.

    s'asseoir   translates the   ACTION
    être assis   translates the   STATE

(*Voir les exercices* 4, *page* 207 *et* B, *page* 248.)

5. LETTER WRITING

Beginnings of letters are much the same as in English, but endings are much more complicated and varied.

Beginnings

    Cher Monsieur*   Chère Madame*
    Cher Papa   Chère Maman
    Cher Oncle   Chère Tante
    Cher Ami   Chère Amie

    * Do NOT put the family name.

Endings

(1) From son or daughter to parents or relations:
    Je t' (vous) embrasse affectueusement.

(2) From one boy to another:
    Bien amicalement à toi (vous).

(3) From one girl to another:

Ton (votre) amie qui pense bien à toi (vous).
Très affectueusement (*more intimate*).

(4) A 'safe' ending to a person or a family whom you know:

Je vous envoie mon respectueux souvenir.

(5) A formal ending to grown-ups whom you do not know well:

Je vous prie de croire, chère madame (cher monsieur) à l'expression de mes sentiments les meilleurs.

6. Irregular Verbs

plaire, to please	*se taire*, to be silent
je plais	je me tais
tu plais	tu te tais
il plaît	il se tait*
nous plaisons	nous nous taisons
vous plaisez	vous vous taisez
ils plaisent	ils se taisent

* NOTE. Observe that there is no *accent circonflexe*.

Futur: je plairai — je me tairai
Passé Composé: j'ai **plu** — je me suis *tu*

Conjugated like **plaire**: se plaire, *to like it* (*where one is*) *or to like one another*, déplaire, *to displease*.

NOTE 1 The English DIRECT object of *please* is INDIRECT in French.

Il plaît *à* ses professeurs.

NOTE 2 When **plaire** is used reflexively, the past participle never has an agreement. (Why is this? Can you say? Is se the direct or indirect object?)

Ils se sont beaucoup plu.

NOTE 3 The past participle of **plaire** (plu) *cannot be used as an adjective*. 'I am *pleased*' is **je suis *content*.**

Dictées

1. Toutes les fleurs dans le parc commencent à pousser à Pâques. Elles sont très jolies.

2. Allez vous laver les mains! Je viens de le faire. Quand je serai grand je ne me laverai jamais.

3. La plupart des gens que nous avons rencontrés nous ont parlé en français. J'ai pu les comprendre plus ou moins.

4. Tu sais très bien que ce n'était pas un accident. Tu as mordu ta sœur exprès. Regarde! Elle pleure à chaudes larmes.

5. Où sont les cerises que vous avez achetées? Je n'en ai pas acheté. Il n'y en avait plus.

6. Aujourd'hui je mets mes meilleures chaussures, mais je ne mets pas mes meilleurs bas.

EXERCICES

1. **Répondez aux questions:**

(1) Pourquoi Nicole dit-elle qu'elle espère que son amie n'a pas été malade?

(2) Qu'est-ce qu'elle lui dit d'amener?

(3) Pourquoi Richard ne pourra-t-il pas accepter l'invitation de son ami Charles?

(4) Où se trouve Marie-Claude au moment où elle écrit à sa mère?

(5) Pourquoi n'a-t-elle pas eu besoin de prendre les cachets que son père lui avait donnés?

(6) Est-ce que les deux jeunes gens se sont amusés en Angleterre?

(7) Où se trouve la villa des Brown?

(8) Contre qui les jeunes Durand allaient-ils faire une partie de tennis?

(9) De quoi Paul a-t-il remercié Mrs Brown?

(10) Qu'est-ce qui nous montre que Paul et sa sœur s'entendaient très bien avec leurs amis anglais? (Ce qui..., c'est que...)

QUATORZIÈME LEÇON

2. Mettez au présent:

(1) Nous (plaire) à nos professeurs. (2) Ils (accueillir) les invités. (3) Ces pièces ne (valoir) pas beaucoup. (4) Ils (éteindre) l'incendie. (5) Il (geler) en hiver. (6) Il (se repentir) de son action. (7) Nous (peindre) le tableau. (8) Cette tâche lui (déplaire). (9) Charles (se taire) immédiatement. (10) Ils (se plaindre) du bruit.

3. Mettez au passé composé:

(1) Elle se coupe au doigt. (2) Elle se coupe le doigt. (3) Elle monte dans sa chambre. (4) Elle monte l'escalier. (5) Ils nous parlent beaucoup. (6) Ils ne nous grondent jamais. (7) Ils rentrent les chaises. (8) Elles descendent la côte (*hill*). (9) Elle se casse le bras. (10) Elles rentrent souvent tard.

4. Traduisez les mots entre parenthèses:

(1) Je (*sit down*) dans un fauteuil. (2) Elle (*is sitting*) dans un transat[1]. (3) (*Sit*) là, madame. (4) (*Don't sit*) là! (5) Nous (*were sitting*) près de la porte. (6) Les dames (*sat down*) sur l'herbe. (7) Ils entrent et ils (*sit down*). (8) Sois sage, Paul! (*sit down*) tout de suite! (9) Elle (*was sitting*) à son bureau. (10) Marie-Claude (*sat*) sur une punaise[2]!

[1] *deckchair.*   [2] *drawing pin.*

5. Mettez les verbes entre parenthèses au temps qui convient:

(1) Je le ferai quand je (rentrer). (2) Je le ferai si je (rentrer) à temps. (3) Je le ferai si j'(avoir) le temps. (4) Je rentrerai s'il (pleuvoir). (5) Je ne sais pas s'il (pleuvoir) demain. (6) Il ne savait pas s'il (pleuvoir). (7) (Pouvoir)-vous me dire où se trouve la gare, monsieur? (8) Je ne (sortir) pas s'il pleuvait. (9) (Aimer)-vous jouer au tennis cet après-midi? (10) Si nous ne (faire) pas bien nos devoirs nous aurions un pensum (*imposition*).

6. Traduisez les mots entre parenthèses:

(1) (*What*) se passe? (2) Je ne sais pas (*what*) se passe. (3) Dites-moi (*what*) vous avez fait. (4) (*What*) a-t-il dit? (5) (*What*) il a dit? (6) Avec (*what*) as-tu taillé ton crayon? (7) (*What*) faut-il faire maintenant? (8) (*What*) jour viendra-t-il? (9) Je ne sais pas (*what*) jour il viendra. (10) (*What*) il faut faire maintenant? (11) (*What*) me plaît en France, c'est le vin. (12) (*What*) j'aime, c'est sa gentillesse. (13) (*What*) fait ce bruit? (14) (*Of what*) pensez-vous? (15) (*What!*) Il n'est pas là!

7. Remplacez l'astérisque, s'il y a lieu, par le mot qui convient:

(1) J'ai promis * enfants * les emmener au cinéma. (2) Je ne permets pas * mon fils * conduire. (3) Les Leblanc sont * Canada. (4) Nous avons écouté * musique. (5) Il faut toujours obéir * ses parents. (6) Nous sommes allés * Belgique cette année. (7) Elle s'est approchée * ballon. (8) Sers-toi * ton mouchoir. (9) Je l'ai acheté * Londres. (10) Il ressemble * son frère. (11) Il attend patiemment * sa femme. (12) Téléphonez * docteur. (13) Je ne peux pas me souvenir * son nom. (14) Ils viennent d'arriver * Italie. (15) Zut! Je me suis trompé * cahier. (16) Il habite * Paris. (17) New York est * États-Unis. (18) Ils viennent * Canada.

8. Traduisez les mots entre parenthèses et remplacez l'astérisque, s'il y a lieu, par le mot qui convient:

(1) J'ai (*enough*) * fromage. (2) Ne faites pas (*so much*) * bruit. (3) Voici (*a few*) * pommes. (4) Je l'ai vu (*several*) * fois. (5) (*Very little*) * viande pour moi, s'il vous plaît. (6) Il y a (*many*) * années. (7) (*Most*) * gens le font. (8) Voulez-vous (*some more*) * thé? (9) Il y avait (*thousands of*) * spectateurs. (10) Ne me donnez pas (*too much*) * jambon.

9. Écrivez:

(*a*) Au pluriel: Cette femme a écrit à ma sœur. C'est une très bonne cuisinière.
(*b*) Au féminin: Un de mes oncles, accompagné de son neveu, est allé chez son ami; celui qui est boulanger.
(*c*) Au négatif: Dépêche-toi! Il y a un train à midi.
(*d*) À l'interrogatif: Les jeunes filles se sont levées tôt.
(*e*) Au passé composé: Elles prennent la bouteille, l'ouvrent et boivent de la limonade.
(*f*) En remplaçant chaque nom par
  (i) un pronom personnel:
    (1) Ont-ils envoyé les lettres?
    (2) Nous avons vu un film.
    (3) L'une des filles est absente.
  (ii) un pronom démonstratif:
    (1) J'ai lu les cartes qu'il a écrites.
    (2) Ces livres sont plus ennuyeux que les livres que je vous ai prêtés.

(iii) un pronom possessif:
Voilà vos cahiers, là, à gauche de nos cahiers.

10. Mettez l'article indéfini devant chacun des mots suivants:

(1) nourriture (2) cachot (3) soirée (4) remerciement (5) café (6) esprit (7) fosse (8) vague (9) soie (10) eau (11) nuage (12) image (13) fleur (14) clef (15) fois (16) porte-monnaie (17) punition (18) danse (19) vapeur (20) saison.

11. Recopiez en mettant les mots en italiques *après* les mots entre guillemets et en faisant les changements voulus:

(1) *Il a dit*, « Vous êtes fou! » (2) *Elle lui a crié*, « Sauvez-vous! » (3) *Hélène a dit*, « Qu'il fait sombre! » (4) *Elle a répondu*, « Merci. » (5) *Il s'est écrié*, « Comment! » (6) *L'homme criait*, « Aidez-moi! » (7) *Ils leur ont dit*, « C'est une honte! » (8) *Elle s'est demandé*, « Que veulent-ils? » (9) *Il a grommelé*, « Quel mauvais temps! » (10) *J'ai répété, très étonné*, « Corps-à-corps! »

12. Traduisez en français:

(1) About twenty people.
(2) About ten o'clock in the morning.
(3) Go and get a cloth (**un torchon**).
(4) It serves him right.
(5) He is about to fall.
(6) Will you shut the window?
(7) "Tell them to go!" he shouted.
(8) He is my best friend.
(9) In the middle of the night.
(10) In a whisper.
(11) A man with white hair.
(12) We shall do it ourselves.
(13) What a pity! It is pouring!
(14) What's the matter?
(15) There is the letter. Answer it.
(16) He is just writing it.
(17) What is the meaning of *moulin*?
(18) Such a lovely town.
(19) Are there any on top of it?
(20) Such a noise.

13.

Une lettre à votre mère

Depuis trois jours vous êtes à Deauville en Normandie où vous passez une quinzaine de jours chez vos amis les Martin. Écrivez une lettre à votre mère pour lui dire ce que vous avez déjà fait et ce que vous allez faire. Quand êtes-vous arrivé(e)? — la traversée a-t-elle été bonne ou mauvaise?

— comment la mer était-elle? agitée ou calme? — comment sont vos hôtes? sont-ils gentils pour vous? — vous entendez-vous bien avec vos jeunes amis? comment trouvez-vous Deauville? est-ce une belle plage? — quel temps fait-il? vous baignez-vous? — qu'avez-vous fait hier? — avez-vous encore fait un pique-nique? — les Martin ont-ils une voiture? qu'est-ce que c'est? une Citroën, une Peugeot, une Simca? vous emmèneront-ils visiter le musée d'Arromanches la semaine prochaine? — faites-vous des progrès en français? — écrirez-vous une autre lettre à votre mère avant de retourner en Angleterre?

14. Traduisez en français:

(1) We enjoyed ourselves very much. We visited all the important buildings (le monument).
(2) If you went abroad, you would see many interesting things.
(3) Do you know what she has done? She has cut her hand.
(4) The sea was very rough and we were both seasick (avoir le mal de mer).
(5) What falls when it snows? I know what falls; it is snow.
(6) Yesterday we bathed in the sea. The water was cold and the waves (la vague) were high.
(7) You must try to speak French as much as possible.
(8) When she was in Deauville she sent her parents a postcard every day.
(9) Tomorrow we are going to have a game of tennis at the Leblancs'.
(10) He and she set off the following day. Their uncle had already left the day before.

Verbes Quotidiens

1. *Au passé composé:*
   - apprend-il?
   - vous ne couvrez pas
   - elle naît
   - elle se souvient
   - je reste
   - elle se conduit
   - il se tait
   - elle rencontre
   - elle vient
   - je pars

2. *Au futur:*
   - nous nous rappelons
   - devient-on?
   - ils renvoient
   - tu plais
   - vous vous levez
   - offres-tu?
   - il ne vaut pas
   - nous cousons
   - nous mordons
   - ils répètent

3. *Au présent:*
   - nous (se taire)
   - on (s'asseoir)
   - il (se taire)
   - elle (plaire)
   - il (voir)
   - il? (envoyer)
   - nous (vivre)
   - ils (boire)
   - ils (vouloir)
   - elles (pouvoir)

QUATORZIÈME LEÇON

4. *Au participe présent:*
   apercevoir
   joindre
   coudre
   envahir
   souffrir
   couvrir
   courir
   sourire
   savoir
   être

5. *Au conditionnel:*
   préfèrent-elles?
   je fais
   il ne s'en va pas
   ils n'ont pas
   ils contiennent
   il souffre
   demande-t-il?
   il aboie
   nous paraissons
   nous voyons

6. *À l'impératif:*
   se taire (tu)
   avoir (vous)
   savoir (tu)
   s'asseoir (tu n.)
   s'en aller (nous n.)
   se taire (vous)
   se diriger (tu)
   se battre (tu n.)
   s'asseoir (nous)
   se taire (nous n.)

7. *Au présent:*
   je (se taire)
   ils (venir)
   tu? (coudre)
   elle n. (cueillir)
   je (valoir)
   nous (se plaire)
   je (paraître)
   je (apercevoir)
   je (souffrir)
   je (s'endormir)

8. *Au conditionnel:*
   nous n'avons pas
   veut-on?
   ils peuvent
   tu ne cours pas
   vous ouvrez
   je dois
   nous jetons
   il faut
   ils obéissent
   il sèche

9. *A l'imparfait:*
   tu accueilles
   tu promets
   nous rions
   on se tait
   tu te sens
   écris-tu?
   il sait
   il pleut
   tu ne reconnais pas
   je bois

10. *Au plus-que-parfait:*
    elles nettoient
    elle retourne
    il n'obéit pas
    elles meurent
    tu couds
    elles sortent
    tu cueilles
    il faut
    elles rentrent
    tu interromps

LEÇON QUINZE—QUINZIÈME LEÇON

LE PROFESSEUR: Qu'avez-vous fait hier après-midi après‿avoir fini vos devoirs?

L'ÉLÈVE: Après‿avoir fini mes devoirs, monsieur, je me suis couché.

VOCABULAIRE A

achever	to finish (off)	habile	clever
admettre	to admit	louer	to praise
l'adresse (f.)	skill	le marteau	hammer
afin de	to, in order to	même	even
un apprenti	apprentice	merveilleux	marvellous
en attendant	meanwhile	une occasion	opportunity
la boutique	(small) shop	l'orgueil (m.)	(sinful) pride
briser	to break	orgueilleux	proud
le cavalier	horseman	un ouvrier	workman
convaincre	to convince	le paradis	paradise
le bon Dieu	God	pardonner (à)	to forgive
se douter de	to suspect		
enfoncer	to drive in	le péché	sin
épargner	to spare	à peine	scarcely
la facilité	ease	le pire	the worst
la façon	way	la poitrine	chest, breast
le fer (à cheval)	(horse) shoe	se relever	to get up again
		le sabot	hoof
ferrer	to shoe	sauver	to save
le flot	stream	valoir	to be worth
forger	to forge	mieux	more
le forgeron	blacksmith	voisin	neighbouring

VOCABULAIRE B

affilé	sharp	la légende	legend, tale
une auberge	inn	la louange	praise
le bien-être	well-being	le maréchal-ferrant	shoesmith
la clameur	outcry		
clouer	to nail	le mépris	scorn
une enseigne	signboard	mortel	deadly
un étau	vice	recoller	to stick on again
l'habileté (*f.*)	cleverness		
hennir	to neigh	récupérer	to recover
le hennissement	neigh(ing)	stupéfait	stupefied
		vaniteux	vain

LOCUTIONS

c'est bien, all right then
bien meilleur, much better
il a fait faire une enseigne, he had a signboard made
il y avait une fois, there was once upon a time
l'animal ne valait guère mieux, the animal was in scarcely any better condition

LA LÉGENDE DU BON SAINT ÉLOI

Il y avait une fois, vers l'année 610 (six cent dix), dans la ville de Limoges, un maréchal-ferrant nommé Éloi. Il était extrêmement habile et les fers qu'il forgeait étaient merveilleusement élégants. Tout le monde louait son travail et cette louange a fini par lui tourner la tête. Il était convaincu qu'il n'y avait personne au monde plus habile que lui.

Un jour, oubliant que c'était à Dieu qu'il devait son adresse, il a fait faire une enseigne sur laquelle il était représenté, ferrant un cheval avec, au-dessus, ces mots :

« Éloi, maître des maîtres, maître de tous. »

De tous côtés s'est élevée, contre le forgeron orgueilleux, une clameur si grande qu'elle est montée jusqu'au paradis.

Or, le bon Dieu a toujours considéré l'orgueil comme le pire des péchés mortels et il a envoyé son fils sur la terre afin de sauver l'âme de cet homme vaniteux.

Jésus est descendu à la ville de Limoges et il est entré chez le maréchal-ferrant.

— Qui cherches-tu ? a demandé Éloi, sans même le regarder.

— Maître, a répondu humblement Jésus, partout j'ai entendu parler de votre habileté et, voulant apprendre, je viens vous offrir mes services comme ouvrier.

Éloi venait d'achever un magnifique fer dont il était très fier.

— Ah ? Vraiment ? Le forgeron n'a pas tenté de cacher son mépris. Et que sais-tu ?

— Je sais forger et ferrer, a répondu Jésus. J'ai ma façon de ferrer qui est spéciale. Elle épargne beaucoup de temps.

— Et quelle est ta façon ?

— Vous allez voir. Donnez-moi ce fer que vous tenez.

Tirant un couteau de sa poche, il s'est approché du cheval, a levé une de ses jambes de derrière, lui a coupé le pied et l'a mis dans l'étau. Après y avoir cloué le fer avec la plus grande facilité, il a recollé le pied à la jambe du cheval. Puis il a répété l'opération avec les trois autres pieds.

— Voilà, maître, a dit Jésus en recollant le quatrième pied. Ne connaissiez-vous pas cette méthode ?

— Si ! Si ! Très bien, a répondu Éloi, qui ne voulait pas admettre son ignorance, je la connais depuis longtemps, mais j'ai toujours préféré la mienne.

— Vous_avez tort. Celle-ci est bien meilleure.

Naturellement, Éloi n'allait pas perdre l'occasion d'obtenir les services d'un_aussi bon_ouvrier et il a installé Jésus dans la boutique comme apprenti.

Le lendemain matin il a envoyé son nouvel ouvrier dans_un village voisin pour récupérer de l'argent que lui devait_un client.

Bientôt_après, un cavalier s'est_arrêté à la porte. Ayant_ entendu parler de la réputation d'Éloi, il lui a demandé de ferrer son cheval. En_attendant, il est_allé boire un verre de vin à l'auberge voisine.

Tout de suite Éloi a pensé à la méthode employée par son nouvel apprenti. Ne serait-ce pas une bonne occasion de l'essayer ? Il a donc pris son couteau le mieux_affilé, a levé la jambe du cheval, qui ne se doutait de rien, et lui a coupé le pied au-dessus du sabot.

Le pauvre animal a poussé des hennissements de douleur et a secoué la jambe d'où coulaient des flots de sang.

Le forgeron a vite cloué le fer au sabot et puis_a essayé de recoller le pied à la jambe du cheval. Mais le pied était déjà mort et l'animal ne valait guère mieux.

Éloi savait que sa réputation était perdue. Il a pris son couteau et il était sur le point de se l'enfoncer dans la poitrine quand_il a senti que quelqu'un le prenait par le bras. Il s'est retourné. C'était son_apprenti.

— Que fais-tu, maître ? lui a-t-il dit sévèrement.

Éloi n'a pas répondu, mais_a montré du doigt le cheval mourant.

— N'est-ce que cela ? a dit le fils de Dieu.

Il a ramassé le pied et l'a recollé à la jambe du cheval. Tout de suite le sang a cessé de couler et l'animal s'est relevé, hennissant de bien‿être.

Éloi l'a regardé un‿instant stupéfait. Puis‿il a pris un marteau et, allant‿à son enseigne, il l'a brisée en mille morceaux. Se retournant vers Jésus, il lui a dit humblement :

— C'est vous qui êtes le maître et c'est moi qui suis l'apprenti.

— C'est bien, je te pardonne, a dit Jésus, car je te crois guéri de ton‿orgueil. Reste « maître des maîtres », mais souviens-toi que c'est moi seul qui suis « maître de tous ».

(d'après Alexandre Dumas)

GRAMMAIRE

1. The Interrogative Pronoun (*Qui?*)

SUBJECT:	Qui? or	Qui est-ce qui?*	*Who?*
DIRECT OBJECT:	Qui? or	Qui est-ce que?*	*Whom?*
POSSESSIVE:	De qui?		*Of whom? whose?*
PREPOSITIONAL:	À qui?		*To whom? whose?*

* NOTE 1   It is important to realise that in this 'expanded' form the first word (qui?) is the *interrogative* pronoun; the end word is only a *relative* pronoun (qui, que). Thus qui? is used for ALL CASES of this interrogative pronoun.

NOTE 2   Be very careful not to confuse *what?* and *who?* in French. The e of que (*what?*) is elided (=cut off), but never the *i* of qui? *What?* always starts with **qu**'est-ce..., *who?* with **qui** est-ce...

	What?	*Who?*
SUBJECT:	* qu'est-ce † qui	* qui est-ce † qui
DIRECT OBJECT:	* qu'est-ce † que	* qui est-ce † que

* *Interrogative pronoun.*   † *Relative pronoun.*

Whose?

Note that **dont** can NEVER INTRODUCE A QUESTION. *Whose?* is translated three ways.

(i) DENOTING POSSESSION: **à qui** + **être**

> *À qui* sont ces photos?
> *Whose* photos are these?

(ii) STANDING BEFORE A PERSON: **de qui** + **être**

> *De qui* est-elle la femme?
> *Whose* wife is she?

(iii) WITH ANY OTHER VERB BUT **être**: quel, quelle, etc.

> *Quelle* bicyclette avez-vous prise?
> *Whose* bicycle did you take?

(*Voir l'exercice* 6, *page* 220.)

2. IRREGULAR COMPARISON OF ADJECTIVES AND ADVERBS

In addition to *meilleur* and *mieux*, there are one or two other irregular comparative forms. Note, however, that they are *alternative forms* and that the regular form may generally be used in preference to the irregular one.

ADJECTIVES

Positive	Comparative	Superlative
bon, good	**meilleur**, better	*le meilleur*, the best
mauvais, bad	plus mauvais *or* pire, worse	le plus mauvais *or le pire*, worst
petit, small	plus petit, smaller	le plus petit, smallest
	*moindre**, less	*le moindre**, the least

* NOTE **Plus petit** is used in reference to SIZE, *moindre* in reference to AMOUNT:

> *Le plus petit* des enfants
> *The smallest* of the children

> Je n'en ai pas *la moindre* idée.
> I have not *the least* idea.

ADVERBS

bien, well	*mieux*, better	*le mieux*, the best
mal, badly	plus mal *or* **pis*, worse	le plus mal *or* **le pis*, the worst
peu, little	*moins*, less	*le moins*, the least
beaucoup, much	*plus*, more	*le plus*, the most

* NOTE Very little used (except in the expression *tant pis*) but added here for completeness.

(*Voir l'exercice* 8, *page* 221.)

3. *Venir de* (IMPERFECT TENSE) + INFINITIVE

Éloi *venait* d'achever un magnifique fer.
Éloi *had just* finished a magnificent horseshoe.

Note that the imperfect tense of **venir** in this construction renders the PLUPERFECT tense in English.

> Il *vient* d'arriver.
> He *has* just arrived.
>
> Il *venait* d'arriver.
> He *had* just arrived.

(*Voir l'exercice A, page* 249.)

4. IRREGULAR VERB

vaincre, to conquer

> je vaincs
> tu vaincs
> il vainc
> nous vain*qu*ons
> vous vain*qu*ez
> ils vain*qu*ent

Futur: je vaincrai   *Passé Composé:* j'ai vaincu

NOTE: *c* before a consonant, *qu* before a vowel with the exception of the past participle (vain*c*u).

Also conjugated like vaincre: **convaincre**, *to convince.*

Dictées

1. « Est-ce que vous mâchez quelque chose quand vous marchez ? » ai-je demandé au soldat.
2. Quel est le prix de ces six saucissons-ci ? Six francs chacun ! Oh ! Ces six saucissons sont si chers !
3. D'abord elle s'est blessée au genou en grimpant à l'arbre, puis‿ elle est tombée et s'est cassé le bras.
4. Apportez votre pique-nique lorsque vous viendrez demain. Amenez votre frère aussi s'il veut venir.
5. En‿ouvrant son sac pour sortir son mouchoir, elle s'est‿aperçue qu'elle était sortie sans mouchoir.
6. On m'a donné une boîte chinoise ancienne. Dessus il y avait‿ un dragon, dessous un‿autre dessin et dedans des feuilles mortes.

EXERCICES

1. Répondez aux questions:
    (1) Vers quelle année cette histoire s'est-elle passée ?
    (2) Quel était le métier (*trade*) d'Éloi ?
    (3) Comment était Éloi ? Très humble ?
    (4) Qui le bon Dieu a-t-il envoyé sur la terre afin de sauver l'âme de cet homme vaniteux ?
    (5) Qu'est-ce que le nouvel apprenti a montré à son maître ?
    (6) Pourquoi le forgeron mentait-il en disant qu'il connaissait déjà cette méthode ?
    (7) Pourquoi le cavalier s'est-il arrêté chez le maréchal-ferrant ? (Employez: entendre parler de).
    (8) Comment était le couteau qu'Éloi a pris pour couper le pied du cheval ? Émoussé (*blunt*) ?
    (9) Qu'est-ce qui nous montre que le nouvel apprenti était vraiment le fils de Dieu ? (Ce qui ..., c'est que ...)
    (10) Qu'est-ce que Jésus a dit au forgeron en lui pardonnant son orgueil ?

2. Mettez au présent:

(1) Les enfants (se plaire) en Angleterre. (2) Nous (recoudre) le sac. (3) Il ne (convaincre) pas ses amis. (4) Ces bijoux (valoir) un million de francs. (5) Le forgeron (s'apercevoir) de son erreur. (6) La classe (se taire) immédiatement. (7) Est-ce que tu (consentir) à le faire? (8) Nous (vaincre) nos difficultés. (9) Les ciseaux (appartenir) à ma mère. (10) (Se repentir)-tu de ton crime?

3. Mettez les verbes en italiques à l'imparfait ou au passé composé selon le sens:

Le nouvel apprenti *finit* de recoller le pied au cheval, puis il *demande* au forgeron s'il *connaît* cette méthode de ferrer un cheval. Celui-ci, qui ne *veut* pas admettre son ignorance, *dit* qu'il la *connaît* très bien mais qu'il *préfère* la sienne. L'ouvrier lui *répond* qu'il *a* tort, car sa méthode à lui *est* bien meilleure.

4. Mettez les verbes en italiques au passé composé:

(1) Elle *sort* son mouchoir. (2) Elle *se casse* la jambe. (3) Elle *se blesse* à la jambe. (4) Elle *va* à la porte et l'*ouvre*. (5) Elles *descendent* l'escalier. (6) Regardez la carte que j'*écris*. (7) Elle *monte* l'escalier. (8) Elle *monte* dans sa chambre. (9) Combien de billets *achètes*-tu? (10) Elle *sort* sans mouchoir.

5. Traduisez les mots entre parenthèses:

(1) Elle a cassé la bouteille (*while washing it*). (2) Si vous (*had*) assez d'argent, iriez-vous à l'étranger? (3) S'il (*snows*), je ferai du ski. (4) Donnez-le-lui aussitôt qu'il (*arrives*). (5) Quand je l'ai vue, elle (*was sitting*) dans un fauteuil. (6) Après (*washing*), elle s'est habillée. (7) Ils (*had just finished*) leur petit déjeuner quand je suis descendu. (8) Je (*have known him*) depuis plusieurs années. (9) Bart est monté jusqu'au grillage (*by tipping up* (**renverser**)) son lit sur le côté. (10) N'écrivez jamais sans (*thinking*).

6. Traduisez les mots entre parenthèses:

(1) (*Who*) l'a fait? (2) (*Whom*) avez-vous vu? (3) (*Whom*) vous avez vu? (4) (*To whom*) parlait-il? (5) (*Of whom*) parlaient-ils? (6) (*Whose*) est ce crayon? (7) (*Whose*) est-elle la tante? (8) (*Whose*) stylo avez-vous emprunté? (9) (*What*) tombe quand il pleut? (10) (*Whom*) vous avez rencontré hier soir?

7. Remplacez l'astérisque, s'il y a lieu, par le mot qui convient:

(1) Ils ont plusieurs * amis. (2) J'ai conseillé * mon ami * l'acheter. (3) Il ressemble * sa sœur. (4) Je ne me souviens pas * son nom. (5) Je vais m'occuper * cette affaire. (6) J'ai encore quelques * francs. (7) J'ai promis * ma mère * rentrer tôt. (8) Qui a payé * les billets? (9) Téléphonez * la police. (10) Je me suis trompé * rue. (11) Papa défend * ses fils * sortir. (12) Elle attendait impatiemment * son mari.

8. Le professeur vient d'afficher (*put up*) le résultat de l'examen. Le voici:

	20
Martin	18
Legros	15
Lenoir, J. Lenoir, P.	10
Dubois	4
Lacruche	1

Répondez aux questions (++signifie (means) *the best*, −−*the worst*, +*better*, −*worse*, =*as good* (*well, many*) *as*):

(1) Comment sont les devoirs de Martin par rapport à (*in comparison with*) ceux des autres? (++)
(2) Comment est-ce qu'il travaille par rapport aux autres? (++)
(3) Comment est-ce que Lacruche travaille par rapport à Dubois? (−)
(4) Comment sont les devoirs de Lacruche par rapport à ceux des autres? (−−)
(5) Comment est-ce qu'il travaille par rapport aux autres? (−−)
(6) Comment sont les devoirs de Lenoir, J. par rapport à ceux de son frère jumeau? (=)
(7) Comment travaille-t-il par rapport à son frère? (=)
(8) Combien de points a-t-il par rapport à son frère? (=)
(9) Martin fait-il plus de fautes que les autres ou en fait-il moins?
10) Lacruche fait-il moins de fautes que les autres?

9. Traduisez les mots entre parenthèses:

(1) (*This*) montre est meilleure que (*that one*), mais moins bonne que (*my uncle's*).

(2) Voici mon cahier.   Je vais le mettre au-dessous de (*yours*).
(3) (*Which*) fenêtre faut-il ouvrir ?   (*The one*) qui est près de moi ?
(4) Choisissez une carte.   (*Which one*)?
(5) Les chiens (*to whom*) vous avez donné des os sont contents.
(6) La dame (*whose daughter*) vient de se marier est très aisée.
(7) Cette maison est la sienne; le champ est (*hers*) aussi.
(8) Les hommes avec (*whom*) il est parti sont des policiers.
(9) (*This*) est très ennuyeux.
(10) Vous trouverez votre bicyclette près de (*theirs*).
(11) Ouvrez la fenêtre.   Voilà, (*that*) va beaucoup mieux.
(12) Celle (*that*) vous avez là est affilée.

10(*a*). Mettez au pluriel:

(1) Le ciel est bleu.   (2) Il y a un beau chou dans ce trou.   (3) J'admire le détail de cet éventail.   (4) Quel beau travail!   (5) Le bal est annoncé dans le journal local.

(*b*) Mettez au féminin:

(1) Le cheval favori de l'empereur.   (2) Le lion du roi n'est pas doux. (3) L'ambassadeur est l'ennemi du duc.   (4) Ce monsieur a volé le coq du comte.   (5) Le conducteur est gentil mais menteur.

11. Donnez les propres paroles de la personne qui parle. (N'oubliez pas de réfléchir s'il faut employer *tu* ou *vous*.)

(1) Jean dit à Paul de ne pas s'asseoir sur son pupitre.
(2) Le monsieur poli demande à la dame si elle veut s'asseoir.
(3) Le père demande à sa fille à quelle heure elle s'est couchée.
(4) L'oncle Louis demande à son neveu s'il va se promener.
(5) L'agent crie à la dame de ne pas conduire si vite.
(6) Papa dit à son fils de se taire.
(7) La bonne demande la permission à sa maîtresse de s'en aller.
(8) Papa avertit Jean-Louis de ne pas se tenir si près du feu.
(9) M. Dupont demande à sa femme si elle veut l'accompagner.
(10) Le professeur dit à ses élèves de se souvenir de ce qu'il dit.

12. Mettez les accents:

debout — debut — preferera — la cote — le cote — desert — il s'est arrete — escalier — precisement — reflechissez — penetree — il se tait — ressorti — etranger — esperons.

QUINZIÈME LEÇON

13. Traduisez en français:
(1) Queen Elizabeth II.
(2) It always freezes in winter.
(3) We did not speak to anyone.
(4) "What a lovely day!" he exclaimed.
(5) I am hot because it is hot.
(6) Thousands of people.
(7) I have never been to Canada.
(8) Don't enter the house.
(9) We need help.
(10) The worst boy in the class.
(11) The fourteenth of July.
(12) They are intelligent people.
(13) The day before Christmas.
(14) Too much water.
(15) He and she are sitting down.
(16) Dogs are faithful (fidèle).
(17) She arrived last week.
(18) I didn't say anything.
(19) "Listen to the birds!" she said.
(20) As swift as an arrow.

14. Traduisez en français:

Dives-sur-Mer.
August 15th, 19..

Dear Robert,
Thank you for your kind letter which I received this morning. I have been here for a week and I am enjoying myself very much. The family are* very kind to me and often take* me out (*to take out* = faire sortir) in their car. Yesterday, after visiting the museum (le musée) at (de) Arromanches, we went to see the Bayeux tapestry (la tapisserie) which Mr. Jones told us about (parler de) last term.

The weather is lovely and I have just had a bathe; the water was not at all cold. As (au moment où) I am writing this letter, I am sitting by my window which looks out over (donner sur) the sea.

If I had the time I would write to you at greater length (plus longuement) but the French boys are calling me; we are going to have a game of tennis. I will tell you everything when I see you. Write to me again if you can.

Remember me to your parents.
Yours sincerely,
Charles.

* *Attention!* la famille est un nom collectif au singulier.

Verbes Quotidiens

1. *Au futur :*
   il est
   vous ne faites pas
   tu aperçois
   elle ne s'en va pas
   ils ont
   nous nous revoyons
   il faut
   tu cueilles
   il pleut
   nous jetons

2. *Au passé composé :*
   nous mourons
   mords-tu ?
   ils se taisent
   elle tue
   vous connaissez
   il vainc
   elle reste
   elle se met
   tu dois
   croit-il ?

3. *A l'imparfait :*
   j'offre
   elles sont assises
   on ne sait pas
   ils se rappellent
   il vainc
   tu emmènes
   tu te bats
   je cours
   tu suis
   vous dites

4. *Au présent :*
   tu (s'asseoir)
   il (valoir)
   nous (vaincre)
   on (jeter)
   ils (savoir)
   il (convaincre)
   ils (s'apercevoir)
   je (éteindre)
   ils (sourire)
   nous (boire)

5. *A l'impératif :*
   avoir (tu)
   se lever (tu)
   se taire (vous)
   se battre (tu)
   s'en aller (tu)
   être (nous)
   faire (vous)
   dire (vous)
   vaincre (vous)
   accueillir (tu)

6. *Au conditionnel :*
   vous voulez
   tu n'envoies pas
   nous savons
   je ne fais pas
   est-on ?
   ils peuvent
   je m'assieds
   vous cueillez
   nous disparaissons
   vous convainquez

QUINZIÈME LEÇON

7. *Au participe présent:*
   se conduire
   devoir
   savoir
   servir
   lire
   vaincre
   disparaître
   être
   percer
   mélanger

8. *À l'impératif:*
   se taire (nous)
   se noyer (tu n.)
   s'asseoir (vous n.)
   se conduire (nous)
   se rappeler (vous)
   s'en aller (vous)
   être (tu)
   avoir (nous)
   couvrir (tu)
   obéir (vous)

9. *Au futur:*
   tu cours
   ils ne meurent pas
   buvons-nous?
   on entre
   vous n'appelez pas
   nous vainquons
   nous accueillons
   vous obéissez
   il espère
   tu t'assieds

10. *Au plus-que-parfait:*
    elles convainquent
    je couds
    il ne découvre pas
    elles s'asseyent
    nous restons
    ils amènent
    elle arrive
    il veut
    je promets
    nettoie-t-il?

APPENDIX A

EXERCICES ORAUX

NOTE Those exercises marked with an asterisk (*) are also suitable for use as supplementary written exercises.

Leçon 1

A. LE PROFESSEUR: Jean, touchez le plancher. Qu'avez-vous fait?
L'ÉLÈVE: J'ai touché le plancher, monsieur.
LE PROFESSEUR (*à la classe*): Qu'a-t-il fait?
LA CLASSE: Il a touché le plancher, monsieur.
LE PROFESSEUR (*à l'élève*): Avez-vous touché le plafond?
L'ÉLÈVE: Non, monsieur, je n'ai pas touché le plafond.
LE PROFESSEUR (*à la classe*): A-t-il touché le plafond?
LA CLASSE: Non, monsieur, il n' a pas touché le plafond

Répétez avec d'autres objets.

B(i) Rien

LE PROFESSEUR:	LA CLASSE:
Qu'avez-vous dit?	Je n'ai rien dit.
Qu'avez-vous fait?	Je n'ai rien fait.
	etc.

Répétez avec: écrit, vu, pris, reçu, découvert, offert, mangé, bu.

B(ii) Jamais

LE PROFESSEUR:	LA CLASSE:
Avez-vous jamais triché?	Non, monsieur, je n'ai jamais triché.
Avez-vous jamais volé?	Non, je n'ai jamais volé.
	etc.

Répétez avec: été impoli(e), été en prison, ronflé en classe, été en **retard**.

C. EXEMPLE: **Prendre le train** (*il y a * une heure*).

UN ÉLÈVE:	J'ai pris le train il y a une heure.
LE PROFESSEUR	(*à la classe*): Quand est-ce qu'il a pris le train?
LA CLASSE:	Il l'a pris il y a une heure.

Répétez avec:

(1) Prendre le billet (*hier*).
(2) Appeler l'agent de police (*tout de suite*).
(3) Ouvrir le colis (*hier matin*).
(4) Envoyer le télégramme (*il y a une demi-heure*).
(5) Boire le thé (*hier après-midi*).
(6) Recevoir le message (*il y a quelques instants*).
(7) Écrire le poème (*l'année dernière*).
(8) Découvrir l'endroit (*l'été dernier*).
(9) Jeter le papier dans la boîte (*hier soir*).
(10) Faire le tour du monde (*il y a un an*).

* *il y a* = ago

D. The teacher has a large rubber ball (*un ballon*).

(i) *L'impératif:*

LE PROFESSEUR:	Dites-moi de vous jeter le ballon.
L'ÉLÈVE:	Jetez-le-moi.
LE PROFESSEUR:	Dites-moi de ne pas vous le jeter.
L'ÉLÈVE:	Ne me le jetez pas.

(ii) *Le présent:*

LE PROFESSEUR	(*jette le ballon à un élève*): Je vous jette le ballon. Est-ce que je vous le jette?
L'ÉLÈVE:	Oui, monsieur, vous me le jetez.
LE PROFESSEUR	(*à la classe*): Est-ce que je le lui jette?
LA CLASSE:	Oui, monsieur, vous le lui jetez.

(iii) *Le passé composé:*

LE PROFESSEUR	Je vous jette le ballon. Est-ce que je vous l'ai jeté?
L'ÉLÈVE:	Oui, monsieur, vous me l'avez jeté.
LE PROFESSEUR	(*à la classe*): Est-ce que je le lui ai jeté?
LA CLASSE:	Oui, monsieur, vous le lui avez jeté.

NOTE Before the above exercises are done, the speech patterns may be practised one at a time as follows, the pupils repeating the sentence after the teacher or after one another, *e.g.*:

The teacher hands the ball to a pupil and then says:

Jetez-le-moi.

The pupil throws the ball to the teacher and then immediately says:

Jetez-le-moi.

The teacher throws the ball back to the pupil. The pupil next to him then says: « Jetez-le-moi » and so on round the class.

For the negative, the teacher makes as if to throw the ball at each pupil who says:

Ne me le jetez pas.

Similarly, other patterns can be practised separately:

Je vous le jette.
Vous me le jetez.
Je le lui jette.
Je vous l'ai jeté.
Vous me l'avez jeté.
Je le lui ai jeté.
etc.

Leçon 2

A(i) *Exemple 1*: **aller à Paris** (*l'année dernière*)

L'ÉLÈVE: Je suis_allé à Paris l'année dernière.
LE PROFESSEUR (*à la classe*): Quand_est-ce qu'il est_allé à Paris ?
LA CLASSE: Il y est_allé l'année dernière.

Répétez avec:

(1) **monter à la Tour Eiffel** (*il y a un mois*)
(2) **partir pour la France** (*hier soir*)
(3) **arriver ici** (*ce matin*)
(4) **entrer dans le magasin** (*hier matin*)

APPENDIX A

A(ii) *Exemple* 2: **rentrer de l'école** (*il y a une demi-heure*)

L'ÉLÈVE: Je suis rentré de l'école il y a une demi-heure.
LE PROFESSEUR (*à la classe*): Quand‿est-ce qu'il est rentré de l'école?
LA CLASSE: Il en‿est rentré il y a une demi-heure.

Répétez avec:

(1) **sortir de la maison** (*il y a un quart d'heure*)
(2) **revenir de la côte** (*la semaine dernière*)
(3) **rentrer de la ville** (*il y a une heure et demie*)
(4) **descendre de ma chambre** (*il y a quelques‿instants*)

B. LE PROFESSEUR: LA CLASSE:

(i) Avez-vous du beurre? Oui, j'en‿ai.
Avez-vous des livres? Oui, j'en‿ai.
Mangez-vous des bonbons? Oui, j'en mange.
Buvez-vous du lait? Oui, j'en bois.
etc.

(ii) Avez-vous des cigarettes? Non, je n'en‿ai pas.
Avez-vous des cigares? Non, je n'en‿ai pas.
Buvez-vous de l'encre? Non, je n'en bois pas.
etc.

(iii) Combien de bras avez-vous? J'en‿ai deux.
Combien de mains avez-vous? J'en‿ai deux.
Combien de têtes avez-vous? J'en‿ai une.
etc.

(iv) Combien de fenêtres y a-t-il Il y en‿a une (deux, etc.).
dans la salle de classe?
Combien d'élèves y a-t-il? Il y en‿a ——.
etc.

(v) Y a-t-il des‿éléphants ici? Non, il n'y en‿a pas‿ici.
Y a-t-il des filles (garçons) Non, il n'y en‿a pas.
dans cette classe?
etc.

(vi) Combien de beurre voulez- J'en veux une livre.
vous?
Combien de vin voulez-vous? J'en veux deux bouteilles.
Combien de lait buvez-vous? J'en bois un verre chaque jour.
etc.

Leçon 3

A.

Le Matin

À sept‿heures je me suis réveillé(e).
À sept‿heures cinq je me suis levé(e).
À sept‿heures six je me suis lavé(e).
À sept‿heures dix je me suis‿habillé(e).
À sept‿heures et quart j'ai pris mon petit déjeuner.
À huit‿heures moins le quart je suis parti(e) pour l'école.
À huit‿heures moins trois j'y suis‿arrivé(e).

Le Soir

À neuf‿heures je suis monté(e) dans ma chambre.
À neuf‿heures deux je me suis déshabillé(e).
À neuf‿heures cinq j'ai pris un bain (*bath*).
À neuf‿heures vingt-cinq je me suis couché(e).
À neuf‿heures et demie je me suis‿endormi(e).

LE PROFESSEUR: À quelle heure vous‿êtes-vous réveillé, Pierre?
L'ÉLÈVE: Je me suis réveillé à sept heures, monsieur.
LE PROFESSEUR: (*à la classe*): À quelle heure s'est-il réveillé?
LA CLASSE: Il s'est réveillé à sept heures, monsieur.

Répétez avec tous les autres verbes.

Variation: The class asks the first question instead of the teacher:
À quelle heure t'es-tu réveillé(e)?

B(i)

Pour:	on a besoin:
acheter quelque chose	d'argent.
faire des promenades	de bons souliers.
tailler son crayon	d'un canif.
faire du feu	de papier, de bois, d'allumettes.
boire du vin	d'un verre.
boire du café ou du thé	d'une tasse.
savoir l'heure	d'une montre, d'une pendule, d'une horloge.

APPENDIX A

faire un gâteau — de farine, de lait, de beurre, de sucre, d'œufs.

faire un voyage — d'un train, d'un bateau, d'une voiture, d'un autobus, d'un avion.

Sans regarder le livre, répondez aux questions :
De quoi a-t-on besoin pour ... ?

B(ii) *Qu'est-ce qu'on fait :*

quand on a chaud ?	On enlève quelque chose.
quand on a froid ?	On met quelque chose de chaud.
quand on a faim ?	On mange.
quand on a soif ?	On boit.
quand on a sommeil ?	On se repose ou on dort.
quand on a peur ?	On tremble ou on frissonne.
quand on a tort ?	On s'excuse.
quand on a raison ?	On ne dit rien (Il faut être modeste!)
quand on a honte ?	On baisse (*lower*) les yeux, on rougit.

Sans regarder le livre, répondez aux questions :
Qu'est-ce qu'on fait quand on a ... ?

B(iii) **Est-ce que j'ai tort ou raison?** (*Est-ce vrai ou faux?*)

(Après chaque énoncé (*statement*) la classe doit dire :
Vous avez raison ou Vous avez tort. *Variation :* **C'est vrai ou C'est faux.**)

La neige est bleue.
Le charbon est noir.
Les singes sont beaux.
Le pain est utile.
Pâques est au printemps.
Le boucher vend de la viande.
Le laitier vend du pain.
Les souris mangent les chats.
Le facteur apporte le courrier.
Les feuilles tombent au printemps.
Il y a du sable sur la plage.

[T.S.V.P.]

Les cochons savent voler.
Les_ânes font: « Hi-han! »
Le ciel est vert.
On trouve des nuages dans la mer.
La Tour Eiffel est_à Londres.
Les Français aiment le vin.
Les avions volent sous la mer.
Paris est la capitale de la France.
Le soleil est froid.

Variation: The teacher puts all the statements in the negative (*e.g.* La neige n'est pas bleue; le laitier ne vend pas de pain) and the class answers: « Non, c'est vrai » when they are in agreement, and « Si! » when they disagree.

Leçon 4

*A. LE PROFESSEUR: Il va regarder le plan.   Quand? (*demain*)
L'ÉLÈVE: Il le regardera demain.
LE PROFESSEUR: Vous_allez finir vos devoirs.   Quand? (*ce soir*)
L'ÉLÈVE: Je les finirai ce soir.

Répétez avec:

(1) Ils vont punir leur chien. (*plus tard*)
(2) Elle va jouer au tennis. (*cet_été*)
(3) Nous_allons attendre l'autobus. (*demain matin*)
(4) Il va se coucher tard. (*samedi soir*)
(5) Nous_allons écouter la radio. (*demain soir*)
(6) Ils vont_explorer la caverne. (*demain après-midi*)
(7) Vous_allez bien dormir. (*cette nuit*)
(8) Ils vont partir en vacances. (*la semaine prochaine*)
(9) Tu vas mettre ton chapeau. (*plus tard*)
(10) Il va vendre sa maison. (*l'année prochaine*)
(11) Vous_allez poser des questions (*plus tard*)
(12) Je vais fermer mes livres. (*après la classe*)
(13) Elle va ouvrir ses lettres. (*demain matin*)
(14) Elles ne vont pas_arriver. (*la semaine prochaine*)
(15) Tu ne vas pas prendre l'avion. (*demain soir*)

*B.

1. Le palais du roi.
2. La maison du boulanger.
3. La maison du boucher.
4. La niche du chien.

Répondez aux questions:
(1) La niche du chien est-elle plus grande ou moins grande que les autres maisons?
(2) La maison du boulanger est-elle plus grande, moins grande, ou aussi grande que la maison du boucher?
(3) Quelle est la plus grande maison des quatre?
(4) Quelle est la plus petite maison des quatre?
(5) Le palais du roi a-t-il coûté plus d'argent ou moins d'argent que les autres maisons?
(6) La maison du boucher est-elle plus importante, moins importante ou aussi importante que la maison du boulanger?
(7) Le palais du roi est-il plus haut ou moins haut que les autres bâtiments?
(8) Quel est le bâtiment le plus important des quatre?
(9) Est-ce que la maison du boulanger est plus confortable ou moins confortable que la niche du chien?
(10) Comment est le palais du roi par rapport (*in comparison*) aux autres maisons?

Leçon 5

A(i) Conjuguez: Je vais chez moi,
tu vas chez ——, etc.

J'ai un(e) voisin(e) à côté de moi, etc.

A(ii) Four pupils (two of the same height) come up in front of the class. Comparisons can then be made between their heights and ages.

plus grand(e) que
moins grand(e) que
aussi grand(e) que } moi, toi, etc.
plus âgé(e) que
moins âgé(e) que

le plus grand (la plus grande)
le moins grand (la moins grande)
Qui est l'élève le plus grand (la plus grande) *de* la classe?

A(iii)

avant moi	before me
après toi	after you (*s.*)
devant nous	in front of us
derrière eux	behind them
sans elle	without her
près de toi	near you (*s.*)
loin de moi	far from me
à côté d'elle	next to her
à cause de toi	because of you (*s.*)
au-dessus de moi	above me
autour d'eux	around them (*m.*)
vers lui	towards him
chez elles	at their (*f.*) house
comme moi	like me
au-dessous de toi	below you (*s.*)
sous lui	under him
par nous	by us
sauf eux	except them (*m.*)
au lieu de toi	instead of you (*s.*)

(i) Couvrez la colonne de droite et donnez l'anglais.
(ii) Couvrez la colonne de gauche et donnez le français

Leçon 6

A. LE PROFESSEUR : (*à un élève*) Ouvrez la porte. Qu'est-ce que vous venez de faire ?
L'ÉLÈVE : Je viens d'ouvrir la porte.
LE PROFESSEUR : (*à la classe*) Qu'est-ce qu'il vient de faire ?
LA CLASSE : Il vient d'ouvrir la porte.
LE PROFESSEUR : (*à un autre élève*) Refermez la porte. Qu'est-ce que vous venez de faire ?
etc.

Répétez avec d'autres actions.

B.
un chat
- boit du lait dans une soucoupe.
- guette les souris.
- miaule quand il n'est pas content.

un oiseau
- niche dans un arbre.
- chante gaiement.
- s'envole du toit de la maison.

une souris
- danse quand le chat n'est pas là.
- se cache quand elle entend le chat.
- aime manger le fromage.

un cheval
- traîne une charrette.
- galope dans les prés.
- trotte le long de la route.

un chien
- aboie à l'arrivée du facteur.
- remue sa queue quand il est content.
- court après les lapins.

VOCABULAIRE

la charrette	cart	nicher	to nest
danser	to dance	se poser	to alight
s'envoler	to fly away	le pré	meadow
gaiement	gaily	la soucoupe	saucer
guetter	to stalk	la souris	mouse
le lapin	rabbit	le toit	roof
miauler	to mew	traîner	to drag, pull

Qu'est-ce qu'un(e)...?
Qu'est-ce que c'est qu'un(e)...? } *What is a...?*

Un(e)... est $\begin{cases} \text{un animal qui...} \\ \text{une (petite) bête qui...} \end{cases}$

Leçon 7

*A. Mettez les verbes en italiques au passé composé:

(1) La porte que j'*ouvre* est brune.
(2) La gomme que je *prends* est rouge.
(3) Les cigarettes que je vous *offre* sont françaises.
(4) La voiture que vous *conduisez* est vieille.
(5) La phrase que vous ne *comprenez* pas est difficile.
(6) La lettre qu'il *écrit* est mal épelée.
(7) Les choses que vous *dites* ne sont pas vraies.
(8) La leçon que tu *apprends* est facile.
(9) La caverne qu'ils *découvrent* est hantée.
(10) Le pupitre que vous *ouvrez* n'est pas à vous.

B(i) *Ne...que*

LE PROFESSEUR: L'ÉLÈVE:
Avez-vous trois nez?   Non, monsieur, je n'ai qu'un nez.
Avez-vous quatre bras?   Non, monsieur, je n'ai que deux bras.
                         etc.

B(ii) *Seulement = ne...que*

Each time that the teacher employs **seulement** the class must repeat the sentence using **ne...que** in its place.

Example:

LE PROFESSEUR: J'ai seulement dix francs.
LA CLASSE: Vous n'avez que dix francs.
                  etc.

C. Conjuguez:

Je ne veux pas me laver.
En me réveillant, j'ai regardé ma montre.
Je ne dois pas m'endormir en classe.
Je viens de me lever.

APPENDIX A

D.
un docteur
- soigne ses malades et les guérit.
- vous donne des remèdes désagréables.
- arrive vite quand on lui téléphone.

un agent de police
- protège les gens contre les criminels.
- dirige la circulation.
- empêche les cambrioleurs d'entrer dans la maison.

une locomotive
- donne des coups de sifflet.
- crache des jets de vapeur et de la fumée.
- fait un bruit très fort.

un fermier
- laboure le champ avec son tracteur.
- fait la moisson.
- s'occupe de ses animaux.

un jardinier
- cultive de belles fleurs
- plante des légumes.
- entretient les pelouses.

VOCABULAIRE

un cambrioleur	burglar	la pelouse	lawn
cracher	to spit	protéger	to protect
empêcher	to prevent	le remède	medecine
entretenir	to keep up	s'occuper de	to look after
guérir	to cure	soigner	to care for, treat
labourer	to plough		
le légume	vegetable	le tracteur	tractor
la moisson	harvest	la vapeur	steam

Qu'est-ce que c'est qu'un(e) ...?
Qu'est-ce qu'un(e) ...?

Un ... est un homme qui ...
quelqu'un qui ...
une personne qui ...

Un(e) ... est une chose qui ...
quelque chose qui ...
une machine qui ...

LA LANGUE DES FRANÇAIS

Leçon 8

A(i) LE PROFESSEUR: Touchez un livre.
  LA CLASSE: Lequel, monsieur?
  LE PROFESSEUR: Ce livre-là.
  LA CLASSE: Ce livre-ci?
  LE PROFESSEUR: Oui, ce livre-là.

  LE PROFESSEUR: Montrez une fenêtre.
  UN ÉLÈVE: Laquelle, monsieur?
  LE PROFESSEUR: Cette fenêtre-là.
  L'ÉLÈVE (*se levant et allant à la fenêtre*): Cette fenêtre-ci, monsieur?
  LE PROFESSEUR: Oui, cette fenêtre-là.

A(ii) LE PROFESSEUR: Touchez un livre.
  UN ÉLÈVE: Lequel, monsieur?
  LE PROFESSEUR: Celui qui est sur ce pupitre-là.
  L'ÉLÈVE: Celui de Robert, monsieur?
  LE PROFESSEUR: Oui, celui de Robert.

Le professeur donne deux crayons à un élève qui en prend un dans la main gauche et l'autre dans la main droite.

  LE PROFESSEUR: Donnez-moi un de vos crayons.
  L'ÉLÈVE: Lequel, monsieur?
  LE PROFESSEUR: Celui que vous tenez dans votre main droite.
  L'ÉLÈVE: Celui qui est rouge, monsieur?
  LE PROFESSEUR: Oui, celui qui est rouge.

A(iii) Repeat exercise A(i) using **celui-ci** instead of **ce livre-ci**.

A(iv)   **Jeu**

 Chaque fois que le professeur dit: « Faites ceci, » la classe doit lui obéir, mais quand il dit: « Faites cela », ceux qui obéissent perdent au jeu.

B   THE THREE 'JUSTS'

   (*Just going to ... just doing ... just done something*)

APPENDIX A

Écrire une lettre

écrire une lettre
la plier (*to fold*)
la mettre dans‿une enveloppe†
cacheter* (*to seal*) l'enveloppe
écrire l'adresse†
coller un timbre sur l'enveloppe
poster la lettre.

* NOTE 1 Conjugated like jeter.

† NOTE 2 Observe the spelling of a*d*resse and envelo*pp*e. It is the reverse of the English 'a*dd*ress' and 'envelo*p*e'.

ÉLÈVE A: Je suis sur le point d'écrire une lettre. Maintenant je suis‿en train de l'écrire. Voilà, je viens de l'écrire.

ÉLÈVE B: Je suis sur le point de plier la lettre. Maintenant je suis‿en train de la plier. Voilà. Je viens de la plier.

etc.

C. Adverbs of Time

Futur	*Passé*
Mon cousin arrivera:	Mon cousin est arrivé:
demain	hier
après demain	avant‿hier
dans‿une semaine	il y a une semaine
mardi prochain	mardi dernier
l'année prochaine	hier soir
de bonne heure	de bonne heure
en retard	en retard
tout‿à l'heure (*presently*)	tout‿à l'heure (*just now*)
bientôt	il y a longtemps
plus tard	il y a quelques‿instants
juste à temps	il y a un mois
demain matin	le lendemain
	le lendemain matin
	le lendemain soir
	l'année dernière

[T.S.V.P.]

Composez d'autres phrases en employant un des adverbes ci-dessus (*above*).

Le train partira ...   Le train est parti ...
Nous irons ...   Nous sommes allés ...
Nous quitterons la maison ...   Nous avons quitté la maison ..
Nous viendrons ...   Nous sommes venus ...
                        etc.

Leçon 9

*A. Remplacez chaque groupe de mots par un pronom possessif:

(*Exemples:* La maison de mon père: **la sienne.**
           Votre voiture à vous: **la vôtre.**)

(1) Le canif de mon frère.   (6) Ta ferme à toi
(2) Le canif de ma sœur.   (7) Nos pyjamas à nous.
(3) Vos souliers à vous.   (8) Le mouchoir de Guy.
(4) Les épées des mousquetaires.   (9) Le mouchoir de Marie.
(5) Le vélo des enfants.   (10) Tes draps à toi.

Leçon 10

A. Recast each of the following sentences in the French pattern. *Do not attempt to translate them.*

(1) The man whose brother you know ...
(2) The cat whose milk the dog drank ...
(3) The bicycle whose tyre you punctured ...
(4) The pen whose nib I broke ...
(5) The room whose door the maid unlocked ...
(6) The church whose steeple you see ...
(7) The ship whose mast the storm broke ...
(8) The box whose contents she emptied ...
(9) The story whose ending you didn't believe ...
(10) The officer whose men the colonel praised ...

*B. Form one complete sentence, using the relative pronoun **dont**:

Exemple: La porte est verte. Je tiens le bouton **de la porte**.
         La porte, **dont** je tiens le bouton, est verte.)

(1) La salle est vide. La porte **de la salle** est jaune.

APPENDIX A

(2) La veuve est riche. Le frère de la veuve est mort.
(3) La voiture est vieille. Le moteur de la voiture fait du bruit.
(4) L'église est magnifique. Nous sommes fiers de notre église.
(5) La plage s'appelle La Baule. Les sables de la plage sont beaux.
(6) Le professeur est très‿intelligent. Les élèves du professeur sont stupides.
(7) Le garçon avait grimpé à l'arbre. La culotte du garçon était déchirée.
(8) Le monsieur est parti. Je vous‿ai parlé du monsieur.
(9) L'homme était furieux. L'agent de police avait saisi le bras de cet‿homme.
(10) Le cardinal est cruel. Les gardes du cardinal tirent bien de l'épée.

C(i) *Ce qu'il faut faire pour faire du feu:*
   D'abord il faut chercher du bois
   Après‿avoir cherché du bois, il faut ...

   chercher du papier
   chercher du charbon
   placer le bois sur le papier
   placer le charbon sur le bois.
   prendre une allumette
   la frotter (craquer) (*to strike*)
   allumer le papier
   prendre le soufflet (*bellows*)
   faire attention aux‿étincelles (*sparks*)

C(ii) *Ce qu'il faut faire pour prendre un remède:*
   D'abord il faut prendre la bouteille
   Après‿avoir pris la bouteille, il faut ...

   regarder l'étiquette (*label*)
   secouer la bouteille
   prendre une cuiller
   déboucher (*uncork*) la bouteille
   mesurer la dose
   verser une cuillerée (*spoonful*) de médecine
   avaler le remède
   manger un morceau de sucre
   remettre le bouchon (*cork, stopper*)

C(iii) *Ce qu'il faut faire avant d'aller à l'école le matin*
D'abord il faut se réveiller
Après s'être réveillé(e), il faut...
- sauter à bas du lit
- se précipiter à la salle de bain
- se laver
- s'habiller
- se peigner
- descendre dans la salle à manger
- prendre son petit déjeuner
- aller à l'école
- bien travailler

Répétez à la première personne du singulier:

Après m'être réveillé(e)...

D.

un poisson
- saute de l'eau du lac.
- s'agite au bout de la ligne du pêcheur.
- sent bon sur la table au souper.

un feu
- fume dans la cheminée.
- sert à sécher les vêtements mouillés.
- sert à chauffer la pièce.

un insecte
- vous pique au bras et à la figure.
- agace les pique-niqueurs.
- vole autour de la lampe.

un pompier
- arrive au signal d'alarme.
- dirige des jets d'eau sur les flammes.
- éteint les_incendies.

une vache
- nous donne du lait.
- beugle dans l'étable.
- effraie les campeurs.

VOCABULAIRE

| agacer | to irritate | **beugler** | to bellow |
| s'agiter | to wriggle | **le campeur** | camper |

chauffer	to heat	**la pièce**	room
effrayer	to frighten	**piquer**	to sting
une **étable**	cattle shed	**sauter**	to leap
éteindre	to extinguish	**sentir bon**	to smell good
le **pêcheur**	fisherman	**sécher**	to dry
		les **vêtements** (*m.*)	clothes

Qu'est-ce qu'un(e)...?
Qu'est-ce que c'est qu'un(e)...?

Un(e)...est
- quelqu'un qui...
- un homme qui...
- une personne qui...
- quelque chose qui...
- un animal qui...
- une petite bête qui...

Leçon 11

A. Pierre, Jean et Louis ont des chocolats, mais la part (*share*) de chacun n'est pas la même.

Pierre a beaucoup de chocolats. Il a plus de chocolats que les autres. Il est très content.

Jean a assez de chocolats. Il a moins de chocolats que Pierre, mais il en a plus que Louis. Il est assez content.

Louis a très peu de chocolats. Il n'a pas autant de chocolats que les autres. Il est mécontent.

Mais Pierre est généreux. Il dit qu'il a trop de chocolats et il donne quelques chocolats (quelques-uns* de ses chocolats) à Louis.

Maintenant Louis a autant de chocolats que les autres et il n'est plus mécontent. Mais il est gourmand et il mange la plupart de ses chocolats. Il en mange tant qu'il est malade.

* NOTE: *Quelques-un(e)s* is the pronoun of the adjective *quelques*. [T.S.V.P.]

244   LA LANGUE DES FRANÇAIS

Répondez aux questions sans employer le mot *chocolat*.

(1) Quelle quantité de chocolats a Louis?
(2) A-t-il plus ou moins de chocolats que les autres?
(3) Louis a-t-il trop de chocolats?
(4) Qui n'a pas assez de chocolats?
(5) Qui n'a pas autant de chocolats que les autres?
(6) Quelle quantité de chocolats a Pierre?
(7) A-t-il plus ou moins de chocolats que les autres?
(8) Pierre donne des chocolats à Louis. Celui-ci a maintenant le même nombre de chocolats que les autres. (*Donnez une autre expression qui veut dire:* le même nombre.)
(9) Si Jean en donne quelques-uns à Louis aussi, celui-ci aura plus de chocolats que les autres, n'est-ce pas?
(10) Qui mange tant de chocolats qu'il est malade?

*B. Regardez le dessin ci-dessous, puis faites l'exercice à la page d'en face.

Mettez *qui, que, dont, lequel* etc.:

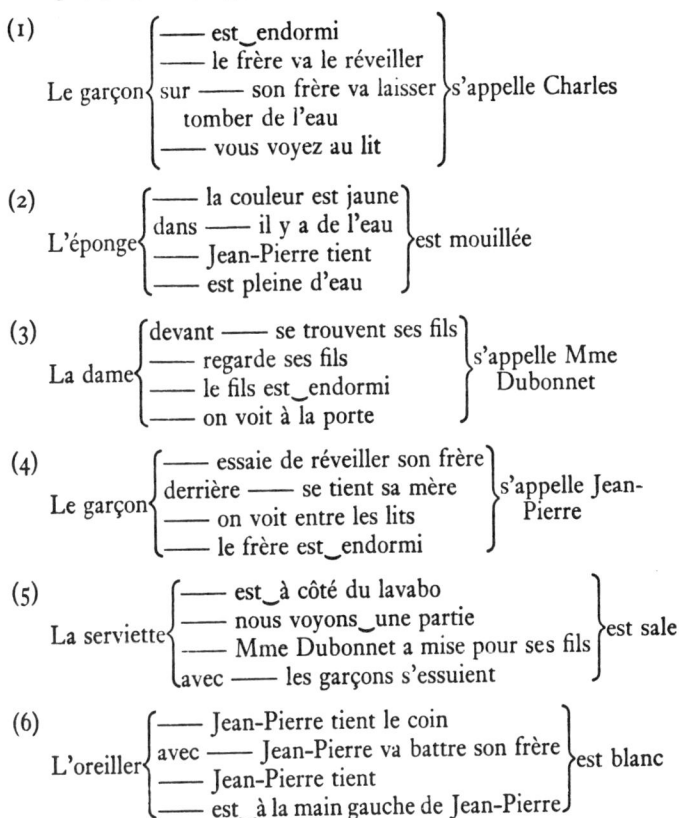

(1) Le garçon
- —— est endormi
- —— le frère va le réveiller
- sur —— son frère va laisser tomber de l'eau
- —— vous voyez au lit

s'appelle Charles

(2) L'éponge
- —— la couleur est jaune
- dans —— il y a de l'eau
- —— Jean-Pierre tient
- —— est pleine d'eau

est mouillée

(3) La dame
- devant —— se trouvent ses fils
- —— regarde ses fils
- —— le fils est endormi
- —— on voit à la porte

s'appelle Mme Dubonnet

(4) Le garçon
- —— essaie de réveiller son frère
- derrière —— se tient sa mère
- —— on voit entre les lits
- —— le frère est endormi

s'appelle Jean-Pierre

(5) La serviette
- —— est à côté du lavabo
- —— nous voyons une partie
- —— Mme Dubonnet a mise pour ses fils
- avec —— les garçons s'essuient

est sale

(6) L'oreiller
- —— Jean-Pierre tient le coin
- avec —— Jean-Pierre va battre son frère
- —— Jean-Pierre tient
- —— est à la main gauche de Jean-Pierre

est blanc

Leçon 12

*A. *Servir à* = to be used for

Exemple:

QUESTION: À quoi sert un canif? (*tailler un crayon*)
RÉPONSE: Un canif sert à tailler un crayon.
QUESTION: Qu'est-ce que c'est qu'un canif?
RÉPONSE: Un canif est une chose qui sert à tailler un crayon.

(1) À quoi sert un couteau ? (*couper le pain, la viande*)
(2) À quoi sert une bouteille ? (*contenir du vin*)
(3) À quoi sert une nappe ? (*couvrir la table*)
(4) À quoi sert une cuiller ? (*manger le potage, remuer le café, le thé*)
(5) À quoi sert une gomme ? (*effacer des mots écrits au crayon*)
(6) À quoi sert une lampe de poche ? (*voir pendant la nuit*)
(7) À quoi sert un panier ? (*mettre ses achats, les provisions*)
(8) À quoi sert un parapluie ? (*protéger les vêtements contre la pluie*)
(9) À quoi sert un verre ? (*boire du vin, de la limonade*)
(10) À quoi sert une tasse ? (*boire du thé, du café*)

NOTE *On* has only the subject form. For the direct and indirect object use *vous*.

Un parapluie sert à *vous* protéger contre la pluie.
An umbrella is used for protecting *one* (*you*) from the rain.

Leçon 13

A. *Proposition Subordonnée*   *Proposition Principale*
(*Dependent clause*)   (*Main sentence*)

(i)   Présent   Futur
(ii)   Imparfait   Conditionnel

(1) Laisser tomber les œufs   les casser.
(2) Être riche   acheter une motocyclette.
(3) Habiter au bord de la mer   se baigner tous les jours.
(4) Tenir un magasin   faire des bénéfices (*profit*).
(5) Se sentir malade   aller chez le médecin.
(6) Avoir un rhume   prendre un médicament
(7) Déchirer son pantalon   le raccommoder
(8) Aller à la campagne   cueillir des fleurs
(9) Manger trop de gâteaux   devenir malade
(10) Taquiner (*tease*) le chien   être mordu

(i) *Exemple:*

Si je travaille dur je gagnerai un prix.

Répétez avec les phrases 1-10 ci-dessus.

(ii) *Exemple:*

Si je travaillais dur je gagnerais un prix.

Répétez avec les phrases 1-10 ci-dessus.

APPENDIX A

B.

un renard
- aime attraper et manger les poulets.
- est très rusé.
- est souvent chassé par l'homme.

un soldat
- se bat pour sa patrie.
- accomplit des‿actions courageuses.
- meurt glorieusement sur le champ de bataille.

un avare
- ne dépense jamais rien.
- aime compter son trésor chaque nuit.
- est très‿égoïste.

un éléphant
- est très lourd et très fort.
- a un très long nez qu'on‿appelle une trompe.
- fait quelquefois des tours dans‿un cirque.

un pêcheur
- a beaucoup de patience.
- met‿un ver sur son‿hameçon.
- est très content quand‿un poisson mord.

VOCABULAIRE

une action	deed	mordre	to bite
la bataille	battle	la patrie	country, fatherland
un avare	miser	le poulet	chicken
chasser	to hunt	le tour	trick
dépenser	to spend	la trompe	trunk
égoïste	selfish	le ver	worm
un hameçon	fish-hook		

Qu'est-ce qu'un(e)...?
Qu'est-ce que c'est qu'un(e)...?

Un(e)... est quelqu'un qui...
        un homme qui...
        une personne qui...

        un animal qui...
        une bête qui...

Leçon 14

A.
    Le camion fait du bruit dans la rue.
    La lune brille pendant la nuit.
    Le soleil fond (*melts*) la neige.
    La neige tombe en hiver.
    L'eau coule du robinet.

Use each of the above sentences in the following pattern to practise direct and indirect questions:

LE PROFESSEUR: Qu'est-ce qui fait du bruit dans la rue?
L'ÉLÈVE A: C'est le camion qui fait du bruit dans la rue.
LE PROFESSEUR (*à l'élève B*): Savez-vous ce qui fait du bruit dans la rue?
L'ÉLÈVE B: Oui, monsieur, c'est le camion qui fait du bruit dans la rue.
LE PROFESSEUR (*à l'élève C*): Demandez-moi ce qui fait ce bruit dans la rue.
L'ÉLÈVE C: Qu'est-ce qui fait ce bruit dans la rue?
LE PROFESSEUR: C'est le camion.

B. LE PROFESSEUR (*à la classe*): Êtes-vous_assis ou debout?
   LA CLASSE: Nous sommes_assis, monsieur.
   LE PROFESSEUR: Levez-vous (*la classe se lève*). Êtes-vous_assis ou debout?
   LA CLASSE: Nous sommes debout, monsieur.
   LE PROFESSEUR: Dites-moi de m'asseoir.
   LA CLASSE: Asseyez-vous, monsieur.
   LE PROFESSEUR (*en s'asseyant très lentement*): Je — m'as — sieds. Voilà. Qu'est-ce que j'ai fait?
   LA CLASSE: Vous vous_êtes_assis, monsieur.
   LE PROFESSEUR: Asseyez-vous très lentement en me disant ce que vous faites.
   LA CLASSE: Nous — nous — as — sey — ons.
   LE PROFESSEUR: Qu'est-ce que vous_avez fait?
   LA CLASSE: Nous nous sommes_assis.
   LE PROFESSEUR: Comment étiez-vous lorsque nous_avons commencé cet_exercice? Étiez-vous debout?
   LA CLASSE: Non, monsieur, nous_étions_assis.
   LE PROFESSEUR: Oui, vous_étiez_assis.

Leçon 15

A. *Venir de (Imperfect)*

Lisez d'abord cette série d'événements (*events*):

Le cambrioleur (*burglar*) ouvre la grille du jardin.
Il s'approche d'une fenêtre.
Il casse une vitre (*pane*).
Il passe la main à travers le trou qu'il a fait.
Il ouvre le loquet (*latch*).
Il pousse la fenêtre.
Un agent de police le voit.
L'agent donne un coup de sifflet.
Il accourt à la maison.
Il arrête le cambrioleur.
Il lui passe les menottes (*handcuffs*).
Il l'emmène au poste (*police station*).

Maintenant répondez aux questions suivantes:

(1) Qu'est-ce que l'agent de police venait de faire avant d'emmener le cambrioleur au poste?
(2) Et que venait-il de faire avant de lui passer les menottes?
(3) Que venait-il de faire avant de l'arrêter?
(4) Et avant d'accourir à la maison?
(5) Et avant de donner un coup de sifflet?
(6) Et avant cela? Qu'est-ce que le cambrioleur venait de faire?
(7) Et avant de pousser la fenêtre?
(8) Avant d'ouvrir le loquet que venait-il de faire?
(9) Que venait-il de faire avant de passer la main à travers le trou qu'il avait fait?
(10) Et avant cela?
(11) Que venait-il de faire avant de s'approcher d'une fenêtre?

Variation 1: Le professeur se met à la place du cambrioleur et un élève devient l'agent de police.

Variation 2: Le professeur prend le rôle d'un inspecteur de police qui interroge l'agent.

APPENDIX B

GENDERS

In the following notes all nouns which follow the rule given are printed in bold upright type and all exceptions in bold sloping type.

MASCULINE are:

1. Nouns which are obviously masculine by meaning:
    l'homme, l'oncle, le frère, etc.

2. Names of TREES, METALS, SEASONS, MONTHS, DAYS OF THE WEEK and NAMES OF COUNTRIES which do not end in a mute **e**:

    | le pin, *pine* | l'or, *gold* | le Canada |
    | le chêne, *oak* | le cuivre, *copper* | le Brésil |

3. Nouns ending in -AGE

    le fromage, *cheese* 　　*la page*, *page (in a book)*
    l'âge, *age* 　　*la plage*, *beach, seaside town*
    le courage, *courage* 　　*la cage*, *cage*
    　　　　　　　　　　　　la rage, *rage, rabies*
    　　　　　　　　　　　　l'image, *picture (in a book)*
    　　　　　　　　　　　　la nage, *swimming*

4. Nouns ending in -ENT:

    l'appartement, *flat* 　　*la dent*, *tooth*
    l'argent, *money, silver* 　　*la jument*, *mare*
    ie bâtiment, *building*

5. Nouns ending in -EUR (if they denote a man or an agent):

    le facteur, *postman*
    l'acteur, *actor*
    le radiateur, *radiator*
    le moteur, *motor, engine*

    Note also: l'honneur, *honour*, le bonheur, *happiness, good fortune*, le malheur, *misfortune*.

APPENDIX B

6. *Most nouns ending in the SOUND OF A VOWEL (except nouns ending in a mute e).

le couteau, *knife*
le palais, *palace*
le balai, *broom*
le déjeuner, *lunch*
le genou, *knee*
le sujet, *subject*
le chocolat, *chocolate*
le papier, *paper*
le mot, *word*
le colis, *parcel*
le choix, *choice*
le fusil, *rifle*

l'eau, *water*
la peau, *skin*
la villa, *holiday house*
la fourmi, *ant*
la forêt, *forest*
la voix, *voice*
la croix, *cross*
la loi, *law*
la fois, *time*
la paix, *peace*
la clef, *key*
la nuit, *night*
la radio, *radio*

* This is a *good guide* rather than a rule and the many exceptions should be noted.

7. Compound nouns of which the first part is a verb:

le porte-monnaie, *purse*
le portefeuille, *wallet*
le *parapluie, *umbrella*
le *paratonnerre, *lightning conductor*
le *parachute, *parachute*

* from the verb **parer**, *to protect, to stop*

FEMININE are:

1. Nouns obviously feminine by meaning:

la sœur, la tante, la vache, etc.

2. Names of countries ending in a mute e:

la France, l'Angleterre, la Belgique, etc.

3. Nouns ending in -TION, -SION:

la nation, *nation*
la question, *question*
la punition, *punishment*

4. Nouns ending in -SON:

    la maison, *house*
    la saison, *season*
    la moisson, *harvest*

    le poison, poison
    le poisson, fish
    le buisson, bush
    le frisson, shiver
    le saucisson, sausage

5. Nouns ending in -NCE, -NSE:

    la défense, *defence*
    la patience, *patience*
    la danse, *dance*
    la réponse, *reply, answer*

    le silence, silence

6. Nouns ending in -URE, -UNE, -UDE:

    la figure, *face*
    la couverture, *blanket, rug*
    la fortune, *fortune*
    la gratitude, *gratitude*

7. Nouns ending in -TIÉ, -TÉ:

    la moitié, *half*
    la pitié, *pity*
    la santé, *health*
    la vérité, *truth*

    le côté, side
    l'été, summer
    le pâté, pie

8. Most nouns ending in a mute e preceded by a DOUBLE CONSONANT or a VOWEL:

    l'assiette, *plate*
    la terre, *earth*
    la canne, *walking stick*
    la gomme, *indiarubber*
    la flamme, *flame*
    l'enveloppe, *envelope*
    la saucisse, *sausage*
    la ville, *town*
    la brosse, *brush*
    la pluie, *rain*
    la soie, *silk*

    le beurre, butter
    le verre, glass
    le tonnerre, thunder
    le squelette, skeleton
    le mille, thousand
    l'incendie, fire, conflagration

9. Nouns ending -ÉE:

>   l'arrivée, *arrival*
>   l'entrée, *entrance*
>   la traversée, *crossing*
>   la journée, *day*
>   **le musée,** *museum*
>   **le lycée,** *grammar school*

10. Nouns ending in -EUR (if they do not denote men or agents):

>   la fleur, *flower*
>   la peur, *fear*
>   la couleur, *colour*
>   la vapeur, *steam*
>   **l'honneur,** *honour*
>   **le bonheur,** *happiness, good fortune*
>   **le malheur,** *misfortune*
>   **le cœur,** *heart*

   NOTE The following words can apply to men OR women:

>   la personne, *person*
>   la victime, *victim*
>   la sentinelle, *sentry*

Apprenez par cœur :
N'oubliez pas que sont du *masculin*:
arbre, pupitre; fleur est *féminin*

APPENDIX C

RÉDACTIONS À PRÉPARER

1. Les Oiseaux en Hiver (Leçon 6, page 89)

VOCABULAIRE

ainsi	thus	la nourriture	food
gentil	kind	la vie	life
la miette	crumb	le ver	worm
non plus	either	la soucoupe	saucer

Les‿oiseaux ont toujours besoin de nourriture et en‿hiver leur vie est très dure. Ils‿aiment manger des vers et des‿insectes et quand la terre est gelée ils n'en trouvent pas et ils‿ont faim. Ils‿ont soif aussi, car quand l'eau est gelée ils ne peuvent pas boire non plus.

Quand‿il fait très froid, les gens qui aiment les‿oiseaux et qui sont gentils placent des miettes ou des morceaux de pain et une soucoupe d'eau sur une table ou sur l'herbe dans le jardin. Ainsi les petits‿oiseaux ne meurent pas de faim et de soif.

Répondez aux questions:

(1) Comment est la vie des oiseaux en hiver?
(2) Qu'aiment-ils manger?
(3) Peuvent-ils en trouver quand la terre est gelée?
(4) Pourquoi pas?
(5) Pourquoi ne peuvent-ils pas trouver d'eau non plus?
(6) Que faut-il faire pour aider les oiseaux quand il fait très froid?
(7) Où faut-il placer la nourriture qu'on leur donne?
(8) Quels gens font ceci (*this*)?

(9) Qu'est-ce qui arrive (*happens*) aux oiseaux s'ils ne trouvent pas assez à manger et à boire?

(10) Aimez-vous les oiseaux? Les aidez-vous quand il fait froid en hiver?

2. Les Saisons (*Leçon* 7, *page* 104)

VOCABULAIRE

une averse	shower	patiner	to skate
un étang	pond	la primevère	primrose
un inconvénient	disadvantage	le tapis	carpet

Chaque saison a ses avantages et ses inconvénients. Par exemple, au printemps il y a de jolies fleurs qui poussent dans les bois comme la primevère mais il y a souvent aussi des averses parce qu'il pleut beaucoup.

En été on peut se baigner et faire des pique-niques, mais quand il fait trop chaud on dort mal la nuit.

L'automne est très joli; sur la terre il y a un tapis de feuilles jaunes mais il y a souvent du vent et on doit bien tenir son chapeau.

L'hiver est très amusant. Quand la terre est blanche, on peut faire un bonhomme de neige et patiner sur l'étang. On reçoit aussi des cadeaux de Noël, mais la vie n'est pas agréable quand il faut fermer toutes les portes et toutes les fenêtres parce qu'il fait si froid!

Répondez aux questions:

(1) Chaque saison a ses avantages, mais aussi ses ... (quel est le contraire?)
(2) Nommez un avantage du printemps.
(3) De quelle couleur sont les primevères?
(4) Nommez un inconvénient du printemps.
(5) Nommez un avantage de l'été.
(6) Donnez aussi un des inconvénients.
(7) Quel est un des avantages de l'automne?
(8) L'automne a-t-il un inconvénient?
(9) Quels sont les avantages de l'hiver? Et un de ses inconvénients?
(10) Quelle saison préférez-vous? Pourquoi?

3. L'Éléphant reconnaissant (*Leçon* 8, *page* 119)

VOCABULAIRE

boiter	to limp	ôter, enlever	to take out
bon marché	cheap	la piste	ring
le cirque	circus	la reconnaissance	gratitude
droit	straight	reconnaissant	grateful
une épine	thorn	le tour	trick
l'Inde	India	la trompe	trunk

Cette histoire commence en Inde. Un jour un Anglais, qui voyage dans la forêt, voit un éléphant. Le gros animal boite à cause d'une épine dans sa patte. Le voyageur, qui a le cœur tendre, n'aime pas voir la pauvre bête souffrir et ôte l'épine.

Trois ans plus tard, le même Anglais va au cirque. Parce qu'il n'a pas beaucoup d'argent, il prend une place bon marché. Après les acrobates, un éléphant entre en piste et commence à faire des tours. Tout d'un coup l'animal voit l'Anglais et le reconnaît.

Quittant la piste, il va droit vers l'homme et, pour montrer sa reconnaissance, le soulève dans sa trompe et le dépose dans une des meilleures places à côté de la piste.

On dit que les éléphants n'oublient jamais.

Répondez aux questions:

(1) Quel est le titre de cette histoire? Comprenez-vous le mot « reconnaissant »?
(2) Dans quel pays cette histoire commence-t-elle?
(3) Où voyage l'Anglais un jour?
(4) Quel animal voit-il?
(5) La bête peut-elle bien marcher?
(6) À cause de quoi ne marche-t-elle pas bien?
(7) Que fait le voyageur?
(8) Où va l'Anglais trois ans plus tard?
(9) Pourquoi prend-il une place bon marché?
(10) Que fait l'éléphant quand il entre en piste?
(11) Qui est-ce que l'éléphant voit tout d'un coup?
(12) Reconnaît-il l'homme qui l'a aidé?
(13) Que fait-il?
(14) Comment soulève-t-il l'homme?
(15) Où le dépose-t-il?
(16) Les éléphants oublient-ils facilement ou ont-ils une bonne mémoire?

Dites (vous devez inventer en imaginant que les éléphants savent parler):

(*a*) Ce que le voyageur dit à l'éléphant quand il enlève l'épine.
(*b*) La réponse de l'animal reconnaissant.
(*c*) Ce que dit l'éléphant quand il dépose l'Anglais dans une meilleure place.
(*d*) La réponse de l'Anglais à son bienfaiteur (*benefactor*).

4. *Le Corbeau et le Renard* (*Leçon* 10, *page* 150)

VOCABULAIRE

affamé	hungry	flatter	to flatter
le bec	beak	la plume	feather
le conseil	advice	le renard	fox
le corbeau	crow	rusé	cunning

Maître Corbeau est perché sur une branche d'arbre. Il est très content, car dans son bec il tient un beau fromage qu'il vient de voler.

Mais à ce moment-là un renard très affamé passe sous l'arbre. Il sent le fromage et, levant les yeux, il voit le corbeau.

— Bonjour, monsieur le Corbeau, dit-il. Que vous êtes beau! Je me demande si votre voix est aussi belle que vos plumes. Voulez-vous chanter pour moi?

À ces mots le corbeau, qui est très flatté, ouvre le bec pour chanter. Malheureusement il oublie le fromage qui tombe entre les pattes du rusé renard.

— Merci, mon bon monsieur, dit celui-ci. Voici un bon conseil: N'écoutez pas les gens qui vous flattent.

Répondez aux questions:

(1) Où maître Corbeau est-il perché?
(2) Comment se sent-il?
(3) Qu'est-ce qu'il tient dans le bec?
(4) Comment a-t-il obtenu ce fromage?
(5) Qui passe sous l'arbre à ce moment-là?
(6) A-t-il envie de manger?
(7) Qu'est-ce qu'il sent? [T.S.V.P.]

(8) Que voit-il en levant les yeux ?
(9) Que dit le renard pour flatter le corbeau ?
(10) Qu'est-ce que le renard demande au corbeau de faire pour lui ?
(11) Comment se sent le corbeau en entendant ces mots ?
(12) Qu'est-ce qu'il ouvre ?
(13) Qu'est-ce qu'il oublie ?
(14) Où tombe le fromage ?
(15) Quel est le bon conseil que le renard donne au corbeau ?

Imaginez:

(*a*) Ce que le renard dit en sentant le fromage.
(*b*) Ce que le corbeau dit, en voyant le renard manger son beau fromage.

5. Le Lion et le Rat (*Leçon* 11, *page* 164)

VOCABULAIRE

déchirer	to tear	ronger	to gnaw
s'échapper	to escape	rugir	to roar
le filet	net	la maille	mesh
malgré	in spite of		

Un jour un rat sort de son trou pour chercher quelque chose à manger. Malheureusement il ne regarde pas où il va et se retrouve entre les pattes d'un lion. Mais le roi des‿animaux ne tue pas le petit rat; il se montre très généreux et le laisse partir.

Quelque temps plus tard le lion se trouve pris dans‿un filet. Il rugit très fort et essaie d'en sortir, mais malgré sa terrible voix il ne réussit pas à rompre les mailles du filet.

Heureusement le rat l'entend et vient‿aussi vite que possible. Quand‿ il voit le lion dans le filet il se rappelle qu'il doit sa vie au roi des‿animaux et, pour montrer sa reconnaissance, commence à ronger une des mailles du filet. Quand‿une maille est rompue, le lion met sa patte dans le trou, déchire facilement les‿autres mailles et s'échappe.

La morale de cette histoire: « On a souvent besoin d'un plus petit que soi ».

Répondez aux questions:

(1) Pourquoi le rat sort-il de son trou?
(2) Regarde-t-il avec soin où il va?
(3) Où se retrouve-t-il?
(4) Comment est-ce qu'on appelle le lion?
(5) Le lion tue-t-il le petit rat?
(6) Comment se montre-t-il?
(7) Quel accident arrive quelque temps après au lion?
(8) Que fait le lion?
(9) Réussit-il à rompre les mailles du filet?
(10) Qui entend les rugissements (*roaring*) du lion?
(11) Que fait le rat?
(12) Pourquoi fait-il ceci?
(13) Qu'est-ce que le lion peut faire quand une maille est rompue?
(14) S'échappe-t-il enfin du filet?
(15) Quelle est la morale de cette histoire?

Imaginez:

(*a*) Ce que dit le rat au lion (*la première fois*).
(*b*) La réponse du lion.
(*c*) Ce que dit le rat au lion (*la deuxième fois*).
(*d*) La réponse du lion.

APPENDIX D

SENTENCES FOR VOWEL AND CONSONANT PRACTICE

1. SENTENCES FOR VOWEL PRACTICE
    (1) Mimi lit‿un livre gris au lit.
    (2) Cet‿été les fées ont visité le pré.
    (3) Ma mère met la chaise verte près de la fenêtre.
    (4) J'envoie la malle de papa à la gare.
    (5) Jacques passe trois‿heures en classe.
    (6) Paul sort pour sonner la cloche du clocher.
    (7) J'ai mis la rose dans‿un gros seau d'eau.
    (8) Les noms: bijou, caillou, chou, genou, hibou et joujou prennent toujours un «x» au pluriel.
    (9) Jules tue la tortue avec le fusil de Luc.
    (10) Il pleut si peu que ce lieu est‿en feu.
    (11) Ma sœur pleure parce que ses fleurs meurent.
    (12) Cette montre ne marche pas.
    (13) Les vingt-cinq chiens dans le train ont faim.
    (14) Ma tante va en France le dimanche trente décembre.
    (15) Les garçons dans le salon sont blonds.
    (16) Lundi, M. Lebrun donne à chacun un parfum.
    (17) Taillez bien le crayon de Pierre.
    (18) Voilà mon mouchoir dans la boîte.
    (19) Les nuages apportent la pluie en Suède.

2. SENTENCES FOR CONSONANT PRACTICE
    (*k*) Qui dit qu'elle court sur le quai?
    (*l*) Quelle belle pelle!
    (*p*) Papa prépare le potage pour Pierre.
    (*r*) Quand‿un gendarme rit dans la gendarmerie, tous les gendarmes rient dans la gendarmerie.
    (*t*) Ton thé t'a-t-il ôté ta toux?

APPENDIX E

REGULAR AND IRREGULAR VERBS

The French verb has six principal parts (**les six pieds**), from which is formed the rest of the verb. (Only **five** are given below as the tenses formed from the sixth foot are not introduced in this book.) The five feet given are as follows with, on the right, the tenses formed from them:

1. Infinitive — Future
2. Present (1st person singular) — Rest of Present singular.
2nd person singular of Imperative.
3. Present (1st person plural) — Present participle.
Imperfect.
1st and 2nd persons plural of Imperative.
4. Present (3rd person plural) — **(Subjunctive)***
5. Perfect — Pluperfect and all other compound tenses.

* The subjunctive is not introduced in this book.

N.B. Any exceptions to the above formations are printed in bold italic type.

REGULAR VERBS

	1	2	3	4	5
1ST CONJUGATION **donner,** *to give*		donne	donnons	donnent	ai donné

261

2ND CONJUGATION
finir, *to finish*   finis   finissons   finissent   ai fini

3RD CONJUGATION
attendre, *to wait*   attends   attendons   attendent   ai attendu

Note also: rompre, il romp**t**

IRREGULAR VERBS

	1	2	3	4	5
aboyer, *to bark* (see nettoyer)					
accueillir, *to welcome* (see cueillir)					
acheter, *to buy* *achèterai*	achète	achetons	achètent	ai acheté	
admettre, *to admit* (see mettre)					
aller, *to go* *ira*	vais / vas / va / *imp.: va!*	allons	vont	*suis* allé	
amener, *to bring* (see mener)					
apercevoir, *to perceive* (see recevoir)					
appeler, *to call* *appellerai*	appelle	appelons	appellent	ai appelé	
appartenir, *to belong* (see tenir)					

apprendre, *to learn* (see prendre)				
s'asseoir, *to sit down*	m'assieds	nous asseyons	s'asseyent	me *suis* assis
m'assiérai				
atteindre, *to reach* (see peindre)				
avoir, *to have*	ai	avons	ont	ai eu
aurai	as			
	a	*pres. part.: ayant*		
	imp.: aie!	*imp.: ayons!*		
		ayez!		
battre, *to beat*	bats	battons	battent	ai battu
boire, *to drink*	bois	buvons	boivent	ai bu
commettre, *to commit* (see mettre)				
comprendre, *to understand* (see prendre)				
conduire, *to lead, drive*	conduis	conduisons	conduisent	ai conduit
connaître, *to know*	connais	connaissons	connaissent	ai connu
	connaît			
consentir, *to consent* (see sentir)				
construire, *to construct* (see conduire)				
contenir, *to contain* (see tenir)				
convaincre, *to convince* (see vaincre)				
coudre, *to sew*	couds	cousons	cousent	ai cousu
courir, *to run*	cours	courons	courent	ai couru
courrai				

couvrir, *to cover* (see ouvrir)			
craindre, *to fear*	crains	craignons	craignent	ai craint
croire, *to believe*	crois	croyons	croient	ai cru
cueillir, *to pick, gather* **cueillerai**	cueille	cueillons	cueillent	ai cueilli
devenir, *to become* (see venir)			
devoir, *to have to, to owe* **devrai**	dois	devons	doivent	ai dû
dire, *to say, tell*	dis	disons ***dites***	disent	ai dit
disparaître, *to disappear* (see connaître)			
dormir, *to sleep*	dors	dormons	dorment	ai dormi
écrire, *to write*	écris	écrivons	écrivent	ai écrit
s'endormir, *to go to sleep* (see dormir)			
ennuyer, *to annoy* (see essuyer)			
envoyer, *to send* **enverrai**	envoie	envoyons	envoient	ai envoyé
espérer, *to hope* (*Note:* espérerai)	espère	espérons	espèrent	ai espéré
essuyer, *to wipe* **essuierai**	essuie	essuyons	essuient	ai essuyé
éteindre, *to extinguish* (see peindre)			

Infinitive	Present				Passé composé
être, *to be* serai	suis es est imp.: sois!	sommes êtes pres. part.: étant imperf.: étais imp.: soyons! soyez!		sont	ai été
faire, *to make, do* ferai	fais	faisons faites imperfect:		font	ai fait
falloir, *to be necessary* il faudra	il faut	il fallait			il a fallu
geler, *to freeze* gèlerai	gèle	gelons		gèlent	ai gelé
jeter, *to throw* jetterai	jette	jetons		jettent	ai jeté
joindre, *to join*	joins	joignons		joignent	ai joint
lever, *to raise* lèverai	lève	levons		lèvent	ai levé
lire, *to read*	lis	lisons		lisent	ai lu
mener, *to lead* mènerai	mène	menons		mènent	ai mené
mentir, *to tell a lie* (see dormir)					
mettre, *to put*	mets	mettons		mettent	ai mis
mourir, *to die* mourrai	meurs	mourons		meurent	*suis* mort
naître, *to be born*	nais	naissons		naissent	*suis* né

265

nettoyer, *to clean* *nettoierai*	nettoie	nettoyons	nettoient	ai nettoyé
obtenir, *to obtain* (see tenir)				
offrir, *to offer* (see ouvrir)				
omettre, *to omit* (see mettre)				
ouvrir, *to open*	ouvre	ouvrons	ouvrent	ai ouvert
paraître, *to appear, seem* (see connaître)				
partir, *to leave, depart*	pars	partons	partent	*suis* parti
peindre, *to paint*	peins	peignons	peignent	ai peint
permettre, *to permit* (see mettre)				
plaire, *to please*	plais *plaît*	plaisons	plaisent	ai plu
pleuvoir, *to rain* *il pleuvra*	il pleut	*imperfect:* il pleuvait		il a plu
pouvoir, *to be able to* *pourrai*	peux (*or* **puis**)	pouvons	peuvent	ai pu
promettre, *to promise* (see mettre)				
prendre, *to take*	prends	prenons	prennent	ai pris
recevoir, *to receive* *recevrai*	reçois	recevons	reçoivent	ai reçu
revenir, *to return* (see venir)				
rire, *to laugh*	ris	rions	rient	ai ri
savoir, *to know* *saurai*	sais *imp.:* **sache!**	savons *pres. part.:* **sachant!** *imp.:* **sachons!** **sachez!**	savent	ai su

sentir, *to feel, smell* (see dormir)				
servir, *to serve* (see dormir)				
sortir, *to go out*	sors	sortons	sortent	***suis*** sorti
souffrir, *to suffer* (see ouvrir)				
sourire, *to smile* (see rire)				
se souvenir, *to remember* (see venir)				
suivre, *to follow*	suis	suivons	suivent	ai suivi
se taire, *to be silent*	me tais	nous taisons	se taisent	me ***suis*** tu
tenir, *to hold*	tiens	tenons	tiennent	ai tenu
tiendrai				
vaincre, *to conquer*	vaincs	vainquons	vainquent	ai vaincu
	vainc			
valoir, *to be worth*	vaux	valons	valent	ai valu
venir, *to come*	viens	venons	viennent	***suis*** venu
viendrai				
vivre, *to live*	vis	vivons	vivent	ai vécu
voir, *to see*	vois	voyons	voient	ai vu
verrai				
vouloir, *to wish, want*	veux	voulons	veulent	ai voulu
voudrai	*imp.:*	*imp.:*		
	veuille!	***veuillons!***		
		veuillez!		

267

VOCABULAIRE

Français—Anglais

Words which have the same form and meaning in both French and English are not included. The feminine of adjectives is not given when it forms regularly by adding **e**. An asterisk (*) before an h indicates an h aspiré.

A

à, to, at; à nous, ours
abandonné, abandoned
abattre, to beat down
un abbé, (Roman Catholic) priest
d'abord, first, first of all
aboyer, to bark
abrité, sheltered
un accord, agreement; tomber d'accord, to agree
accorder, to grant
accueillir, to welcome
achever, to finish (off)
admettre, to admit
l'adresse (*f.*), skill
adroit, skilful
un adversaire, opponent
les affaires (*f. pl.*), things
affectueux (-se), affectionate
affilé, sharp
afin de, in order to
âgé, aged, old
agir, to act
agité, rough
s'agiter, to wave about, to wriggle
une aiguille, needle
d'ailleurs, besides, moreover
aimable, pleasant, nice
ainsi, thus
ainsi que, as well as
l'air (*m.*), air, look; avoir l'air, to look, to seem
aisé, well off
un Allemand, a German
alors, then
une âme, soul
amener, to bring, to lead
amicalement, friendly; bien amicalement à vous, yours sincerely
s'amuser, to enjoy oneself, to have a good time
une anguille, eel
anxieux (-se), anxious
s'apercevoir, to notice
apparaître, to appear
appartenir, to belong
apprendre, to learn
un apprenti, apprentice
apprivoisé, tame
s'approcher de, to approach
approuver, to agree to, to sanction
d'après, adapted from
une arme, weapon
arracher, to snatch, to tear
une arrivée, arrival
arriver, to arrive, to happen
s'asseoir, to sit down
assister à, to be present at
assurer, to assure
attacher, to tie on
atteindre, to reach
atteler, to harness
en attendant, meanwhile

atroce, atrocious
une auberge, inn
aucun(e), no, none
aussi, also, too; so
aussi ... que, as ... as
aussitôt, straight away
autant que, as much as
autour de, around
s'avancer, to make one's way forward
avant de, before
en avant, forward; les pieds en avant, feet foremost
avare, miserly
un avare, miser
l'avenir (*m.*), future
une aventure, adventure
aveuglé, blinded

B

bâiller, to yawn
baisser, to lower
balancer, to swing about
le ballon, balloon
à bas! down with!
au bas de, at the bottom of
en bas, downstairs
le bas, stocking
la bataille, battle
le bâtiment, building
le bâton, stick
beau (belle), beautiful, handsome, lovely, nice; il fait beau (temps), it is fine (weather)
le bec, beak
la bêche, spade
bêcher, to dig
le besoin, need; avoir besoin de, to need
bête, stupid
la bête, animal, beast; sale bête! wretched animal!
bien, well; c'est bien, all right then; eh bien! well!
le bien, good
le bien-être, well-being
blesser, to wound, to hurt
la blessure, wound

le bœuf, ox
le bohémien, gypsy
le bond, leap, bound
le bonnet, bonnet
bonté divine! Bless my soul! Good gracious!
au bord de la mer, by (at) the seaside
borgne, blind in one eye
la bouffée, puff
bouger, to move
bouillant, boiling
le boulet, cannon ball
le bout, end; au bout de, after, at the end of
la boutique, small shop
le brancard, stretcher
la branche, branch
brandir, to brandish
braquer, to point, to direct
brave, worthy
la bride, bridle
briser, to break (*trans.*)
se briser, to break (*intrans.*)
le broc, (large) jug
bruyant, noisy

C

cacher, to hide
le cachet, pill, tablet
le cachot, dungeon
le cadavre, corpse
la caisse, packing case, box
calme, calm; calme comme de l'huile, as calm as a mill pond
le Canadien, Canadian
le canon, gun, cannon
le capitaine, captain
causer, to chat; to cause
le cavalier, horseman
la cave, cellar
la caverne, cave
célèbre, celebrated
célébrer, to celebrate
la cellule, cell
cependant, however
cesser, to cease
chacun(e), each (one)

le chagrin, sorrow
la chair, flesh
le champ, field
la chance, luck; **pas de chance!** bad luck! **tenter sa chance**, to try one's luck
le changement, change
la chanson, song
le chapeau, hat
charger, to load
la charrette, cart
la chasse, hunting, shooting
le château, castle
chauffer, to heat
la cheminée, chimney, mantelpiece
la chemisette, blouse
les cheveux (*m. pl.*), hair; **aux cheveux blancs**, with white hair
la chèvre, goat
le choc, shock
le choix, choice
clair, clear
la clameur, outcry
le client, la cliente, customer, client
la cloche, bell
le clou, nail
clouer, to nail
cocorico! cock-a-doodle-doo!
le cœur, heart; **de bonne cœur**, heartily
coiffer, to put (a hat) on (*trans.*)
la colère, anger
coller, to stick
la colline, hill
la colonne, column
la colonne vertébrale, spine
combattre, to fight
comme, as, like; **comme par**, as if by
compte: **se rendre compte de**, to realise
compter, to count, to intend to
conduire, to lead, to drive
le congé, holiday
la connaissance, consciousness; **reprendre connaissance**, to regain consciousness
le conseil, advice
consentir, to consent
considérer, to consider
constamment, constantly
construire, to construct, to build
contenir, to contain
au contraire, on the contrary
convaincre, to convince
la corde, rope
le cordonnier, cobbler, shoemaker
la corniche, ledge
le corps, body; **corps-à-corps**, hand to hand
la côte, coast
le côté, side; **de tous côtés**, on all sides
le cou, neck
coucher, to put to bed, to lay out
couler, to run, to flow
le coup, stroke, blow; **coup de foudre**, thunderbolt; **coup de pied**, kick
couper, to cut
le couteau, knife
la couverture, blanket, rug
craindre, to fear
creuser, to dig
croiser, to cross
la cuvette, basin

D

au début, at the start, beginning
décapiter, to behead
déclarer, to declare
découvrir, to discover
décrire, to describe
déçu, disappointed
dedans, inside; **en dedans**, from inside
défendu, forbidden
se demander, to wonder
demeurer, to dwell, to live
le départ, start, departure
déplacer, to move, to displace
déplier, to unfold
depuis, since, for
déranger, to disturb; **cela vous dérange-t-il?** do you mind?
le derrière, backside

VOCABULAIRE

désert, deserted
désobéissant, disobedient
désordonné, untidy
dès que, as soon as
en-dessous, underneath
au-dessus de, above
détruire, to destroy
devenir, to become; **que deviendrai-je?** what will become of me?
deviner, to guess
dévisser, to unscrew
dicter, to dictate
le dieu, god; **le bon Dieu**, God
la digue, sea front
diriger, to direct, to steer
se diriger vers, to make one's way towards
discuter, to argue
disparaître, to disappear
le divan, couch
le doigt, finger
le domestique, servant
le dommage, damage; **quel dommage!** what a pity!
donc, therefore
le dos, back
doucement, quietly, calmly
la douleur, pain
se douter de, to suspect
doux (-ce), soft, sweet
droit, straight
le droit, right
durer, to last

E

un échange, exchange
échapper, to escape
un éclair, flash of lightning
éclairer, to light
éclater, to burst; **éclater de rire**, to burst out laughing
s'écouler, to elapse, to go by
s'écrier, to cry out
l'écriture (f.), writing
un écrou, nut
en effet, indeed
effrayant, frightening
effrayé, frightened
égoïste, selfish
eh bien! well! well then!
élégant, smart, elegant
s'élever, to rise up
embarrassé, embarrassed
une émeute, riot
emmener, to take, to take (lead) away
empêcher, to prevent
emporter, to take (carry) away, up
emprisonner, to imprison
l'enchantement (m.), magic
encore, still, yet; **pas encore**, not yet; **encore plus grand**, even larger; **encore une semaine**, another week
endormi, asleep
enfermer, to shut up
enfin, at last
enfoncer, to drive in
s'engouffrer, to swirl up
ennuyeux(-se), boring
enragé, maddened
une enseigne, signboard
ensoleillé, sunny
entendre, to hear; **entendre parler de**, to hear of
entouré de, surrounded by
entraîner, to drag down
envahir, to invade
l'envie (f.), envy; **avoir envie de**, to feel like (doing something)
épais(-se), thick
épargner, to spare, to save (money, time)
une épaule, shoulder
une épée, sword
épouvantable, fearful
un époux, spouse, husband
une épreuve, test
une erreur, error, mistake
un escalier, staircase
un espace, space
espérer, to hope; **j'espère que oui**, I hope so
l'esprit (m.), mind
essoufflé, out of breath

un estomac, stomach
un étage, floor, storey
un état, state, condition
un étau, vice
   étendre, to stretch out
   étendu, lying
   étonné, astonished
   l'étonnement(*m.*), astonishment
   s'étonner, to be astonished
   étranger(-ère), foreign
à l'étranger, abroad
   s'évader, to escape
   s'évanouir, to faint
une évasion, escape
un événement, event
   éventé, windy
   éventrer, to rip open
   éviter, to avoid
   exaspéré, exasperated
   s'excuser, to apologise
   exécuter, to carry out
par exemple, for example
une expérience, experiment
un explorateur, explorer
   exprès, on purpose

F

en face de, opposite
se fâcher, to get angry
la facilité, ease
la façon, way, manner; la bonne façon, the right way
la faim, hunger; avoir faim, to be hungry
   faire, to do, to make; c'est bien fait, it serves him right; faire semblant de, to pretend to; faire vite, to be quick; faire voir, to show
le fait, fact
la falaise, cliff
   falloir, to be necessary
   faut: *see* falloir
   fêlé, cracked
le fer, iron; fer à cheval, horseshoe
   ferrer, to shoe (a horse)
la fête, holiday

   feu, late; feu son mari, her late husband
les feux d'artifice (*m. pl.*), fireworks
   fidèle, faithful
la figure, face
le fil, thread
le fil de fer, wire
la fin, end; à la fin, in the end
   flairer, to sniff
le flanc, side
la flèche, arrow
le flot, stream
la foi, faith; ma foi! my word!
la foire, fair
la fois, time; à la fois, at the same time; toutes les fois que, whenever
   folle: *see* fou
le fond, bottom
   fondre, to melt
la force, strength
   forger, to forge
le forgeron, blacksmith
   fort (*adv.*), hard, loudly
la forteresse, fortress
la fosse, hole (for grave)
le fossé, moat, ditch
le fossoyeur, gravedigger
   fou (folle), mad
le fou, madman; la maison de fous, lunatic asylum
   fouiller, to search
la foule, crowd
   fournir, to supply
le fourreau, scabbard
   franchir, to cross
le fripon, rascal
la fureur, fury
le fusil, rifle
   fusiller, to shoot

G

   gagner, to earn
le garde, guard
   garder, to guard, to keep
la garnison, garrison

gâté, spoiled
le gendarme, constable
généreux(-se), generous
le genou, knee; se mettre à genoux, to kneel down
gentil(-le), kind; c'est gentil à vous, it is kind of you
la gentillesse, kindness
gentiment, kindly
le geôlier, jailer
gigantesque, gigantic
glacé, icy
glissant, slippery
se glisser, to slip, to slide
se gonfler, to swell out
la gorge, throat
le gouverneur, governor
la grâce, pardon; grâce à, thanks to
la graisse, grease
gratter, to scratch
gravir, to climb
le grenier, attic
le grillage, grating
grimper, to climb
le grippe-sou, skinflint
grommeler, to grouse
gronder, to scold, to murmur angrily
grossier(-ère), rough
guérir, to cure; guérir de, to recover from
la guerre, war

H

habile, clever, skilful
l'habileté (f.), cleverness, skill
l'habit (m.), dress, costume
s'habituer à, to get used to
une habitude, habit; avoir l'habitude de, to be in the habit of
d'habitude, usually; comme d'habitude, as usual
la *hache, axe
le *haillon, rag (of clothing); être en haillons, to be in rags, tatters

*hanté, haunted
le *harpon, harpoon
le *harponneur, harpooner
le *hasard, chance, luck; au hasard, at random
du *haut de, from
en *haut, upstairs
une hélice, propeller
*hennir, to neigh
le *hennissement, neighing
hériter de, to inherit
*heurter, to knock against, to run into
l'histoire (f.), history, story
*holà! stop! hi there!
la *honte, shame; avoir honte, to be ashamed
un hôpital, hospital
une horreur, horror; quelle horreur! how horrible!
un hôte, host, guest
un hôtel, mansion, town house, hotel
humide, damp
*hurler, to yell, to howl

I

illustré, illustrated
il y a, there is; il y a une heure an hour ago
un imbécile, idiot
immédiatement, immediately
indiquer, to point to
infortuné, unfortunate
s'inquiéter, to worry
inséparable, inseparable
instructif, instructive
installé, installed, settled in
insupportable, unbearable
un insurgé, insurgent
interdit, taken aback
un intérieur, interior
un interrogatoire, interrogation
interrompre, to interrupt
inutilement, uselessly, to no purpose
ivre, drunk, intoxicated

J

se joindre à, to join
jouer, to play; **jouer au tennis**, to play tennis
le jouet, toy
le jour, day, daylight
la jupe, skirt
le jupon, petticoat, underskirt
jusqu'à, up to, as far as
justement, as it so happens

L

le lac, lake
lâche, cowardly
lâcher, to release
laid, ugly
la laine, wool
laisser, to leave
le laitier, milkman
la lame, blade
la lamentation, wailing
se lamenter, to wail
la lampe de poche, torch
lancer, to throw
la larme, tear; **pleurer à chaudes larmes**, to weep bitterly
le lecteur, reader
la légende, legend, tale
le lendemain, the following day
la lettre de château, "thank you" letter
le lever du soleil, sunrise
libérer, to free
libre, free
le lieu, place; **avoir lieu**, to take place; **au lieu de**, instead of
le linge, washing
livrer, hand over
la loi, law
le lointain, distance
le long de, along
lorsque, when
la louange, praise
louer, to hire, to rent; to praise; **Dieu soit loué!** thank heavens!
la lumière, light
la lutte, struggle

M

la mâchoire, jaw
magnifique, magnificent
la maison, house; **à la maison**, at home, with us
la majesté, majesty
majestueusement, majestically
le mal, trouble, pain, hurt, ache; **avoir mal aux dents**, to have toothache; **faire mal à**, to hurt, to harm; **avoir le mal de mer**, to be seasick
maladroit, clumsy
malgré, in spite of
le malheur, misfortune; **malheur à...!** woe unto...!
la manche, sleeve; **la Manche**, English Channel
les manières (*f. pl.*), manners
manquer à sa parole, to break one's word
le manteau, cloak, overcoat
le marchand, shopkeeper, merchant
marcher, to work (*of mechanical things*); **nous avons bien marché**, we've been properly had
le maréchal-ferrant, shoesmith
le mari, husband
le marin, sailor
le marteau, hammer
massacrer, to massacre
la masse, mass; **tomber comme une masse**, to fall like a log
méchant, naughty, malicious
se méfier, to mistrust
meilleur, better
même, same, very, even; **moi-même**, myself
menacer, to threaten
le menteur, liar
le mépris, scorn
méprisant, scornful
la mer, sea
merci, thank you *or* no thank you; **merci mille fois**, thank you very much

la mercière, draper
la merveille, marvel
merveilleux (-se), marvellous
les messieurs (*m. pl.*) (*pl.* of monsieur), gentlemen
mesurer, to measure
la méthode, method
se mettre à, to begin, to start; se mettre en route, to set off
mieux, better
des milliers (*m.*), thousands
mince, thin
le ministre, minister; premier ministre, prime minister
le mois, month
au moment où, as, just as
le monastère, monastery
le monde, world; le monde entier, the whole world
le monstre, monster
le monument, building
se moquer de, to make fun of
morbleu! 'zounds'!
mordre, to bite
mort: *see* mourir
la mort, death
le mort, dead man
mortel (-le), deadly
le mot d'ordre, word of command
mou (molle), soft
mouiller, to wet
mourir, to die
le mousquetaire, musketeer
le mouvement, movement
le musée, museum
mystérieux (-se), mysterious

N

naître, to be born
naturellement, naturally
net (-te), clear, sharp
noirâtre, blackish
le nom, name
le nombre, number
nommé, named
nonchalant, lethargic, lackadaisical
non plus, either

le notaire, notary
la note, (total) mark
nourrir, to feed
la nourriture, food
nuageux (-se), cloudy

O

obéir, to obey
obéissant, obedient
obstiné, obstinate
obtenir, to obtain
une occasion, opportunity
d'occasion, second-hand
s'occuper de, to take charge of, to look after
un oiseau, bird
l'or (*m.*), gold
orageux (-se), stormy
ordonné, tidy
ordonner à, to order
un ordre, order
l'orgueil (*m.*), pride
orgueilleux (-se), proud
oser, to dare
ôter, to take off, take away;
une ouverture, opening
ouvrir, to open (*trans.*)
s'ouvrir, to open (*intrans.*)

P

la paille, straw
le palais, palace
la pale, blade (of propeller, fan, etc.)
pâlir, to turn pale
le panneau, panel, hatch
par, by; par ici, this way; par là, that way
le paradis, paradise
pardonner à, to pardon
paresseux (-se), lazy
parfaitement, perfectly
parier, to bet
parlementer, to parley
parmi, among
la parole, word
la part, share

à part, apart from
partager, to share
la partie, part, game
à partir de, from ... on
partout, everywhere
le pas, step, pace
se passer, to happen, to take place
passionnant, exciting
la patte, leg, paw, foot
le paysan, peasant (*man*)
la paysanne, peasant (*woman*)
le péché, sin
à peine, scarcely
se pencher, to lean
pendant, during, for; pendant des années, for years
pénétrer, to penetrate
la pensée, thought
penser à, to think of; penser de, to have an opinion about
pensif (-ve), thoughtful
le pensum, imposition
percer, to pierce
permettre, to permit, allow
le perroquet, parrot
la perte, loss, waste
peser, to weigh; peser le pour et le contre, to weigh the pros and cons
peu, little, not very; peu profond, shallow
à peu près, nearly
le peuple, people
la peur, fear; avoir peur, to be afraid
la pièce, room, coin
la pieuvre, octopus
la pique, pike
le pire, the worst
la pitié, pity; avoir pitié de, to have pity on
le placard, cupboard (in wall)
la place, room, space, town square
la plage, beach, seaside town
se plaindre, to complain
se plaire, to like it (where one is)
la planche, plank
plat, flat
le plâtre, plaster

plein, full; en plein hiver, in the middle of winter; en pleine nuit, in the middle of the night
le pli, fold
se plier en deux, to double oneself up
plonger, to dive, to plunge
la plume, feather
la plupart, most
le poids, weight
le point, point; à point, at the right moment; sur le point de, just about to
le poisson d'avril, April fool
la poitrine, chest
le pont, bridge, deck
le pont-levis, drawbridge
le port de pêche, fishing port
poser une question, to ask a question
posséder, to possess
la poudre, powder
le poulpe, squid, octopus
pourri, rotten
la poussière, dust
le pouvoir, power
précédent, preceding
se précipiter, to rush
précisément, precisely
près: de plus près, nearer
présenter, to introduce
pressé, in a hurry
prétendu, would-be
prier, to ask; je vous en prie, don't mention it, not at all
pris (*p.p. of* prendre), caught
la prise, capture
le prisonnier, prisoner
profiter de, to take advantage of
profond, deep; peu profond, shallow
les progrès (*m. pl.*), progress
le projet, plan
se projeter en avant, to throw oneself forward
la promesse, promise
prudent, wise, prudent
puisque, since
puissant, powerful

Q

la qualité, quality
quand même, all the same
quant à, as for
la quantité, quantity
que: ne ... que, only; un jour que, one day when
quelque part, somewhere
qu'est-ce qu'il y a ? what is the matter ?
qu'il est lourd ! how heavy he is !
la quinzaine, fortnight
quoi ! what !

R

rage : faire rage, to rage
la raison, reason ; avoir raison, to be right
ramener, to bring back
ramer, to row
rappeler, to recall ; rappelez-moi au bon souvenir de vos parents, remember me to your parents
ravi, delighted
le rayon, ray
en réalité, really
récemment, recently
recoller, to stick on again
recommencer, to start again
la récompense, reward
reconnaître, to recognise
recoudre, to sew up again
récupérer, to recover
redoutable, formidable
réfléchir, to think over
le reflet, reflection
(se) refroidir, to grow cold
refuser, to refuse
le règne, reign
se relever, to get up again
le remède, medicine
le remerciement, thanks
remercier, to thank
remplacer, to replace
remuer, to move about
rendre, to give back ; rendre malade, to make ill
se rendre, to surrender
la rentrée, return ; la rentrée des classes, start of the new term
rentrer, to return (home)
renverser, to tip up, to knock over
repartir, to set off again
repasser, to iron
repêcher, to fish out
répliquer, to retaliate
la réponse, reply, answer
se reposer, to rest
reprendre la route, to set off again
le réseau, network
résister, to resist
respectueux (-se), respectful
respirer, to breathe
le résultat, result
retirer, to draw out
de retour, back again
se retourner vers, to turn towards
se retrouver, to be found
réussir à, to succeed in
revenir, to return, to come back
rêver, to dream
revoir, to see again
se revoir, to meet again (*intrans.*)
la révolte, revolt
le rez-de-chaussée, ground floor
rire de, to laugh at
le risque, risk
la rive, bank
le rocher, rock
le roi, king
rompre, to break
ronfler, to snore
rouler, to roll, to go (*of vehicles*)
le royaume, kingdom
rusé, cunning

S

le sable, sand
le sabot, hoof
la sagesse, wisdom
sain, healthy ; sain et sauf, safe and sound
salé, salt
sali, soiled

le salon, drawing-room, living-room, saloon (*of a ship*)
saluer, to greet
le salut, bow
le sang, blood
sangloter, to sob
satisfait, satisfied
sauf (-ve), safe; sauf (*prep.*), except
le saut, jump, leap
sauter, to jump, to leap
sauver, to save
se sauver, to run away
le savetier, cobbler
le second, second
secouer, to shake
le secours, help
le séjour, stay
semblant: faire semblant de, to pretend
sembler, to seem
sentir, to feel (*trans.*); to smell
se sentir, to feel (*intrans.*)
sérieux (-se), serious
serrer, to grip, to tighten; serrer la main à quelqu'un, to shake someone's hand
serviable, willing to help, obliging
le serviteur, servant
seul, alone
seulement, only
le sifflet, whistle
silencieux (-se), silent
la silhouette, form
sinistre, sinister
sinon, or else, if not
situé, situated
la soie, silk
la soif, thirst
soigné, well cared for, well done
soigner, to treat, to look after
la soirée, evening party, reception
le sol, ground
sombre, dark; qu'il fait sombre! how dark it is!
la somme, sum
le sommeil, sleep; avoir sommeil, to be sleepy

sonner, to sound, to ring
la sorte, kind, sort
la sortie, exit
sot (-te), stupid
le souffle, breath; retenir son souffle, to hold one's breath
souffler, to blow
souhaiter, to wish
soulever, to lift up
le sous-marin, submarine
le soupçon, suspicion
le soupir, sigh; pousser un soupir, to give a sigh
le souvenir, memory
spécial, special
le spectateur, spectator
le squelette, skeleton
la stupéfaction, amazement
stupéfait, dumbfounded
subit, sudden
suffisant, sufficient
suffoquer, to suffocate
la Suisse, Switzerland
la suite, continuation
suivant, following
suivre, to follow
le sujet, subject; à son sujet, about him
en sursaut, with a start
suspendu à, hung, hanging, from
le symbole, symbol
sympathique, nice, kind

T

la tache, spot, mark
le tambour, drum
tant, so much, so many
tant pis! never mind!
tant que, as long as
le tas, heap, pile
la tasse, cup
tel(-le), such
à temps, in time
le témoin, second, witness
tendrement, tenderly
tenir, to hold; tenir une promesse, to keep a promise
se tenir, to stand, to be standing

le tentacule, tentacle
tenter, to attempt
le terrain, ground
le testament, will
tiède, tepid, lukewarm
tiens! here!
tirer, to pull, to draw, to fence
le tiroir, drawer
la toile, cloth
le ton, tone; **d'un ton déçu**, disappointedly
se tordre, to writhe
le tort, wrong; **avoir tort**, to be wrong
toujours, always, still
le tour, trick; **jouer un vilain tour à**, to play a mean trick on; **à son tour**, in turn
tourner, to turn
tous les deux, both (of them)
tout à fait, quite
tout à l'heure, presently, just now
en train de + *infinitive*, to be in the act of ... ing
traîner, to drag, to draw
traître, treacherous
le trajet, trip
la tranche, slice
tranquille, quiet
la traversée, crossing
une trentaine, about thirty
le trésor, treasure
en triomphe, in triumph
triompher, to gloat
la trompe, trunk
se tromper, to make a mistake
la trompette, trumpet
tuer, to kill
la tyrannie, tyranny

V

les vacances (*f. pl.*), holidays
la vague, wave
vaincre, to conquer
le vaisseau, vessel
valoir, to be worth; **valoir mieux**, to be worth more
vaniteux(-se), vain
la veille, the previous day
venir, to come; **il vient d'arriver**, he has just arrived
la ventouse, sucker
vers, towards, about (time)
verser, to pour
la vertu, virtue
les vêtements (*m. pl.*), clothes
la veuve, widow
veux, *see* vouloir
la victime, victim
la victoire, victory
le vide, void, empty space
la vie, life
le vieillard, old man
la vieillesse, old age
vilain, ugly; **jouer un vilain tour à**, to play a mean trick on
la villa, holiday house
la ville, town; **en ville**, to the town, in town
violemment, violently
le visage, face
visiblement, visibly
vite, quickly; **aussi vite que possible**, as quickly as possible; **ils ont vite fait de**, they were not long in
la vitre, pane of glass
vivant, living
vivre, to live
voisin, neighbouring
la voix, voice; **à voix basse**, in a whisper
voler, to steal, to fly
volontiers, willingly
vouloir, to wish, to want; **je veux dire**, I mean
voyager, to travel
le voyageur, traveller
voyons! come now!
la vue, sight, view

VOCABULARY

English—French

A

about, environ; (*of time*) vers
about to, sur le point de
abroad, à l'étranger
to act, agir
aeroplane, un avion
afraid: to be afraid, avoir peur
after, après
afternoon, l'après-midi (*m. or f.*)
again, encore
ago, il y a ...
along, le long de
already, déjà
always, toujours
animal, un animal
another, un(e) autre
answer, la réponse
to answer, répondre
any (*pron.*), en
anyone (not anyone), ne ... personne
apple, la pomme
April, avril
arm, le bras
to arrive, arriver
as ... as, aussi ... que, comme
as much ... as, autant de ... que
ashamed: to be ashamed, avoir honte
to ask, demander
at once, tout de suite
at the ... 's, chez le (la) ...
to attack, attaquer
aunt, la tante
autumn, l'automne (*m.*)

B

back: to be, to get back, être de retour
bad, mauvais
badly, mal
ball, la balle
banana, la banane
basket, le panier
bath, le bain
to bathe, to have a bathe, se baigner
beach, la plage
beast, la bête
beautiful, beau (*f.* belle)
because, parce que; because of, à cause de
bed, le lit; to go to bed, se coucher
bedroom, la chambre à coucher
before (*time*), avant
behind, derrière
beside, à côté de
best, le (la) meilleur(e)
better (*adj.*), meilleur; (*adv.*) mieux
bicycle, la bicyclette
bird, un oiseau
bitterly, à chaudes larmes
blue, bleu
boat, le bateau
born: to be born, naître
both, tou(te)s les deux
bottle, la bouteille
brave, courageux (-se)
to break, casser
breakfast, le petit déjeuner

VOCABULARY

bridge, le pont
brother, le frère
bus, l'autobus (*m.*)
butter, le beurre
to buy, acheter
by, par; (*near*) près de

C

cake, le gâteau
to call, appeler
can: to be able to, pouvoir
car, la voiture
cat, le chat
to catch, attraper
cave, la caverne
to cheat, tricher
cheese, le fromage
child, l'enfant (*m. and f.*)
Christmas, Noël (*m.*)
church, une église
class, la classe
clean, propre
to climb, grimper
cloud, le nuage
coffee, le café
cold: it is cold, il fait froid
to come, venir
to complain, se plaindre
cook, la cuisinière
country, la campagne; in the country, à la campagne
cow, la vache
crowd, la foule
to cry, shout, crier
cup, la tasse
to cut, couper

D

Dad, papa
to dare, oser
daughter, la fille
day, le jour, la journée; the day before, la veille
death, la mort
dentist, le dentiste
desk, le pupitre
to die, mourir

dirty, sale
to do, faire
doctor, le médecin, le docteur
dog, le chien
door, la porte
drawer, le tiroir
to dress, s'habiller
to drink, boire
to drive, conduire
to drop, laisser tomber

E

to eat, manger
egg, un œuf
eldest, aîné(e)
English, anglais
to enjoy oneself, s'amuser
enough, assez (de)
evening, le soir
every, chaque
everyone, tout le monde
everything, tout
to exclaim, s'écrier
to excuse, excuser
exercise, un exercice, le devoir
to explain, expliquer
eye, un œil (*pl.* yeux)

F

to fall, tomber
family, la famille
far from, loin de
farm, la ferme
fast (*adj.*), rapide; (*adv.*) vite
faster, plus vite
father, le père
a few, quelques
field, le champ
film, le film
to find, trouver
fine: it is fine, il fait beau
first, premier (-ère)
fish, le poisson
fisherman, le pêcheur
flower, la fleur
to fly, voler

foggy: it is foggy, il fait du brouillard
the following day, le lendemain; **the following evening**, le lendemain soir
foot, le pied; **on foot**, à pied
for, pour; (*since*) depuis
to forbid, défendre
fork, la fourchette
fortnight, la quinzaine
fragile, fragile
the French (people), les Français
to freeze, geler
friend, un(e) ami(e)
from, de
in front of, devant
furious, furieux(-se)

G

game, la partie; **to have a game**, faire une partie
garden, le jardin
gate, la barrière
to get up, se lever
to give, donner
to go, aller; **to go across**, traverser; **to go down**, descendre; **to go home**, rentrer (à la maison); **to go in**, entrer (dans); **to go to bed**, se coucher; **to go out**, sortir; **to go up**, monter
gold, l'or (*m.*)
good, bon (-ne)
good morning! bonjour!
governor, le gouverneur
grandfather, le grand-père
greedy, gourmand
to guess, deviner
gypsy, le bohémien

H

hair, les cheveux (*m. pl.*)
half, demi(e)
hand, la main
handkerchief, le mouchoir
hat, le chapeau

headache: to have a headache, avoir mal à la tête
to hear, entendre
heart, le cœur
help, l'aide (*f.*), le secours
to help, aider (à)
here, ici
to hide, cacher
high, haut
hill, la colline
holidays, les vacances (*f. pl.*); **the summer holidays**, les grandes vacances
home, à la maison; **to go home**, rentrer (à la maison)
homework, les devoirs (*m.*)
home made, fait chez soi
horse, le cheval
hot, chaud; **it is hot**, il fait chaud
house, la maison
how? comment?; **how hot it is!** comme il (*or* qu'il) fait chaud!
how long? combien de temps?
how many? combien (de)?
hungry: to be hungry, avoir faim
to hurry, se dépêcher
to hurt, faire mal à
husband, le mari

I

if, si
impatient, impatient
important, important
ink, l'encre (*f.*)
inside (*adv.*), dedans
interesting, intéressant
to interrupt, interrompre
to invite, inviter (à)

J

jacket, la veste
jam, la confiture
just: to have just, venir de + *infinitive*; **to be just —ing**, être en train de + *infinitive*; **just as**, au moment où

K

to kill, tuer
kind, gentil(-le)
king, le roi
kitchen, la cuisine
knife, le couteau
to know (*a fact*), savoir; (*a person or place*), connaître

L

lady, la dame
large, gros(-se), grand
last, dernier(-ère)
late, en retard
to learn, apprendre
to leave (*intrans.*), partir; (*trans.*) quitter; (*behind*) laisser
leg, la jambe
lemonade, la limonade
lend, prêter
less, moins
lesson, la leçon
letter, la lettre
life, la vie
to lift, soulever
lightning, les éclairs (*m. pl.*)
like, comme
to like, aimer
to listen (to), écouter
a little, un peu
to live, habiter
a long time, longtemps
no longer, ne ... plus
to look (at), regarder
to look for, chercher
to lose, perdre
a lot of, beaucoup de
lovely, beau, belle
low, bas(-se)

M

macintosh, un imperméable
to make, faire; to make (+ *adjective*), rendre
man, un homme
many, beaucoup (de); so many, tant (de)
market, le marché
master, le professeur
matter: what's the matter?, qu'est-ce qu'il y a?
to mean, vouloir dire
to meet, rencontrer
midday, midi
middle: in the middle of, au milieu de
milk, le lait
mill, le moulin
minute, la minute
miser, un avare
mistake: to make a mistake, se tromper, faire une erreur
money, l'argent (*m.*)
more, plus
morning, le matin
most, le plus
mother, la mère
must, to have to, devoir

N

name, le nom
narrow, étroit
near to, près de
to need, avoir besoin de
nephew, le neveu
never, ne ... jamais
newspaper, le journal
next, prochain; the next day, le lendemain; next to, à côté de
niece, la nièce
night, la nuit
no (*adj.*), aucun(e)
noise, le bruit
no more, ne ... plus
no one, ne ... personne
not at all, pas du tout
notary le notaire
nothing, ne ... rien
now, maintenant

O

to offer, offrir
often, souvent
old, vieux (*f.* vieille)
only, seulement, ne ... que

to open, ouvrir
orange, une orange
out of, par; to look out of the window, regarder par la fenêtre
over (up and over), par-dessus
ox, le bœuf

P

palace, le palais
parents, les parents (*m. pl.*)
park, le parc
to pass, passer
patient, le (la) malade, le (la) patient(e)
peasant woman, la paysanne
people, les gens; (*if considering the number*) les personnes (*f. pl.*)
penknife, le canif
picture, le tableau
pity: what a pity! quel dommage!
plate, une assiette
to play, jouer
to plunge, plonger
pocket, la poche
police, la police
policeman, un agent de police
postcard, la carte postale
post office, le bureau de poste, la poste
potato, la pomme de terre
pound, une livre
pouring: it is pouring, il pleut à verse
powerful, puissant
to prefer, préférer, aimer mieux
presently, tout à l'heure
pupil, un(e) élève
to put, to put on, mettre

Q

quarter, le quart
quickly, vite, rapidement

R

radio, la radio
to rain, pleuvoir
to receive, recevoir

red, rouge
remember, se rappeler; remember me to..., rappelez-moi au bon souvenir de ...
to reply, répondre
to rest, se reposer
to return, (*come back*) revenir; (*go back*), retourner
reward, la récompense
right: to be right, avoir raison
river, la rivière
road, la route, la rue
robber, le voleur
room, la chambre; (*space*) de la place
rose, la rose
rough, agité
to run away, se sauver
to rush, se précipiter

S

sailor, le marin
sandcastle, le château de sable
to save, sauver
to scold, gronder
sea, la mer
seaside: at the seaside, au bord de la mer
secret, le secret
to see, voir
to seize, saisir
to sell, vendre
to send, envoyer
serve: it serves you (him, etc.) right, c'est bien fait
to set off, partir
several, plusieurs
to shine, briller
shoe, la chaussure, le soulier
shop, le magasin
shorts, la culotte
to show, montrer
to shut, fermer
sincerely: yours sincerely, bien amicalement à vous (toi)
sir, monsieur
sister, la sœur

VOCABULARY

sitting, assis
to sleep, dormir
sleepy: to be sleepy, avoir sommeil
small, petit
snow, la neige
to snow, neiger
so, si
soldier, le soldat
so many, tant (de)
some (*pron.*) en; some fifty ..., une cinquantaine (de)
someone, quelqu'un
sometimes, quelquefois
son, le fils
sorry, désolé; I am sorry, je m'excuse
to speak, parler
to spend (*time*), passer
spoon, la cuiller
stairs, un escalier
to stay, rester
to steal, voler
still, toujours
stormy: it is stormy, il fait de l'orage
street, la rue
strong, fort, solide
stupid, bête, stupide
such a, un(e) tel(-le)
sugar, le sucre
summer, l'été; summer holidays, les grandes vacances
sun, le soleil
sunny: it is sunny, il fait du soleil

T

table, la table
to take, prendre
to take off, ôter, enlever
tall, grand
tear, la larme
to tear, déchirer
to telephone, téléphoner
to tell, dire (à); (*a story*), raconter
term, le trimestre
than, que
then, puis

thief, le voleur
to think, penser; to think of, about, penser à; (= *to have an opinion about*) penser de
thing, la chose
thirsty: to be thirsty, avoir soif
thousands, des milliers (de)
to throw, jeter, lancer
Thursday, jeudi
time (*of day*), l'heure (*f.*); (*how often*), la fois
tired, fatigué
together, ensemble
tomorrow, demain
too, too much, trop (de)
toothache: to have toothache, avoir mal aux dents
top: on top (of it), dessus
torch, la lampe de poche
towards, vers
town, la ville
train, le train
tree, un arbre
to try, essayer (de)
Tuesday, mardi
twice, deux fois

U

umbrella, le parapluie
uncle, un oncle
under, sous
used to (*one of the meanings of the imperfect tense*): he used to go, il allait; to be used to, avoir l'habitude de
useful, utile

V

vegetable, le légume
very, très
village, le village
to visit (*a place*), visiter
voice, la voix

W

to wait, attendre
to wake up, se réveiller

walk, la promenade; to go for a walk, faire une promenade
to want to, vouloir
to wash, se laver
water, l'eau (*f.*)
way, le chemin
weather, le temps
week, la semaine
to weep, pleurer
well, bien
what? (*adj.*) quel(-le)?; what a! quel(-le)!
when, quand
while, pendant que; while ... ing, en ... ant
whisper: in a whisper, à voix basse
white, blanc (-che)
wife, la femme
wild, sauvage
will you? voulez-vous?

windy: it is windy, il fait du vent
window, la fenêtre
wine, le vin
winter, l'hiver (*m.*)
with, avec
woman, la femme
to wonder, se demander
to work, travailler
world, le monde
worse, plus mauvais, pire
to write, écrire
wrong: to be wrong, avoir tort

Y

year, un an, une année
yes, oui, si
yesterday, hier
yet, encore
young, jeune

INDEX TO GRAMMAR

The references are to pages

Adjectives: comparison: regular, 56; irregular, 217; English nouns as adjectives, 16; position, 16; irregular feminine, 69, 172
Adverbs: comparison: regular, 56; irregular, 217; formation, 129; irregular, 129, 174; position, 130; adverbs of time, 239
-*aine*, nouns in, 159
après+ perfect infinitive, 144
as . . . as, 56
s'asseoir and *être assis*, 204
auquel, etc., 158
avoir, idioms with, 42
bel, vieil, etc., 173
better, best, 70
bien des, 159
bring, take, 190
ceci, cela, 112
celui, etc., 112
c'est, il est+ noun or pronoun, 70
ce qui, 201
'come', 'go', translation of, 190
Comparison: regular, 56; irregular, 217
Composition: oral practice, 235, 237, 242, 247; stories for preparation, 254-259
Compound nouns, plural of, 189
Conditional tense, 186
Correspondence, 204
Countries and towns, in, to, from, 203
dedans, dessus, etc., 160
Definite article: uses and omission, 84; replacing possessive adjective, 99
demi, 115

depuis+ present tense, 145
dire à qqn. de faire qqch., 114
Direct or indirect object after certain verbs, 174
Disjunctive pronoun, 67; double subject, 68
dont, 143
en, 29
encore du, etc., 159
endings to letters, 204
en train de, 114
falloir : il faut, 17, 115
Future tense, 53
Genders, 250
Gerund, 83
habiter, vivre, 58
'If' clauses, 186
il y avait, il y a eu, 97
Imperative: irregularities, 143
Imperfect tense, 96; distinguishing *passé composé* from *imparfait*, 96
Impersonal verbs, 115
'in' after superlative, 57
Infinitive: purpose without *pour*, 131
'in it', 'on it', etc., 160
Interrogative pronoun: *lequel?* etc., 111; *qu'est-ce qui?*, 201; *qui est-ce qui?*, 216
Irregular verbs, 261
Kings, dates, 84
latter, the, 112
lequel?, 111; *lequel* (relative), 157
Letter writing, 204
'make'+ adjective, 175
meilleur, mieux, 70
mener, porter, 190
messieurs, etc., 189

mien, tien, etc., 127
moi-même, 68
moindre, 217
mon meilleur, 57
monter, descendre, etc., used transitively, 203
ne ... que, 99
Nouns: irregular feminines, 172; irregular plurals, 188; numeral, 159
Object pronoun before infinitive, 15
On Monday, on Mondays, 85
Own, 128
passé composé: with *avoir*, 12; with *être*, 26; of reflexives, 41
Partitive article after *de*, 131
Past participle: irregular, 14; agreement (direct object), 97; agreement (indirect object), 202
pire, 217
Pluperfect tense, 113
Plural: irregular, 188
porter, mener, 190
Possession: *à moi*, 128
pour, omission before infinitive, 131
Present participle, 82; gerund, 83
Pronouns: conjunctive, 31; disjunctive, 67; interrogative, (*lequel?*) 111, (*qu'est-ce qui*) 201, (*qui est-ce qui*) 216; demonstrative, 112; possessive, 127; relative (*dont*), 143; *lequel*, 157
Quantity, 158
Qu'est-ce qui?, 201
Qui est-ce qui?, 216
rendre + adjective, 175
Repeated conjunctions, 145
retourner, revenir, 29
rompre, 71
savoir, connaître, 17
s'il, si elle, 187
sitting (down), 204
soi, 67
such, 189
superlative, 57
take, bring, 190
tel, 189
Tense usage: logical future, 128; *depuis* + present, 145
there was, 97
tout en ..., 83
venir de: present, 83; imperfect, 218
vieil, bel, etc., 173
vivre, habiter, 58
what, 201
whose?, 217
y, en after imperative singular, 160
y, en translating 'it', 175